Como terminam as análises

Campo Freudiano no Brasil

Coleção dirigida por Judith (*in memoriam*) e Jacques-Alain Miller

Assessoria brasileira: Angelina Harari

Jacques-Alain Miller

Como terminam as análises

Paradoxos do passe

Tradução:
Vera Avellar Ribeiro

Copyright © 2022 by Navarin Éditeur

Grafia atualizada segundo o Acordo Ortográfico da Língua Portuguesa de 1990, que entrou em vigor no Brasil em 2009.

Título original
Comment Finissent les Analyses: Paradoxes de la passe

Capa
Violaine Cadinot

Imagem de capa
Rodrigo Fortes

Preparação
Cláudio Figueiredo

Revisão técnica
Angelina Harari

Revisão
Ana Maria Barbosa
Fernanda França

Dados Internacionais de Catalogação na Publicação (CIP)
(Câmara Brasileira do Livro, SP, Brasil)

Miller, Jacques-Alain
    Como terminam as análises : Paradoxos do passe / Jacques-Alain Miller ; tradução Vera Avellar Ribeiro. — 1ª ed. — Rio de Janeiro : Zahar, 2023.

    Título original : Comment Finissent les Analyses: Paradoxes de la passe.
    Bibliografia.
    ISBN 978-65-5979-108-8

    1. Psicanálise 2. Psicanalistas I. Título.

23-149935   CDD-150.195

Índice para catálogo sistemático:
1. Psicanálise   150.195

Eliane de Freitas Leite — Bibliotecária — CRB-8/8415

Todos os direitos desta edição reservados à
EDITORA SCHWARCZ S.A.
Praça Floriano, 19, sala 3001 — Cinelândia
20031-050 — Rio de Janeiro — RJ
Telefone: (21) 3993-7510
www.companhiadasletras.com.br
www.blogdacompanhia.com.br
facebook.com/editorazahar
instagram.com/editorazahar
twitter.com/editorazahar

Sumário

Liminar 9

I
Introdução aos paradoxos do passe 27

De um outro Lacan 38

A favor do passe 52

Dados sobre o passe 60

Perfeição da psicanálise 82

II
Em vista da saída 93

O paradoxo do psicanalista 103

Rumo a um significante novo 113

O passe da psicanálise e o desejo de saber 135

Esboço das opções fundamentais
da Escola da Causa Freudiana 156

Observação sobre a travessia da transferência 166

"Analista de sua própria experiência" 173

III

A Escola e seu psicanalista   179

O passe na entrada   208

Arenga   214

IV

Da brevidade   241

O que o passe ensina   246

Sobre a lembrança-fura-tela   253

Sobre o desencadeamento da saída de análise: conjunturas freudianas   257

Sobre a originalidade do final de análise   277

O passe 3   282

O passe perfeito   285

V

As anotações do passador   293

Retratos de família   300

Sobre os fundamentos neuróticos do desejo do analista   313

O passe, fato ou ficção   318

O que você encontrou que você nem sequer podia imaginar?   321

O silêncio dos passadores   330

VI

Um real para a psicanálise   335

Do lugar do passe   343

Estrutura do passe   348

VII

Da Cidade analítica   355

Sobre o mutualismo   369

Sobre o êxtimo   384

VIII

Sobre a formação do analista   399

Quem são seus psicanalistas?   410

Para introduzir o efeito de formação   413

Abreviações   425

Notas   427

Informação bibliográfica   433

Liminar

ESTE LIVRO É UMA COLETÂNEA. Ele reúne breves escritos até então dispersos em publicações internas da Escola da Causa Freudiana (ECF), e inencontráveis; a eles se somam algumas transcrições de minhas intervenções orais e trechos de meu curso de psicanálise, ministrado durante trinta anos. Todos eles dizem respeito à invenção mais polêmica de Lacan entre seus alunos — tanto assim, que a ECF é, que eu saiba, a única a ter prosseguido a experiência após a morte do mestre, ocorrida em 1981 —, a saber, a prática do passe, solidária a uma definição original do psicanalista.

Poderemos nos instruir, aqui, sobre as concepções e decisões que presidiram a retomada do passe pela ECF, após a famosa dissolução por Lacan da Escola que ele havia fundado em 1964 sob o nome de Escola Freudiana de Paris (EFP). Retomada, mas não de modo idêntico, tendo o próprio Lacan definido a ECF como a *contra-experiência*[1] da EFP pouco antes de seu desaparecimento. Lacan não teve tempo de articulá-la: a tarefa coube a nós. É disso que se trata nestas páginas. As primeiras precedem à dissolução; elas se escalonam até 2002; a sequência poderia ser objeto de um segundo volume.

Na época de Lacan, o passe era uma prática tão discreta que era preciso esperar a publicação aperiódica do Anuário para descobrir o nome dos que haviam sido nomeados Analistas da

Escola (AE). A maioria deles permanecia muda. Nenhuma obrigação de se expressar pesava sobre eles. O júri que outorgava o título, composto por cinco analistas irremovíveis, incluindo Lacan, não prestava contas de suas decisões. Um dia, Lacan declarou: *O passe é um fracasso.*[2] Era para amordaçar os críticos, já que ele dizia pior do que eles. Além disso, Lacan dizia ter criado o passe para lançar luz sobre as vias pelas quais um analisando vinha a se posicionar como analista por outras razões que não alimentares. Ele deve ter constatado que essa viragem permanecia nas sombras. No entanto, ele persistiu na experiência.

Qual era a originalidade desse procedimento? Até então, tanto nas Sociedades Psicanalíticas como na Universidade e, para dizer a verdade, por toda parte, o acesso a um título mais elevado passava pela cooptação do impetrante, bem calejado pela experiência, por praticantes experientes que já possuíam o cobiçado título. Lacan virou essa maneira de fazer de pernas pro ar. Caberia a dois analisandos — cada um escolhido por seu analista por estar ainda aquém do momento conclusivo, mas prestes a terminar sua análise e habitado pelo *des-ser* (a perda de seu ser passado) correlativo — a tarefa de apreciar se o candidato, chamado *passante*, estava ou não para além do ponto que eles haviam alcançado. Estes são chamados de *passadores*. Em sua "Proposição de 9 de outubro de 1967 sobre o psicanalista da Escola", Lacan argumenta que *o testemunho que eles poderão colher pelo vívido de seu próprio passado será daqueles que nenhum júri de aprovação jamais colhe.*[3]

Cabe reconhecer que confiar a decisão a jovens que não possuíam o título que tinham o poder de outorgar era, mediante um duro golpe de perfídia, *desautorizar* os notáveis que dispensavam o cobiçado título. Do mesmo modo, no momento de dar a conhecer sua nova concepção a esses notáveis reunidos para a ocasião, Lacan moderou sua revolução sob a forma de uma *proposição* a ser submetida à aprovação dos membros da Escola reunidos em Assembleia Geral. Por fim ele deixou o poder de decisão nas mãos dos mais antigos, mas com base no relatório que lhes dariam os dois passadores, os únicos a se encontrarem com o passante e a escutá-lo expor suas razões.

Apesar desse recuo destinado a manejar o privilégio dos notáveis e seu narcisismo, apesar da ponderação de sua concepção inicial propriamente revolucionária, tão em sintonia com o espírito da época (estávamos a poucos meses dos acontecimentos de Maio de 68), Lacan viu-se confrontado com uma quizumba, que se estendeu dos ditos notáveis à maioria dos membros da Escola.

Longe de ser o tirano obedecido a dedo e a olho pelos alunos reduzidos a uma submissão abjeta, como mais tarde o descreveram os chamados historiadores animados, na realidade, por um espírito de *vendetta*, Lacan teve de enfrentar um poderoso movimento de revolta que ele só conseguiu subjugar indo à luta.[4] Ele só obteve a aprovação da Assembleia Geral dois anos depois, e por pouco. Mesmo assim, teve que ser astuto ao introduzir o voto preferencial, sobre o qual ninguém entendeu que esse artifício tinha como efeito dividir a oposição...

Como eu disse, assim que a EFP foi dissolvida e seu fundador, enterrado, muitos grupos se formaram em torno dos analistas mais determinados. Estes apressaram-se em recuperar o lugar de onde Lacan os havia desalojado, liquidando o passe sob o pretexto de que ele era tão impraticável quanto perigoso. Chegaram até a divulgar: *o passe mata* — *caveat*, como o que se encontra hoje nos maços de cigarro.

Eu também disse, o passe foi modificado na ECF em nome da contra-experiência almejada por Lacan: júri desdobrado em dois *cartéis* (assim nomeado por Lacan: um cartel era um pequeno grupo de trabalho, contando aqui com cinco membros); permutação a cada dois anos; obrigação de os cartéis darem conta, ao final de seu mandato, de sua orientação e de seus avanços epistêmicos em um relatório divulgado aos membros; título de AE tornado transitório, válido pelos três anos durante os quais os AE teriam o compromisso de ensinar.

Mais tarde, primeiro presidente da Associação Mundial de Psicanálise que eu havia fundado em 1992, depois de pesar os prós e os contras, por ocasião de um Encontro Internacional que eu havia pedido para organizar, introduzi uma inovação: o novo AE exporia diante do público o primeiro *testemunho* de seu passe. O passe assim renovado foi recebido com entusiasmo na ECF e suscitou nas Escolas criadas depois dele um vivo desejo de ensinarem essa prática inédita para elas, o que foi feito lentamente e com prudência. Uma coletânea desses testemunhos está em preparação.

POR MAIS QUE SE TENHA CONTESTADO LACAN pela introdução do *procedimento* do passe na instituição, concordava-se com ele sem discutir que, em análise, o *momento* do passe, antes desconhecido do batalhão, de fato existia. E isso sem se deixar deter por essa concepção ser contrária às indicações mais assentidas de Freud em seu célebre artigo, um dos últimos, escrito em 1937, ou seja, dois anos antes de sua morte, que resumia a experiência de uma vida sobre o fim da análise: "Die endliche und die unendliche Analyse", tradicionalmente traduzido como "Análise terminável e interminável". Dizemos agora: "A análise com fim e a análise sem fim".[5]

Freud se recusa explicitamente a escrever que uma análise não tem fim. No entanto, ele tem o cuidado de precisar que o fim de que se trata é uma *questão prática*. Não se deve demandar muito à análise. Seu fim não tem nenhum gume, não é um corte decisivo e não é de estrutura: trata-se apenas de um fenômeno empírico, que se manifesta quando o analisando deixa o analista, para satisfação de um e de outro, *rebus bene gestis* (as coisas correram bem).

Essas linhas encerram a sétima parte do texto. A oitava e última parte apresenta o que é estrutural no final e não mais situado no nível empírico; trata-se da expressão de uma *lei* (*Gesetzmässige*). Freud argumenta com base em sua experiência para afirmar que toda análise esbarra em um obstáculo que ele chama de *resistência*, fatal e irredutível, que não está no poder do analista modificar. Essa resistência, na mulher, toma a forma do *Penisneid* (*inveja do pênis*), ao passo que o homem nunca supera realmente sua *recusa da feminilidade* e sua *rebelião contra sua posição passiva ou feminina em relação a outro homem*. Este é o *rochedo de origem* (*gewachsenen Fels*), subjacente e imutável, que Freud relaciona com a biologia. Ele designa à sua maneira o que, em termos lacanianos, seria chamado de um *real*, a ser distinguido do simbólico e do imaginário, flexíveis e mutáveis. Este real, há que se virar com ele.

A *diferença* entre os sexos aqui introduzida por Freud se revela como sendo de fato uma *separação* dos sexos. Sobre esse ponto, Lacan segue Freud e o traduz formulando: *o diálogo entre um sexo e outro [é] proibido e [...] não há relação sexual*.[6] Deve-se entender com isso — estou simplificando — que, na espécie humana, entre os *seres falantes* (*parlêtres*), diferentemente dos animais, os dois sexos não estão ligados por uma relação fixa, invariável, necessária, inscritível como uma lei. Entre eles nunca se estabelecem senão encontros casuais, contingentes.

No entanto, enquanto Freud é levado a situar no final da análise um *impasse* condicionado pela — hipotética — existência de um real (o *rochedo*) de ordem biológica, a experiência leva Lacan a julgar, antes, nesse ponto, que o *término, objeto e até o objetivo [de uma psicanálise] revelam-se inarticuláveis, após pelo menos meio século de experiência ininterrupta.*[7] Ele, portanto, rejeita a concepção de Freud e abre a possibilidade de um passe de ordem lógica.

Torção magistral: a questão do final da análise é abordada por Lacan a partir da entrada em análise. Ora, contesta-se o final, mas não se contesta nada a entrada. Concorda-se em pensar que o início do processo supõe o aparecimento da *transferência*, palavra e conceito ausentes em "Análise com fim e análise sem fim". Lacan então articula primeiro a estrutura da transferência relacionando-a com a emergência do *sujeito-suposto-saber*, que é menos a fé no analista do que a crença do sujeito de que ele é, sem percebê-lo, assujeitado a um saber do qual ele não tem consciência, mas que é legível, decifrável, interpretável.

Consequentemente, o índice de um final autêntico é o desvanecimento do sujeito-suposto-saber (não confundir com a transferência dita negativa), de onde decorrem a saída da relação transferencial e o *des-ser* que vem golpear o analista, cuja presença havia sustentado o analisando ao longo do processo analítico. Correlativos são a destituição do sujeito, até então cativo da transferência, e a deflação de seu desejo, o que não deixa de lembrar a posição depressiva.

Esse momento decisivo é diversamente qualificado por Lacan ao longo do tempo, assim como evolui sua concepção da causalidade do passe e do que dela resulta. Resolução do complexo de castração e da relação dita pré-genital pela *travessia do fantasma fundamental*, diz ele primeiro. Depois, *a identificação com o sintoma*, doravante integrado, por assim dizer, à *personalidade* que até então ele atormentava e fazia sofrer. Por fim, a apercepção da *mentira*, inerente a toda verdade quando se trata de dizer o real, aqui o do inconsciente e, correlativamente, o estatuto ficcional do passe (há muito tempo, Lacan havia formulado que *a verdade tem estrutura de ficção*). Além disso, esses *restos sintomáticos* cuja remanência Freud pontuou em "Análise com fim e análise sem fim", Lacan os positivou ao introduzir o conceito de *sinthoma*, estado residual, terminal e fora de sentido do sintoma uma vez decifrado.

Abrevio muito, não dando os termos da álgebra original utilizada por Lacan para estruturar a questão. O fato é que ele se reporta aos passadores, depois ao júri, para discernir, a partir dos enunciados do passante, mas sobretudo de sua enunciação, se esse momento foi de fato alcançado e ultrapassado.

É justo precisar que muitos pós-freudianos invocaram, ao final da análise, a "liquidação da transferência". Lacan considera essa expressão fútil, uma vez que ela traduz a negação disto: na saída estrutural da análise, o sujeito que dela resulta tornou-se propriamente um analista, independentemente de sua qualidade eventual de praticante. Um escândalo aos olhos dos praticantes experientes, que acreditavam que sua qualidade de analista se devia à antiguidade e à extensão de sua prática. Para Lacan, o *ser ali analista* de um sujeito não é de modo algum adquirido de sua prática, mas de sua própria análise. Apenas esta o põe em condições de *autorizar-se de si mesmo*,[8] mas um *si mesmo* produzido por sua análise, *despojado do velho homem* e tendo *revestido o homem novo*.

Essas palavras, que são de São Paulo em sua "Carta aos Efésios", eu as introduzo aqui para enfatizar que não me escapa em que essa concepção, tão nova na psicanálise, obedece também a um esquema herdado de uma tradição familiar a Lacan. Certa vez, este conseguiu lançar, de um jeito mordaz, num bate-papo, que uma *tradição é sempre estúpida*[9] (como se depreende do discurso da ciência). Em seu último ensino, ele então tempera a ideia de uma metamorfose subjetiva radical que seria atestada pelo passe. Uma vez que há quarenta anos a ECF vem implementando o procedimento inventado por ele, como não subscrever sua moderação última?

DIREI AGORA ALGUMAS PALAVRAS sobre minhas reflexões em curso.

Há um tempo, distingui três passes.[10] O primeiro, aquele do *momento*, interno à experiência de um analisando, e do qual listei alguns traços. O segundo, o do *procedimento*, onde este analisando, convencido de ter chegado a esse momento, demandou para se engajar como passante, o que o levou a se confiar a dois passadores, que se reportavam a um júri que decidia, com base nisso, nomeá-lo ou não AE. A eles acrescentei um terceiro, que se inscrevia no tempo posterior. A nomeação comporta, de fato, uma dimensão de aposta. Para ganhá-la depende disto: que o novo AE demonstre em ato, ou seja, por seu discurso, que ele está em condições de *testemunhar dos problemas cruciais, nos pontos nodais em que se acham eles no tocante à análise*.[11] No entanto, notei (em 1993) que não era seguro que os próprios AE acreditassem poder fazer avançar a reflexão psicanalítica e que a atenção da Escola não era de forma alguma conquistada por eles.

Evoquei a modificação que introduzi três anos mais tarde: o AE recém-nomeado leria seu primeiro testemunho diante do maior público que a Escola pudesse reunir (e esse número chegaria a mais de 3 mil ouvintes). A caução que a instituição assim propiciava aos AE antes mesmo do início de seu ensino — já que eles narravam seu passe — teve o efeito instantâneo de inverter a situação anterior: os recém-nomeados foram festejados, concedeu-se às suas elaborações um crédito imediato, eles se viram convidados em toda a França; sua entronização e suas falas ressoaram em vários países europeus e até na América Latina. O passe tornou-se o horizonte de muitas análises. Em suma, foi um triunfo que ainda perdura. Ao mesmo tempo, essa experiência aparentemente vitoriosa alcançou e ultrapassou, sem que se percebesse, seu ponto de reversão. O que havia sido bem-sucedido e louvável na sequência inaugurada pela publicidade dada ao passe e aos AE, aos poucos foi perdendo suas virtudes.

Nos primeiros tempos, cada um dos testemunhos públicos era seguido de um exame crítico aprofundado por um colega ao qual o AE respondia; um diálogo se engajava. Depois, essa disposição caiu em desuso. O crítico e contraditor desapareceu. A nomeação não era mais uma aposta, e sim uma consagração. Ninguém se aventurava mais a discutir os aportes dos AE, nem a avaliá-los. Por causa de sua nomeação, confiava-se neles com os olhos fechados. No entanto, podia-se constatar ao longo do tempo que muito pouco desses aportes foram registrados no "senso comum" da Escola. Recebidos com exaltação, os testemunhos rapidamente caíam no esquecimento.

Além disso, solicitado de todos os lados, um AE muitas vezes se contentava em repetir seu primeiro depoimento, remoendo seu tratamento e seu passe indefinidamente, regurgitando um saber que podia se transformar em autoficção: *regressão ao estádio do espelho*. Lacan havia convidado o AE a *tornar-se responsável pelo progresso da Escola, tornar-se psicanalista da própria experiência*.[12] Mas tudo acontecia como se essa frase, no entanto límpida, tivesse sido lida como uma incitação a se tornar psicanalista de seu próprio tratamento. Erro tão grosseiro, pretensão tão exorbitante que ela só poderia ser explicada pela incidência de um narcisismo inflamado por uma nomeação gloriosa. Desprezava-se que, aos olhos de Lacan, a Escola tivesse o estatuto de *experiência inaugural*,[13] de ordem psicanalítica. Como tal, sim, ela precisava de analistas. Esse convite permaneceu letra morta. Nada a concluir disso, senão que a ECF era para seus membros apenas uma associação gerida por uma administração (que sempre foi, aliás, de qualidade), e não o lugar da experiência propriamente analítica de uma *Escola-sujeito* — como me ocorreu qualificá-la — em busca de seus intérpretes.

Nada se opõe mais ao conceito do passe do que o remoer alguns dados clínicos extraídos de sua própria análise. Essa impotência de se desprender de uma história que é passada — outrora eu a assimilava a um cadáver[14] — e que deveria ser *desinvestida*, abandonada atrás de si depois de um último olhar, não é de boa qualidade. O passe só tem sentido se, uma vez atravessado, a história de sua dor se desvitalizar, perder sua cor, seus tons trágicos, para se converter em comédia. O procedimento reflete isto: uma vez que suas confidências foram narradas aos passadores, estes se precipitam para comunicar aos membros do júri o que disso eles retiveram. Essa recorrência de um relato que passa do passante para os passadores e destes para o júri responde — Lacan o nota — à estrutura evidenciada por Freud no chiste (*Witz*), destinado a correr de boca em boca. É com o sorriso que o passante autêntico admitirá a discrepância entre o verdadeiro e o real, pois ele sabe que a verdade está condenada a *mentir* quando ela tem que dizer o real, em vez de ver o infeliz AE se esforçar para dizer a verdade sobre a veracidade de sua análise — isso não é de natureza a fazer duvidar que houve um passe?

Destacarei aqui o caráter paradoxal do que Lacan esperava do passe. Ele previa que a Escola comunicaria às Sociedades psicanalíticas, de todas as vertentes, o saber clínico inédito que ela obteria graças ao procedimento. Para tanto, ele prescrevia *uma acumulação da experiência, sua coleta e elaboração, uma seriação de sua variedade e uma notação de seus graus.*[15] Todavia, isso não é o todo da coisa, pois o caso clínico mais detalhado, o mais bem construído, nunca nos permitirá concluir se houve ou não o passe.

O passe, de fato, não se resume de modo algum ao conteúdo narrativo de um conjunto de enunciados. Ele é função da relação em ato que o sujeito mantém com o que ele enuncia, ele é função do tom, do porte, do modo de dizer, enfim, da enunciação. Esta, incessantemente móvel, fugaz, flutuante, existe apenas na dimensão da fala, ao passo que os enunciados que ela deposita acomodam-se por serem consignados por escrito. Enunciado e enunciação obedecem, portanto, a dois regimes distintos da linguagem. Lembro-me de que um analista da EFP assediava Lacan para fazer o passe por escrito; cada uma de suas tentativas foi rejeitada sem rodeios. Aqui, trata-se do passe como da análise; é preciso que o sujeito fale, manifeste-se como um *ser falante*, para que haja chance de se produzirem aqueles *efeitos de verdade* que Freud descobriu pela primeira vez sob a forma do lapso e do chiste. O chamado *lapsus calami* não faz objeção, na medida em que ele manifesta uma intrusão da fala na escrita.

Enfatizei que enunciação e enunciado, fala e escrita, *modus* e *dictum*, como se expressava outrora o linguista Charles Bally, eram regidos por dois regimes distintos. Pois bem, os agentes do procedimento — passante, passadores, júri — estão inevitavelmente divididos entre esses dois regimes.

A realização do programa clínico exposto por Lacan a partir de sua "Proposição...", e que recordei, não poderia prescindir da escrita: os passadores anotam atentamente o que o passante enuncia; eles lhe pedem para precisar detalhes e ajudá-los a preencher os furos que localizam em seu relato, a fim de que este fique bem completo; eventualmente, eles ordenam os dados do caso; o júri, por sua vez, recolhe por escrito as informações que lhe são comunicadas pelos passadores para alimentar o relatório que terão de fornecer à Escola; alguns, levando essa lógica às últimas consequências, lamentam que o passante não chegue com um escrito: como isso simplificaria as coisas! Nessa via, tudo é feito para que a enunciação seja posta na prateleira: nem sequer se pensa nisso.

No entanto, Lacan nunca cumpriu o programa que havia formulado. Nem sequer lhe deu o menor começo. Não se conhece nenhum relato dos passes cujo júri ele presidiu sem interrupção. A que se deve essa falta? É que, em sua prática efetiva do passe, ele fazia o oposto do que havia antecipado antes do início da experiência inédita que ele tinha inventado.

Abaixo o ideal de completude que animava a primeira via. Sabemos que ele pedia aos passadores que deixassem de lado suas notas para entregar ao júri os pontos nodais que eles haviam retido do discurso do passante e que os fizeram vibrar. Ele visivelmente dava prioridade à escuta analítica da enunciação sobre a elaboração clínica e a coleta meticulosa do relato. Pode-se apostar que o próprio júri não tomava notas para se dedicar ao essencial, que passava pela fala.

Não se poderia desaprovar a ECF por ter se mantido na via da escrita, já que o próprio Lacan a havia incitado a se fazer a contra-experiência da Escola freudiana, onde o passe estava circunvolvido de silêncio. Como eu disse, muitas vezes se ignorava quem tinha sido nomeado AE. Esses AE não tinham a obrigação de ensinar, a maioria deles permanecia em silêncio. O passe era assim uma ilha na Escola, a sua zona êxtima — a mais íntima, porém fechada, inacessível.

Na ECF, o AE é ruidoso; no próprio dia de sua nomeação, seu nome é divulgado pela internet em toda a Associação Mundial de Psicanálise, tanto que ele imediatamente é tornado uma *star* [*starifié*]. Além disso, o AE ensina durante três anos; suas falas não são objeto de nenhum exame crítico. O espírito de seriedade que anima a ECF a levou a seguir ao pé da letra as indicações do programa lacaniano.

É concebível uma via mediana que supere essa antinomia? Vale a pena tentar. A experiência dirá.

RECENTEMENTE, a orientação do passe que prevalecera na Escola foi abandonada não em benefício da prática da fala que foi a de Lacan, mas sob a influência do que chamei de *último ensino de Lacan* — abordado em meu curso de psicanálise, depois de o ter por muito tempo adiado, pois eu previa seus efeitos desestruturantes.

Nos últimos anos de sua vida, Lacan de fato distanciou-se de todo o seu ensino anterior, a ponto de inverter muitas de suas teses mais constantes. Nós o ouvimos até mesmo dizer, durante uma palestra dada em Bruxelas: *A psicanálise é uma escroqueria*.[16] Devemos tomar tal afirmação ao pé da letra? Não há dúvida que Lacan pretendia superar as críticas mais maldosas e cáusticas de nossa disciplina e, assim, torná-las vãs: *o próprio Lacan dizia pior que nós*. Além disso, ele assim ocupou todos os lugares, dizendo a um só tempo os prós e os contras.

Imaginava-se na Escola que ele nadificava o que havia ensinado anteriormente. Alguns chegaram então à ideia de que, no procedimento do passe, *anything goes*, como diz Paul Feyerabend, em vez de reconhecer neste último ensino um suplemento a um só tempo aporético e irônico. O último ensino não poderia servir de caução a essa maneira de fazer.

Trata-se, para Lacan, não de descartar, como são Tomás, a obra de uma vida, mas de engajar seus alunos a não se assentarem no saber adquirido, a se desprenderem de todo dogmatismo, a repensarem com novos custos a Coisa freudiana, a ponto de *reinventar a psicanálise*, cada um de acordo com seus meios.

O último ensino é feito para reavivar nos analistas, em sua prática, a *paixão da ignorância*, ou seja, o desejo de saber, um saber novo, a ser elaborado.

21 de janeiro de 2022

Minha gratidão vai para aquela que dirigiu a edição desta obra, Pascale Fari, e sua equipe. Agradeço também à minha filha, Ève Miller-Rose, responsável pela editora Navarin, que manteve comigo um diálogo constante.

I

Introdução aos paradoxos do passe

Publicado na revista Ornicar?, *n. 12/13, dezembro de 1977*

Dez anos...

Dez anos bastam para avaliar, por suas consequências, a "Proposição de 9 de outubro de 1967 sobre o psicanalista da Escola". De mais a mais, impõe-se uma emoção, que se estabeleceu na referida Escola a respeito do passe e com rapidez suficiente para justificar a convocação de Assembleias.

Seria impaciência empreender este exame? A impaciência é, com certeza, pecado para o analista, quando cabe a ele, no tratamento, pacientar. Mas há razão para adiar, quando se trata de uma experiência cujo ritmo Lacan queria tanto apressar, que primeiro propôs — um texto atesta isto — a renovação a cada seis meses, e por sorteio, de seu júri, *até que resultados suficientes para ser publicáveis permitam sua eventual reformulação, ou permitam reempossá-lo?*[1]

Irei direto ao ponto para dizer que, no que diz respeito a esse júri, a promessa da "Proposição..." não foi cumprida. Ela estipula expressamente que *implica uma acumulação da experiência, sua coleta e sua elaboração, uma seriação de sua variedade e uma notação de seus graus [...]. Seus resultados devem ser comunicados.*[2]

De tudo isso, não há nada. Este trabalho de doutrina não existe — pelo menos não é declarado como tal. No entanto, uma seleção foi feita. Ela só pode parecer arbitrária. Disso decorre o que se denuncia como um silêncio, que hoje é ensurdecedor.

Eu afirmo um fato. Ele não sofre controvérsia. E nada o mostra melhor do que isto: temos que voltar apenas ao texto de Lacan, apesar de uma bibliografia do passe que não é inexistente, mas escassa.

Trata-se de um fato — o passe não deu origem a qualquer outra elaboração além daquela que presidiu à sua instituição. Esse fato, posso imaginar muitas maneiras de desconhecê-lo, e, antes de tudo, extraindo argumentos dos Seminários realizados desde então por Lacan. Por que não? Mas não é precisamente isso o que havia sido prometido — esperava-se uma seleção fundamentada na doutrina, não vejo por que seria preciso, aqui, velar uma decepção.

Essa decepção implica que se acabe com o passe, tal como esse desejo se faz sentir? A Escola Freudiana de Paris está, nesse ponto, no *momento de concluir*? Ou ela está inquieta em um *tempo para compreender* mais longo do que o previsto? E o que é que escapa, aqui, à apreensão?

É isso que se trata de examinar, sem se deixar embaraçar com o preconceito, segundo o qual se gostaria que a questão do passe fosse apenas da competência dos passadores, dos passantes e dos juízes do passe. O passe, de fato, modifica a noção do processo analítico. Ele mudaria apenas *um fio de cabelo*, diz Lacan em seu "Discurso na Escola Freudiana de Paris",[3] mas ele muda a *demanda da análise com fins de formação*.

Um fio de cabelo é o bastante para propiciar a ocasião.

O duplo passe

O que é o passe? Ele se propõe, em primeiro lugar, como um procedimento original. Ele não é de instituição freudiana, no sentido em que o dispositivo analítico o é. Ele não é consagrado por nenhuma tradição. *Passe, passante, passador e júri de aprovação* são todos termos da invenção de Lacan.

Uma distinção deve ser feita aqui, caso contrário o debate se perderá. O passe, de fato, é duplo.

Contesta-se de bom grado o *procedimento* do passe, que comporta um júri que outorga uma nomeação. Mas omite-se discutir a existência, no declínio das análises, do *momento* do passe.

Ora, Lacan só inventou o procedimento fundamentado na descoberta do momento, nunca situado antes. E não é o menor paradoxo do passe o fato de que esse consenso (pelo menos tácito) sobre o momento coexista com a posta em questão do procedimento. Nem a menor voz de um garotinho se levanta para enunciar muito simplesmente: *Mas o passe não existe!*

Destas duas questões, portanto, não se pode prescindir: o que é o momento do passe? O procedimento de mesmo nome se conforma ou não à estrutura desse momento?

Foi assim que Lacan o entendeu: há o momento do passe, momento conclusivo e resolutório de uma psicanálise; a proposição *o reforça com um consentimento a esse próprio exame.*[4] Devo ainda enfatizar esta mesma palavra no "Discurso...", quando Lacan diz que ele faz *emergir o passe [...] por meio de cumulá-lo com o suspense que nele introduz seu questionamento para fins de exame.*[5]

Disso eu concluo que há passe simples e passe duplo. Exceto que o passe *simples* não se isolaria como tal sem seu *desdobra-*

mento. Por isso, aliás, existe apenas um, mas reduplicado, pois só ocorre por retroação.

O passe 2 incide sobre a experiência do passe 1, mas ele constitui por si mesmo uma experiência e tende a se confundir com o primeiro. Não discernir os dois passes é fonte de erro, pois não se fez obrigação de examinar o passe 1. Não é postulado que todo final de análise deva ser autêntico. Cabe ao psicanalista dizer se ele se submete à prova. O passe 2 conserva o caráter de uma proposição. Ele não é de modo algum prescrito como um dever, ele é oferecido como um risco. Ele supõe que se confie na teoria do passe, nos passadores, no júri, em Lacan, na Escola e até mesmo no *espírito da psicanálise* ("Pronunciamento...").

A "Proposição..." autoriza a desconfiança, ela permite que nos satisfaçamos com o passe 1, ela torna sedutor o passe 2.

Lacan contra Lacan?

Aqui, opomos Lacan a Lacan.

Não é ele que postula que uma análise se instaura a partir de um sujeito-suposto-saber e termina com sua queda, de onde emerge um analista que *só se autoriza de si mesmo*?

E eis que aqui se propõe a este autônomo um exame, um título, um grau! Por que não a Legião de Honra? O que ele faz com essas bugigangas?

Disso decorre o paradoxo que Lacan, a um só tempo, tenha teorizado a análise como *passagem do sujeito-suposto-saber* e coroado a experiência com uma *prova de capacidade*. O momento do passe consagra o fim do sujeito-suposto-saber. O procedimento do passe o releva, o transfere à Escola, até mesmo a seu fundador e o eterniza no analista. Passe 1 e passe 2 são, portanto, antinômicos.

Que solução é proposta para esse paradoxo? A mais simples é ignorá-lo: apropriam-se do termo *sujeito-suposto-saber* para doutrinar, bem entendido, sobre o tratamento, e se tenta amotinar o público contra o dispositivo do passe. Mais honestamente, divide-se Lacan: há dois, um progressista, o outro reacionário.

Em todos os casos, é a isto que se apegam: convoca-se Lacan contra ele mesmo.

Muito bem, isso pode ser concebido. Mas como — diabos! — Lacan consegue formular de uma só tirada uma teoria tão evidentemente contraditória? E por que ele tem o cuidado de isolar o caráter antiautoritário do final de análise, se é para instituir um procedimento tirânico? Eis aí o que não se pergunta.

A outra via consiste em supor que Lacan não erra até esse ponto e que o procedimento não é antinômico, mas conforme à estrutura do momento do passe.

Antes de tentar essa via, notemos imediatamente que a primeira conduz, com todo rigor, a considerar como termináveis apenas as análises "terapêuticas", as "didáticas" remetendo ao sujeito-suposto-saber na transferência e a identificação ao analista-modelo. Isso não é admitir que o paradoxo não é aquele que se crê, mas, sim, aquele que decorre da adoção mesma da posição do psicanalista por um psicanalisando?

A substituição do sujeito-suposto-saber não ocorre devido ao procedimento do passe. Ela se realiza quando um sujeito, que levou a experiência de uma análise até apreender ao que ela reduz o analista, *torna-se testa de ferro do sujeito-suposto-saber* ("Discurso na Escola..."). Por que ele se dedica a esse embuste [*baudruche*]? A análise é uma carreira que se esperaria ver abraçada por um analisado? Essa escolha não pleitearia mais contra a conclusão de sua análise? É assim que se encontra deslocado o paradoxo.

E, doravante, as duas vias de sua resolução se formulam assim:

— ou a psicanálise é, pura e simplesmente, uma profissão, se a adota depois de uma análise por se ter mensurado os benefícios terapêuticos que ela é suscetível de prover aos neuróticos, certamente sendo ainda necessário estar apto a seu exercício, mas essa é uma decisão mundana, quero dizer, que responde à obrigação em que o sujeito se encontra de trabalhar para prover às necessidades de seu *ser-no-mundo*; tornar-se analista é do registro do que Samuel Johnson, em seu *Rasselas*, nomeia como *choice of life*;

— ou então está em jogo uma outra dimensão, que não comporta escolha, mas virada que implica, da posição de analisante àquela de analista, *articulação, passagem, passo* [*pas*] — paradoxal, talvez, mas estruturada.

A primeira dimensão existe, certamente. A questão é saber se a segunda também. Ela requer que se *distinga um ato psicanalítico da condição profissional que o recobre* e, isso, até conceber que uma psicanálise possa, *uma primeira vez, um dia, ser demandada como didática sem que o que está em jogo seja um estabelecimento*. Pode-se muito bem recusar distinguir as dimensões e rebater o ato sobre a profissão. Mas, então, é preciso negar o momento do passe. E, aí, curiosamente, se recua — pelo menos na EFP.

Sem dúvida, uma vez nomeado, ele não pode mais ser desconhecido. É também porque a teoria do passe não se deixa separar da teoria do ato como fundamentado no sujeito-suposto-saber. Não se desfaz, como se imagina, o que Lacan enodou.

O Único e sua prática

A maioria dos argumentos mobilizados contra o passe vai mais além — um analista digno desse nome não teria nada a fazer com nenhum reconhecimento, ele derrogaria postular, desprezaria ser titulado e qualquer Sociedade lhe seria odiosa, exceto seu congresso com seu cliente.

Esse *anarlista* [*anarlyste*] se prevalece da deposição que teria sido realizada por ele do sujeito-suposto-saber, a fim de se gabar de não mais acreditar em nada, ou, antes, para perseguir os ídolos. Pois ele não vê mais senão semblantes manipulados por escroques. Mediante isso, o inocente, é ele o semblante ($ \$ \rightarrow S_1 $) para quem *não ceder de seu desejo* quer dizer nem *Deus nem mestre*, ou seja, *sem fé nem lei*.

Ele não é Diógenes, uma vez que ele encontrou o homem — o homem que ele analisa, em seu tonel, que não é o do vizinho, e de onde ele troveja [*tonne*] que Alexandre se acha o sol, Freud o Deus Pai e Lacan o Lacan. Durante esse tempo, ele, que fez tábula rasa do sujeito-suposto-saber, imagina que uma psicanálise é feita a dois.

É que ele se identificou tão bem com o sujeito-suposto-saber que não o vê mais e triunfa por tê-lo derrubado.

Toda Sociedade é antianalítica e a teoria de Freud... é a de Freud, mas eu, Dupont, tenho a minha e minha prática que responde por mim.

Teoricamente, a posição *anarlítica* [*anarlytique*] se caracteriza pela interpretação histérica do sujeito-suposto-saber. Ela traduz o que, na prática do tratamento, aparece como identificação ao analisante, ou seja, ao sujeito da associação livre como suposto saber.

Mas, aqui, paradoxo, e duplo, e dos mais engraçados: é que a nova Suficiência anarlítica não desdenha de se autorizar de Lacan, e precisamente do princípio em que ela acredita reconhecer-se, que *o analista só se autoriza de si mesmo*.

Que aqui ninguém entre se não se autorizar de si mesmo, eis o que tem, pelo menos, a consistência do *eu minto*, só que, aqui, é aquele que responde e entra, que se encontra *paradoxalizado*, tão embaraçado com sua pessoa quanto o barbeiro de Russell — exceto para lançar um *proibido proibir* que não o livra da questão.

Para, a um só tempo, magnificar a autoautorização do analista e aliená-la no passe, que duplicidade não devemos suspeitar em Lacan! E, afinal, não é mais simples se perguntar de qual autonomia do sujeito sua subversão se acomoda?

O *ele-mesmo* do analista não é o ego da pequena rentista. *O analista só se autoriza de si mesmo* quer dizer que ele não se autoriza dos outros analistas, de seus mais velhos ou de seus vizinhos, nem dos poderes públicos. E que ele também não se autoriza do psicanalisante (para se identificar com o sujeito do saber). Ele se autoriza de seu desejo, ou seja, daquilo que ele é *ele mesmo* no inconsciente que só é *seu* por abuso de linguagem, uma vez que é bem mais ele que o possui. Assim, que ele se autorize do psicanalisante que ele foi e daquilo que ele se tornou na análise, a fim de autorizar um outro a proceder segundo a regra do discurso analítico.

O analista só se autoriza de si mesmo no discurso analítico — que não comporta outro semblante senão ele como *a*. Mas ele não deixa de estar situado em outros discursos, os quais não pode ignorar e que se encarregam de se fazerem recordar por sua boa lembrança, se ele se apercebesse disso. *Você tem licença para analisar, meu rapaz? Você tem sua licentia docendi em psicanálise?*, sussurra e às vezes troveja o mestre. Tente, para ver, o que se responde: *Eu só me autorizo de mim mesmo, como o poeta, o matemático, não sou nem tabelião nem médico.*

A pressão social é forte o suficiente para coletivizar aqueles que se orgulham da mesma profissão e obrigá-los a garantir uns aos outros, ou seja, a responder por um, caso se o interrogue sobre ele. Responsabilidade que implica seleção e hierarquia.[6]

A novidade da "Proposição..." é, em primeiro lugar, disjuntar da hierarquia o que ela nomeia de *gradus* e que quer dizer a mesma coisa, só que são duas: uma diz respeito à profissão e atende às exigências do corpo social; a outra diz respeito ao ato e à elucidação do *eu mesmo* próprio ao psicanalista.

Essa inovação completa a destruição do regime tradicional das Sociedades, que começou com o "Ato de fundação" da EFP. Que se releia esse texto comparando-o, por exemplo, com aquele do "Regulamento e doutrina da Comissão de Ensino",[7] obra da mesma pena, como se sabe, mas não do mesmo autor — em 1949, é a comissão que fala e, em 1964, Lacan por ele mesmo.

Em "Regulamento e doutrina...", a Sociedade Psicanalítica de Paris se prevalecia de *uma tradição contínua desde as descobertas constituintes da psicanálise* para afirmar *seu privilégio em qualquer investidura que pudesse interessar à psicanálise.* O "Ato de fundação" denuncia *desvios e concessões* e admite como *habilitados de pleno direito aqueles que eu mesmo* (Lacan) *formei.*

Em 1949, a demanda de análise era classificada, de saída, como terapêutica ou didática. E a demanda didática, que era submetida ao regime da autorização prévia, constituía em si mesma uma candidatura. Correlativamente, os psicanalistas eram repartidos em duas classes: os aderentes, tendo satisfeito a formação exigida, e os titulares, *capazes de transmitir em psicanálise didática.*

Isto é o que desaparece com a EFP: *A psicanálise constitui-se como didática pelo querer do sujeito,* aqueles que *empreendem uma psicanálise didática o fazem por sua iniciativa e escolha,* sob a reserva de que sua análise contestará essa determinação. A qualidade de didata é uma *habilitação de fato* que se obtém *por ter feito uma ou mais psicanálises que tenham se revelado didáticas* ("Nota anexa" ao "Ato de fundação").

A amplidão da demolição realizada então faz a proposição do passe parecer bastante *tênue,* ela não institui o *novo senão no funcionamento,* quer dizer, não nos princípios — *que se saiba que me é divertido que sua tenuidade escape, tenuidade que deveria reduzir a tensão, mesmo não sendo tênue o que está em jogo.*[8]

Tênue passe, de fato, que não vai mais longe do que descolar um pouquinho o candidato de seu júri pela interposição dos passadores.

Quem pode apreender, fora do discurso analítico, que a mediação seja aqui crucial? Pois fazer o passe não é nada mais, como *eu mesmo,* que uma boa história que já queima os lábios daquele que a ouve. *Quem verá, pois,* perguntava Lacan, *que* minha proposição é formada a partir do modelo do chiste, do papel da dritte Person?

É nisso que o passe exige do psicanalista que ele queira, de fato, *confiar no inconsciente para se recrutar,*[9] a ponto de reduzir sua formação às formações do inconsciente.

PARA ESTABELECER AGORA os paradoxos do passe, convém pegar as coisas desde o começo, que é a teoria da transferência.

De um outro Lacan

> *Intervenção no primeiro Encontro Internacional do Campo Freudiano em Caracas, julho de 1980, publicada em* Ornicar?, *n. 28, janeiro de 1984 (estenografia publicada no boletim* Delenda, *nova série, n. 2, sob o título "Dialética do desejo e fixidez do fantasma", outubro de 1980). Esta intervenção será prolongada por duas conferências organizadas por* Delenda, *em 20 e 27 de novembro de 1980, sob o título "A favor do passe".*

NO TEMPO QUE ME FOI CONCEDIDO, tentarei lhes falar de um outro Lacan.

Vocês perceberam que, pelo interesse manifestado pelos jornalistas venezuelanos, doravante o axioma de Lacan *o inconsciente é estruturado como uma linguagem* constituirá as manchetes dos jornais cotidianos.

Isso é bom, muito bom. Não poderíamos esperar — não é mesmo? — guardar isso só para nós, tanto mais que isso salta aos olhos, de todas as maneiras possíveis, na experiência analítica e nos textos de Freud. Aliás, o problema é mais o de saber por que não se percebeu isso antes de Lacan tê-lo dito.

Então, visto que *o inconsciente é estruturado como uma linguagem* se tornou verdade popular, talvez seja hora de dar uma outra ênfase, de deslocar um pouquinho a pontuação.

Quem é, então, esse outro Lacan? É alguém que diria, por exemplo, que o inconsciente *não é* estruturado como uma linguagem? Isso, de fato, se tornaria manchete no *El Nacional*! Imaginem um pouco se pudéssemos escrever: *O congresso lacaniano de Caracas chega à conclusão de que o inconsciente não fala!*

Não, esse outro Lacan é o mesmo que vocês seguem há muito tempo, mas que tirou de sua célebre hipótese algumas consequências que nem sempre foram percebidas.

O que é ainda mais lamentável, pelo fato de que muitas das dificuldades que encontramos recentemente na instituição psicanalítica se devem a esse desconhecimento, o que explica também o não avançar observado na teoria.

Essas consequências interessam expressamente ao final da análise e ao momento dito de passe. Eu lhes darei algumas pontuações que isolei para mim mesmo sobre essa questão complexa.

Impasse

Passe, termo de Lacan, toma seu sentido de *impasse* que, segundo Freud, é o desfecho normal da experiência analítica, e isso para qualquer sujeito.

Há um termo para a experiência analítica, mas esse termo é um *impasse* — é o testemunho deixado por Freud de sua prática, em especial em seu artigo "Análise finita e infinita". Para Freud, toda psicanálise tropeça numa resistência irredutível.

A existência desse tropeço não se deve, de modo algum, à particularidade clínica do paciente ou à imperícia do praticante. Não é porque o sujeito é muito neurótico ou o analista incompetente que se chega a esse obstáculo. De modo algum. Freud define isso, que é muito singular, como um impasse de estrutura e que vale para todo sujeito. E, de fato, quanto mais longe a experiência é levada, quanto mais ela é conduzida com competência e em conformidade com as indicações de Freud, mais esse *impasse*, segundo ele, deve manifestar-se.

Vocês conhecem o nome freudiano desse impasse. É o complexo de castração e, especialmente na mulher, o *Penisneid*, a "inveja", como se traduz, que lhe é, se ouso dizer, cavilhada no corpo. Para Freud, esse obstáculo não é contingente, ele se produz necessariamente. É um impasse que não existe de fato, mas de direito. A direção mais segura do tratamento não pode senão singrar rumo a esse rochedo, que, para dizer a verdade, se demonstra, assim, com um escolho.

Portanto, para Freud, a experiência analítica tem um encerramento, sem ofensa àqueles que nunca valorizam senão a abertura de uma experiência. *É preciso que as questões permaneçam abertas!* Esta claustrofobia é uma herança da fenomenologia, da qual não se pode dizer que seja consubstancial à psicanálise.

Há, aqui, uma ironia, um paradoxo: a experiência analítica tem um fim ideal, distinto de toda interrupção acidental ou de toda interrupção, digamos, por conveniências pessoais, e esse fim ideal é o fracasso. A única *cláusula de fechamento*[1] é o complexo de castração.

Pois bem, para retomar o debate de Lacan com Freud — já que o dr. Lacan quis situar esse Encontro sob esse signo —, é perceptível que Lacan pretendeu estender suas análises mais além do ponto que parecia a Freud constituir o resíduo irredutível, o *caput mortuum* da experiência, mais além do termo freudiano. Por isso, Lacan fala de *passe* ali onde Freud evidenciava um *impasse*.

Dito isso, eles se põem de acordo sobre a finitude da experiência analítica. Mas a cláusula de encerramento de Lacan é totalmente distinta daquela de Freud, pois ela comporta a transformação do analisando em analista, a virada de uma posição a outra. Trata-se, portanto, de uma questão que interessa não apenas ao analista, mas, em primeiro lugar, ao analisando.

O passe é um vocábulo extremamente plurívoco — consultem o dicionário para ver jogar os sentidos que ele comporta.

O *passe* introduz um mais-além do complexo de castração?

Esse seria um belo título, mas não nos precipitemos. Gostaria, pelo contrário, de indicar como se pode unir Lacan a Freud, pois quero também enfatizar o Lacan freudiano e não simplesmente o Lacan lacaniano.

Não-relação

Em que, segundo Freud, a experiência tropeça? O que falha nela? É a cláusula que diria ao homem como ser um homem para uma mulher e à mulher como ser uma mulher para um homem. Freud constata que essa cláusula, esperada por ele, falha e, por isso, ele postula o complexo de castração como irredutível.

Mas como! O que Freud espera da experiência — senão uma fórmula que seria a da relação sexual? Eis aí o que ele espera e cuja falha no inconsciente o desespera.

O que aconteceu depois de Freud? Os analistas não cessaram de construir fórmulas da relação sexual, a fim de resolverem a questão do final da análise. Situar o final da análise no âmbito de uma relação sexual possível os conduziu necessariamente a apagar o complexo de castração — se assim posso dizer —, com uma borrachada [*coup de gomme*] genital.

Lacan, ao contrário, permanece o mais próximo possível de Freud, quando formula que *não há relação sexual*. Essa fórmula preserva o irredutível do que Freud designava como castração, mas ela indica também que a questão do final da análise não se situa no âmbito da relação sexual, que não existe.

A questão do final da análise não é solúvel, se tiver que haver nela a relação sexual. Ela só pode ser resolvida a partir de sua ausência.

É indiscutível o fato de que a psicanálise não faz existir a relação sexual. Freud se desesperava com isso. Os pós-freudianos se dedicaram a remediá-lo, elucubrando uma fórmula genital. Lacan, por sua vez, toma nota disso. O fim do processo analítico não poderia dever-se à emergência da relação sexual. Ele depende bem mais da emergência da não-relação.

Consequentemente, o fim da análise encontra uma resolução de uma forma até então impensável, ou seja, em um nível rejeitado como pré-genital pela deriva pós-freudiana, no nível do objeto. O objeto não é o que obstaculiza o advento da relação sexual, como um erro de perspectiva pode levar a crer. O objeto é, ao contrário, o que obtura a relação que não existe e lhe dá sua consistência fantasmática.

Portanto, o fim da análise, uma vez que ele supõe o advento de uma ausência, deve-se à travessia do fantasma e à separação do objeto.

Essa é a problemática do passe. Quaisquer que sejam as dificuldades de sua implementação no grupo analítico — a

De um outro Lacan

tal ponto manifestas que na Escola Freudiana dedicaram-se a perverter seu procedimento de maneira constante —, o passe constitui um dos maiores avanços do ensino de Lacan. Ele resume suas aquisições fundamentais.

No inconsciente, há um ponto de não-saber: do homem sobre a mulher e da mulher sobre o homem. Isso pode ser dito, primeiro, assim: os dois sexos são estranhos um ao outro, exilados. Mas essa formulação simétrica não é a mais justa. De fato, o não-saber em questão incide eletivamente sobre a mulher. Se nada sabemos do outro sexo, isso ocorre sobretudo porque, no inconsciente, nada se sabe sobre a mulher. Daí a escrita: o *Outro sexo*, para dizer que ele é Outro, incontestavelmente.

Diógenes e sua lanterna

Com efeito, o significante do homem, nós o temos, não se tem senão ele. Esta é a constatação de Freud: há um único símbolo da libido, este símbolo é viril; já o significante da mulher é um significante perdido. Lacan é completamente freudiano ao formular que *A mulher não existe*. Sem dúvida, é Freud que não o é totalmente...

Isso explica por que o sujeito que entra no dispositivo analítico é submetido a uma histeria estrutural. Não é apenas porque ele se experimenta refendido pelos efeitos do significante, mas também porque ele é lançado, *volens nolens*, em busca do significante de A mulher, que seria preciso para que a relação sexual existisse.

O psicanalista não precisa inscrever em sua porta: *Que ninguém entre aqui se não estiver procurando A mulher*, porque, se tu entras, tu irás procurá-la, mesmo que sejas geômetra.

A ausência do significante de A mulher também dá conta da ilusão de infinito a que essa experiência dá origem, que é, no entanto, marcada pela finitude, mas que é uma experiência de fala. Ora, a estrutura diacrítica da linguagem, que faz com que um significante seja válido apenas para outro ($S_1 \rightarrow S_2$), abre, como tal, a fala a uma recorrência que não tem fim.

Obviamente, se o Outro significante, o de A mulher, existisse, poder-se-ia supor que isso cessaria. Por isso, o analisando é um Diógenes com sua lanterna, mas que busca A mulher e não um homem — sempre encontramos os homens, e pode-se até tomar uns pelos outros.

A paixão pelo simbólico não tem outra raiz. Se há A ciência, é porque a A mulher não existe. O saber, como tal, situa-se no lugar do saber do Outro sexo. Essa fórmula é de aplicação imediata. Por exemplo, pergunta-se hoje em todos os jornais de Caracas por que todo mundo joga o jogo da pirâmide. Pois bem, sabemos dar a resposta científica que se impõe: todo mundo joga o jogo da pirâmide porque A mulher não existe!

A relação $S_1 \rightarrow S_2$ constitui o fundamento racional da ilusão da análise infinita. Precisamente por não haver relação sexual, pode-se sempre esperar que esta se manifeste um pouco mais tarde.

Que não há, no entanto, ganha consistência à medida que a experiência prossegue, e Lacan sustenta que o inconsciente grita isso a plenos pulmões: *que não há.* O dispositivo freudiano, em certo sentido, representa essa ausência.

A esse respeito, me vem à cabeça uma bela expressão de Quevedo. Ele fala de jovens virgens: *vestidas de* noli me tangere. O analista certamente está vestido de *noli me tangere,* e é por isso que, muito frequentemente, a inclinação do analista, especialmente mulher, é identificar-se com a Dama do amor cortês.

Interpretação

Gostaria agora de chamar a atenção de vocês para um ponto: o que acontece com a interpretação, uma vez que ela se fundamenta no fato de que um significante só toma seu valor de um outro significante? Conclui-se, então, que ela é infinita. Não há fórmula de encerramento da experiência analítica. Isso é exatamente o que Freud chamou de *umbigo*. Portanto, se a interpretação opera a partir da retroação de S_2 sobre S_1, não há fim de análise no âmbito da interpretação. Há análise *unendlich*.

Não esqueçamos que é a religião que nos ensina a interpretação. E há também o delírio de interpretação.

Observa-se, atualmente, entre os psicanalistas, ao menos entre os latinos, uma valorização da interpretação como significativa. Nessa via, a psicanálise tende ao delírio de interpretação. Há uma fé ingênua no inconsciente que é completamente paranoica. Vocês conhecem a antiga definição de Lacan da psicanálise como *paranoia dirigida*. Afinal, quem dirigiria melhor uma paranoia do que um paranoico?

Uma veia que vai nessa direção está presente na psicanálise. É bem por isso que o dr. Lacan recomenda entrevistas preliminares ao entrar em análise. O dispositivo analítico, dispositivo de interpretação, é muito favorável à eclosão da psicose. O que se chama na clínica psiquiátrica de automatismo mental não é justamente o sujeito-suposto-saber? O sujeito-suposto-saber tudo o que eu penso... Há alguns anos, vimos no Hospital

Sainte-Anne um belo caso de psicose alucinatória crônica, associado a um psicanalista considerado manipulador da máquina de influência. Isso não é raro.

Critica-se muita gente aqui, Melanie Klein, os analistas norte-americanos. E talvez se possa criticar um pouquinho Lacan, ou pelo menos alguns dos efeitos de seu ensino que favorecem a exaltação da função interpretativa. Não há absolutamente essa exaltação no próprio Lacan, e vocês notarão que, afinal, no que diz respeito à interpretação, ele é de uma discrição surpreendente. Sobre ela, ele frequentemente insistia em dizer que é preciso fazê-la como deve ser, o que, convenhamos, não é colocar pilha.

A função da interpretação deve evidentemente ser situada na estrutura que faz da linguagem a linguagem do Outro, uma vez que é o ouvinte que decide qual é a significação do que é emitido. Ao enfatizar esse ponto, Lacan não hesita em dizer que *o analista é o mestre da verdade*. Essa é uma fórmula de 1953, a que ele não retoma depois, mas ela explica por que a interpretação pode, efetivamente, ser reduzida a uma pontuação, a uma simples escansão.

Que haja um mestre de verdade pode ser fundamentado na retroação *semântica* de S_2 sobre S_1. Nesse sentido, note-se, S_2 é o significante mestre da verdade. Mas o algoritmo do par significante também fundamenta o contrário — não há mestre da verdade como significação, pois a verdade está à mercê de um significante subsequente. A significação, por essência, desliza ao longo da cadeia significante. A metonímia da significação explica o *meio-dizer* da verdade.

Dialética do desejo

Ora, vocês sabem que Lacan, ao dividir o *Wunsch* freudiano em demanda e desejo, identifica o desejo como efeito de significante e a metonímia significativa que decorre como do *para um outro*. Disso resulta a representação vetorial da função do desejo, que lhes é familiar.

Foi isso que, em Lacan, encantou os leitores de Freud, uma vez que eles encontraram ali a ênfase da experiência freudiana, a dos primórdios. Desejo inapreensível, lábil, furão fugidio, dado a metamorfoses, sempre função de outra coisa, sempre alhures, tão indestrutível quanto a cadeia que prossegue e, ao mesmo tempo, maleável ao significante, dócil e indestrutível, submisso e indomável...

É aí, aliás, que se deve buscar o fundamento da sublimação, de sua possibilidade, se não de sua facilidade. É que o desejo muito naturalmente entra em concordância com o significante, ele chega lá. Considerem apenas como, ao longo dos séculos, as imagens da mulher são variáveis. Em nosso tempo, elas variam até de um mês a outro. Não haveria o fenômeno da moda se o desejo não estivesse assim coordenado ao significante, ou seja, articulado ao Outro.

O título "Subversão do sujeito e dialética do desejo no inconsciente freudiano", de Lacan, lhes é familiar. Pensem somente que não é evidente que o desejo sexual tenha uma dialética. Que o desejo, indestrutível, seja dado a transformações não escapou a Jung, que deu a isso toda uma ênfase na vertente imaginária — *metamorfoses da libido*, como ele as chamou. Sabe-se onde isso o levou, a dessexualizá-la. E isso é compreensível, quando se considera que a plasticidade do desejo é a condição da sublimação.

O que mais aconteceu a Lacan? Por que os filósofos, os escritores que leram Lacan, que aprenderam com ele a decifrar Freud, exaltaram tanto a metonímia? Sejamos claros: eles nela encontraram um meio de, a partir de Lacan, dessexualizar o desejo.

Sim, Lacan tornou-se um novo Jung, o Jung do significante. Onde quer que se faça sentir o que se chama de a influência de Lacan, seu ensino foi reduzido à valorização do jogo de significantes. Pois bem, Lacan, não é isso, não é isso de modo algum.

As cintilações do desejo, seus alinhavos de passe-partout, suas metamorfoses à maneira de Fregoli, suas arlequinadas, é claro, há tudo isso na experiência. A análise, sem dúvida, possibilita ao sujeito, ainda que nos trilhos do significante, um espaço de errância. É também isso que constitui a felicidade da interpretação, e, afinal, não é isso o que se paga, a mais-valia de gozo, o *mais-de-gozar* liberado pela operação? Por conseguinte, o analista que se crê lacaniano imagina que a interpretação é uma "paixão do dizer", exalta a interpretação como criação poética, confunde o psicanalista com o escritor, vaticina.

Esse fervor é uma recorrência a Lacan. Não é difícil apreender o que, em seu ensino, autoriza essa deriva. Todavia, a tese de que o inconsciente é estruturado como uma linguagem não implica, de modo algum, a valorização unilateral do significante poético e suas consequências práticas.

Fixidez do fantasma

Pretendo, agora, torcer a barra numa outra direção. Não cabe nem ao analista nem ao analisando ser inspirado. A experiência analítica é um processo de extrema regularidade, rotineiro, de estilo *quase burocrático*, sublinha Lacan. O desejo, sem dúvida, fulgura e se vai. Mas também, tal como o furão, gira em círculos.

Esse círculo é chamado de fantasma.

Ah! A teoria do fantasma é menos divertida do que a metonímia do desejo! Esta é, no entanto, impensável sem aquela, com o risco de reduzi-la a alguma insípida exaltação da deriva da escritura.

Se o sujeito do desejo é indubitavelmente nômade, ele, no entanto, não deixa de estar enganchado a um ponto fixo, a uma estaca em torno da qual ele deriva, mas em círculo. É a cabrinha do sr. Seguin.

Esta é uma dimensão da experiência analítica cuja fenomenologia é certamente diferente daquela própria à metonímia, em que se abandona à deriva nômade do sujeito; aqui, acentua-se sua fixação. Observem bem que $S_1 — S_2$ quer dizer que o sujeito não poderia encontrar no significante uma designação própria, um representante absoluto, uma identidade certa. O sujeito do inconsciente não tem nome no Outro do significante.

O que detém o sujeito, o que o fixa, é o objeto. A certeza subjetiva está sempre no nível do objeto. Contrariamente ao significante que encanta todo mundo, o objeto não é substituível, ele não representa nada para um outro, não desliza. Ele regula o desejo, sustenta-o e lhe dá sua consistência. Pode-se até chegar a dizer que o objeto é o fundamento da unidade ilusória do sujeito. Se procurarmos os fundamentos do eu, nós os encontraremos no fantasma, uma vez que o fantasma é a função que coordena o sujeito nômade do desejo com o objeto que o fixa.

Na fala, o sujeito experimenta a despossessão de si, da *falta-a-ser* ($), em particular da falta-a-ser representada por *um* significante. Em contrapartida, é no fantasma que ele acede ao que o significante lhe concede ser.

Disso decorre a estrutura paradoxal do fantasma, que coordena dois elementos heterogêneos — e a referência tomada por Lacan da topologia do *cross-cap* para dar conta dela (na medida em que este é composto por um pedaço de esfera e uma banda de Moebius). O sujeito do significante está sempre deslocalizado e falta-lhe ser. Ele ali está apenas no objeto que reveste o fantasma. O pseudo-*Dasein* do sujeito é o objeto dito *a*.

Espero tê-los levado a apreender por que o fim da análise se desenrola, segundo Lacan, no âmbito do fantasma e diz respeito especialmente à função do objeto *a*. Passe é o nome que ele dá à disjunção que se opera do sujeito e do objeto na experiência analítica, ou seja, a fratura, ou travessia, do fantasma.

A estrutura fundamental do fantasma não é a estrutura das formações do inconsciente. Ainda que o discurso analítico se apoie na segunda, ele, porém, evidencia a primeira — e é feito da articulação destes dois pares: $S_1 - S_2$ e $\$ - a$.

Quando a assim chamada "influência de Lacan" se traduz por meio da valorização unilateral dos chamados "jogos do significante", ela tem como efeito uma completa desorientação da experiência analítica.

Idealiza-se a experiência quando se silencia a função de repetição do fantasma, a inércia que esta assegura ao desejo, a viscosidade que ela efetua em sua metonímia, o estilo de estagnação, o jeito de um redizer que ela dá à maior parte da experiência.

Ora, por meio de um efeito singular, o entusiasmo, e até mesmo o acesso pseudomaníaco, induzido pelo próprio procedimento do passe favoreceu essa idealização, muitas vezes, naqueles que deveriam ter sido os melhores e em condições de opor-se a ela.

A *travessia do fantasma*, sem dúvida, dá asas, mas ei-los uns albatrozes e outros pombas de Platão!

A favor do passe

Extraído da conferência de 20 de novembro de 1980 sobre o tema "A favor do passe", publicado em Delenda, n. 6, março de 1981.

GOSTARIA DE LEMBRAR A VOCÊS que Lacan anunciou dois seminários que não pronunciou. Isso não lhe era costumeiro. Vale a pena deter-se nisso.

O primeiro intitulava-se "Os Nomes-do-Pai". Lacan o iniciava quando, por injunção da Internacional (IPA), foi riscado por seus pares do que, na época, se chamava *a lista*, a se ouvir como: a dos didatas. Quem eram esses didatas? Eram psicanalistas que se consideravam os únicos aptos a levar a termo os tratamentos que resultavam no estabelecimento profissional como psicanalista. Evidentemente, eles só podiam arrogar-se esse monopólio com a aprovação de seus colegas que esperavam se ver, um dia, cooptados. Isso continua sendo praticado assim nos Institutos que dependem da Internacional. Lacan encerrou esse *Seminário* logo após sua lição de abertura. Dois meses mais tarde, ele retomou seu ensino na École Normale Supérieure, com o *Seminário 11, Os quatro conceitos fundamentais da psicanálise*. Seguiu-se a fundação da Escola Freudiana de Paris, na qual o título de didata foi proscrito.

Isso aconteceu no final do ano de 1963. Mais próximo aos nossos dias, Lacan anunciou um *Seminário* sobre "Objeto e representação". Suponho que, dessa vez, ele não o fez por causa da dissolução dessa mesma Escola Freudiana.

Há, portanto, dois furos na sequência de seu ensino. Quem cogitaria em preencher os furos deixados por Lacan? Mas pode-se, porém, cogitar em explorar seus entornos.

É o que me proponho a fazer, ao longo destas reuniões, sob a iniciativa de *Delenda*, sobre o tema do passe. Tema que está estagnado há muito tempo. De fato, pouca coisa foi dita a esse respeito depois que Lacan inventou o termo e lançou a experiência.

Senha*

Delenda não se contentou com um *sobre* o passe, mas diz, de primeira, *a favor* do passe. Deve-se acreditar que, com efeito, o passe acabou tendo uma reputação bem ruim, para que muitos tenham dito que, por ocasião da dissolução da EFP, se iria prescindir [*se passer de*] do passe. A nosso ver, o passe não poderia ser extraído do ensino de Lacan como uma peça encaixada — não se poderia suprimi-la sem haver prejuízos. A descoberta do momento de passe e a invenção do dispositivo que a ele se articula são partes integrantes desse ensino, respondem a um problema que o atravessa de ponta a ponta.

Em nome do que eu posso me permitir falar do passe aqui, como, há pouco, falei em Caracas?

---

* No original, *mot de passe*, em que cabe notar o termo *passe*. (N. T.)

Tomem o texto conhecido com o título "Proposição de 9 de outubro de 1967...", em sua primeira versão,[1] e vejam como Lacan qualifica o passante, aquele que atravessa o passe: ele o nomeia *psicanalisante*. O passante é um psicanalisante. Ele o é por definição. Ele pode, aliás, já estar estabelecido como psicanalista, mas não é como psicanalista que ele faz o passe, e sim como psicanalisante.

Entendo que o passe interesse a funções de seleção no grupo analítico e que, por isso, ele comporta uma dimensão de algum modo "política". Isso se vê muito bem depois da dissolução da Escola: Lacan não hesitou em motivá-la pelo fracasso do passe. Mas o passe interessa, em primeiro lugar, ao psicanalisante: como momento, ele define a saída do processo no qual ele se engajou; como dispositivo, ele lhe dá a palavra.

Eis, então, o suficiente para me justificar quanto a abordar um assunto que, por muito tempo, se quis considerar como reservado. Reservado, então, para quem? Para ninguém, sem dúvida, já que o passe foi reduzido, na EFP, ao estatuto de uma *senha*. Isso era totalmente contrário à sua vocação, que era a transmissão — transmissão esotérica. Essa transmissão foi impedida, e até mesmo corrompida, na EFP. Lacan chegou a dizer que esta corria o risco de funcionar na direção contrária à razão pela qual ele a fundara. Nada o demonstra melhor do que a deriva da experiência do passe.

A Escola da Causa Freudiana foi fundada sobre um engajamento explícito de crítica assídua da Escola Freudiana. Comecemos, então, a implementar esse engajamento quanto à questão do passe — muitos outros, além de mim, podem trazer, aqui, seu testemunho. Tentemos reencontrar o fio do que Lacan trouxe em 1967, antes de o passe se tornar uma senha.

Amnésia do ato

O passe nulifica o didata. E mais: ele pressupõe que a psicanálise não decorre de nenhum didatismo.

Ali onde se pratica a psicanálise didática, finge-se acreditar em uma aprendizagem da psicanálise. Esse *learning* não se conclui com o tratamento do paciente, prossegue muito além dele. Leva-se em conta sua prática como analista, como analista jovem, como analista menos jovem, suas supervisões. À medida que vai ganhando experiência e se posiciona como deve, seus superiores o promovem na hierarquia, o que lhe vale, na ocasião, a cooptação final pelos didatas. Há nisso um trajeto, que pode ser longo, uma ascensão em que o tempo, como duração, tem uma função essencial. Na experiência analítica, o candidato começa a ser ensinado por seu suposto didata, ele se ensina em sua prática, pois esta tem, acredita-se, uma virtude didática e, enfim, ele é cooptado como alguém capaz de ensinar.

Isso não é insensato. Assim acontece em diversas práticas. A questão é saber se isso é conforme à estrutura da experiência analítica.

O curso que, até Lacan, era de tradição, valoriza a experiência. Mas de que experiência se trata? Da experiência que agrega, acredita-se, os ensinamentos resultantes de um exercício contínuo da psicanálise, da experiência que se tem, que se adquire na duração de uma prática e que vem se somar ao sujeito como uma segunda natureza.

Esse valor se inverte com o passe. O passe não apenas desconsidera a prática do requerente, uma vez que nem sequer exige que ele tenha uma, como também, ao contrário, atribui um valor *negativo* à duração da prática.

O praticante *se acostuma,* isto é um fato. Na Internacional, congratula-se, gaba-se as virtudes do hábito, vê-se nele a promessa de uma sabedoria. Com Lacan, ocorre o contrário: o hábito é rotina, fator de esquecimento; o "ofício" [*métier*] é desconhecimento da estrutura. Se o praticante da experiência se sente confortável ali onde o iniciante se perturba, isso não é pelo fato de que aquele sabe melhor o que é a psicanálise, mas porque ele tamponou seu paradoxo, a ponto de Lacan imputar-lhe, como regra geral, a *amnésia do ato.*

Disso decorre a ideia de apreender o ato no ponto em que seu agente assume, inicialmente, seu semblante. O tempo do passe não é a duração didática, maturação que se prolonga, mas o instante, o clarão heraclitiano (o seminário de Martin Heidegger e Eugen Fink sobre Heráclito é uma das referências de Lacan no que diz respeito ao passe).

O paradoxo do passe repete o do ato ao propor o engate, em ligação direta, da posição de analisante com a de analista. Em ligação direta, ou seja, sem a mediação prévia da experiência, sem a seleção, a verificação operada pela duração. Para isso, há um título, o de Analista Membro da Escola (AME), que sanciona a rodagem. O passe, porém, é outra coisa.

Ser e saber

Alguém me contou essa reflexão de Lacan a respeito de um Analista da Escola (AE), recentemente nomeado depois de ter feito o passe, a propósito de alguém que punha em questão sua nomeação como AME: *Quem sabe,* disse ele, *se, em seis meses, ele ainda praticará a análise?*

A anedota não deixa dúvidas: ela permite compreender, de maneira divertida, que o passe não garante nada da prática do passante como eventual psicanalista; ela põe na berlinda a prática do analista com quem ele se analisou, mas, sobretudo, ela autentifica uma travessia que deve acontecer na experiência do analisante.

Isso é muito singular: uma mutação do sujeito, que o leva a ocupar a posição analítica, identificável no testemunho dado por ele de sua análise, independentemente da prática dessa mutação que, por outro lado, pode ser investida.

Compreende-se, desde então, o aspecto por vezes dramático que a experiência do passe pôde assumir na EFP. Se o passe não garante nenhuma prática, nenhum *fazer* de analista, é fácil concluir disso que ele autentifica um *ser* de analista. Isso é um erro, embora, ousaria dizer, lógico, autorizado pelo repúdio ao didatismo, e que é também cometido pela maioria. A esse respeito, convinha retificar a opinião. Longe disso, esse erro foi encorajado. Obteve-se vantagens com ele.

O passe, no entanto, não é de modo algum uma questão sobre o ser do sujeito. É uma questão sobre o saber dele. É um convite feito ao analisante para que ele ofereça sua experiência à transmissão. Na EFP, quanto mais dramático fosse o passe, mais esotérico ele se tornava, toda a finalidade de saber foi dele eliminada.

Tudo isso demonstra que passe e matema foram considerados antinômicos na EFP. Ora, faz-se o passe para a transmissão. Isso é destacado no próprio procedimento implicado nele; o do testemunho indireto.

Vocês sabem que o passante não se apresenta pessoalmente diante de seus juízes (digo *juízes*, já que há um *júri*). Lacan previu que outros psicanalisantes, chamados passadores, se interponham, recolham o testemunho para entregá-lo em seu devido lugar. Isso é um paradoxo. Na opinião comum, o testemunho pessoalmente é considerado superior ao testemunho indireto. Neste, há a mediação, a interseção forçada. A função da transmissão é, de algum modo, demonstrada, tornada evidente pelo próprio procedimento.

Transmissão de quê? Isso também se esclarece pelo procedimento: transmissão *do que não se perde* ao ser repetido por outros para outros, mas, ao contrário, constitui-se dessa divulgação mesma.

Estrutura de *Witz* — lembra Lacan —, que se presta muito bem a ser confundida com a do matema (que dele se distingue) e que se cogitou ser um passe por escrito. Erro simétrico e inverso do precedente. *Witz* não é matema. Se ele se repete e circula, ele também admite variantes, amplificações e mal-entendidos. A fala — não a escrita — o faz existir e o sujeito emerge nele, ao passo que, no matema, ele se ausenta. O matema, sem dúvida, tem seu lugar, que vem em seguida ao *Witz* do passe, na elaboração requerida, ou melhor, esperada do AE.

Admito, levando em conta o que precede, que a estrutura do passe é homóloga à de uma formação do inconsciente. Lacan o disse. Isso não deixa de ser um paradoxo, uma vez que o passe se situa fundamentalmente no nível do objeto. Para ser mais preciso: o dispositivo do passe recupera, no âmbito do significante, o momento do passe, cujo essencial se desenrola no nível do objeto.

A partir disso, a dicotomia se esclarece, sempre permanecida opaca, entre passante e passador — um transpõe o passe, o outro o é. Com efeito, o primeiro narra seu tratamento, extrai dele a história (menos *epos* do que boa história), imediatamente reportada ao júri, que não se limita a fazer-se o Outro. O segundo, mensageiro da boa palavra, não está suficientemente disjunto do objeto para não *ser* o passe.

O júri entra no dispositivo como o Outro — barrado ou não, esta é a alternativa. O modo como Lacan o propõe não é duvidoso, uma vez que ele exige desse Outro manifestar-se por seu trabalho, por meio do qual ele demonstrará não saber tudo. Condição para que ele possa dar a resposta que se impõe em seu lugar, ou seja, o significante que não existe.

Dados sobre o passe

.

> *Intervenção de abertura dos "Sábados do passe", 23 de janeiro de 1982, publicada em* Lettre Mensuelle, *boletim da ECF, n. 9, abril de 1982.*

Uma prova de capacidade. Entre todas as definições do passe que poderiam ser extraídas dos escritos de Lacan, escolhi esta que convém ao contexto no qual se inscreve a pesquisa que começa hoje.

Esse contexto é o de um congresso, no sentido que esta palavra toma nos estatutos da Escola da Causa Freudiana, um congresso estatutariamente convocado a fim de decidir, por meio de um voto, sobre o regulamento dessa prova na ECF.

No campo da experiência analítica, a democracia não tem o lugar que ela merece na dimensão política. Contudo, se há um ponto em que a democracia teve seu lugar na instituição de Lacan é, de fato, o passe. Ele foi formulado em 1967 como uma *proposição*, e, a respeito dele, a Escola Freudiana de Paris pronunciou-se por meio de um voto. Ora, tendo a um só tempo de lidar com o novo estamos, quanto a isso, na continuidade da EFP, ainda que a título de *contra-experiência*.

O fato de haver um voto, que o sujeito-suposto-saber seja, no caso, a coletividade formada pelos membros e membros associados da ECF, obriga a formular a hipótese de que o *espírito da psicanálise* sopra entre nós. Essa era a hipótese de Lacan em 1969, por ocasião do voto dos princípios que deveriam governar esse passe. Essa hipótese deve ser a nossa: ela é inacreditável, mas nem por isso ela é menos necessária. Se o espírito da psicanálise não soprar aqui, ele não soprará em outro lugar.

Trata-se, em primeiro lugar, de nos encontrarmos quanto ao que está em discussão e quanto ao que não está. O que não está em discussão é, sem dúvida, mais importante do que o que está.

A ideia dessas reuniões do sábado nasceu das meditações dos participantes de uma comissão espontaneamente formada sobre o tema do passe, depois do Fórum, que apresentou algumas proposições que foram aceitas pelo Diretório sem alterações. A ideia era também a de juntar, desde o começo, um certo número de dados sobre o passe. Eles me pediram para relembrar a história dessa experiência. Trarei, então, o material que possa esclarecer os debates e o voto subsequente.

Considero, em primeiro lugar — nada impede de falar disto na sequência —, que a própria *noção* de passe não está em discussão. De todo modo, ela certamente não está submetida ao voto. Ela esteve na EFP e a ECF, a esse respeito, deu seguimento. Isso não quer dizer que não se possa discutir essa noção para ressituá-la, mas, é um fato, ela não está submetida ao voto e figura, como tal, nos estatutos de nossa Escola. O que está submetido ao voto é apenas um regulamento interno que implica o *procedimento* do passe.

Para começar, duas observações.

A primeira é que admitimos — isto está no próprio fundamento dessa Escola — que o passe foi, até agora, um fracasso. Nesse sentido, já que retomamos o trabalho sobre o procedimento, pode parecer que este, e somente ele, seja a causa do fracasso. Não decido sobre isso, talvez possa ser o objeto de um debate.

A segunda observação é que *nem tudo* nesse procedimento está em questão. Não podemos inovar todos os pontos.

Para apreender o de que se trata, convém decompor o procedimento e, de início, distinguir o que decorre do *uso* daquilo que decorre da *estrutura*. Lacan convidava a fazê-lo desde o começo de sua ruptura institucional — não confundir respeito ao uso e respeito à estrutura —, a ponto de ele mesmo dizer, em seu "Ato de fundação", que *considera nulos hábitos simples*. Do mesmo modo, não devemos considerar o hábito como um argumento, a não ser que se trate, é claro, de inovar pelo prazer.

O procedimento do passe se distingue, antes de tudo, dos procedimentos de habilitação do psicanalista, em curso nas instituições analíticas, pelo fato de esta ocorrer no campo da *autoautorização*, uma vez que se pode assim qualificar o princípio segundo o qual *o analista só se autoriza de si mesmo*. Como intitular os psicanalistas no campo da autoautorização? Cabe, aqui, retomar a escala dos títulos ocorrida até a primeira ruptura institucional de Lacan. Esta não data de 1953, pois a Sociedade Francesa de Psicanálise preservou essa escala depois de haver se separado da Sociedade Psicanalítica de Paris. A ruptura institucional de Lacan ocorreu apenas na fundação da EFP, em 1964.

A tradição

A escala dos títulos tinha três níveis: no de baixo, o candidato; em seguida, o psicanalista, que chamarei de confirmado ou constituído, e, por fim, o psicanalista instituinte ou constituinte.

Essa era a matriz de uma verdadeira ordem dos psicanalistas. Assim, ordena-se os psicanalistas segundo uma performance e uma competência crescentes. Consequentemente, havia a interdição — um ensaio para interditar — de praticar sem autorização.

Essa hierarquia tem um correlato temporal. A hierarquia com três níveis encontra-se num eixo temporal. Deve haver coerência entre esses dois eixos. Um iniciante estará, muito naturalmente, no primeiro nível da hierarquia; alguém engajado há muito tempo na prática poderá postular o título de confirmado; por fim, devido ao trabalho e ao tempo, poder-se-á estar no topo da hierarquia. A partir de 1964, o esforço de Lacan foi, ao contrário, o de tornar relativamente independentes esses dois eixos.

Na ordem dos psicanalistas, a cada título correspondem direitos e deveres. A tal ponto que a Assembleia dos membros da associação é, de fato, composta apenas dos constituintes, chamados de titulares ou membros efetivos. Em seu entorno, são aglomerados os candidatos e os constituídos, os quais não têm mais voz do que um aderente do Touring Club.

Isso é correlativo a uma tipologia dos tratamentos. Estes se distinguem conforme sejam terapêuticos ou didáticos. Trata-se de uma divisão do tratamento: tratamento supervisionado, tratamento constituído e tratamento constituinte, o qual é suposto poder produzir um psicanalista novo.

A divisão do tratamento implica uma divisão da demanda: demanda de análise terapêutica, demanda de análise didática.

A esse respeito, a ordem dos psicanalistas exige uma predeterminação da análise pela instituição. Uma vez que a demanda foi formulada como didática, ela só pode ser acolhida pelos psicanalistas do terceiro tipo (os didatas).

O sistema implica, portanto, o analista *forçado*. É um sistema que tem sua consistência e que nunca foi mais bem exposto e defendido senão pelo próprio Lacan, quando escreveu, em 1948, o regulamento da Comissão de Ensino da Sociedade Psicanalítica de Paris. Este texto está na página 30 do pequeno volume *A Cisão de 1953*. Lacan instala a Comissão de Ensino em sua função tradicional ao escrever: *nenhuma psicanálise poderia ser reconhecida válida como didática sem a aprovação da Comissão*. Ele justifica a aprovação prévia da demanda didática pelos princípios enumerados no artigo precedente, que impõe, a todo membro da Sociedade psicanalítica, não engajar nenhuma psicanálise didática sem que essa aprovação tenha sido previamente obtida. A Comissão se mostrará *de um extremo rigor para concedê-la posteriormente*.

Assim, é a ele mesmo que Lacan responde em 1964.

Os princípios da ruptura institucional de 1964

O primeiro princípio da ruptura institucional de 1964 pode ser assim resumido: *a didática é verificada a posteriori*. É o fim do regime de aprovação prévia. Em sua "Nota anexa" ao "Ato de fundação" de sua Escola, Lacan formula que *um psicanalista é didata por ter feito uma ou mais psicanálises que se tenham revelado didáticas*. Eis a definição do novo didata lacaniano. Sua competência só se julga pela performance.

Essa posição comporta que a demanda de análise seja *uma* — que haja *a* demanda de análise, quer ela se formule como terapêutica ou como didática.

Lacan especifica que sempre se julgaram assim as capacidades didáticas — no só depois. *A esse respeito, diz ele, eu apenas concilio o fato e o direito.*

O segundo princípio vai visivelmente mais longe. É a supressão do *consentimento dos pares*. Com efeito, poder-se-ia muito bem ter imaginado que a didática do a posteriori devesse ser autenticada pelos já didatas. Trata-se de uma ruptura a mais suprimir, com todas as letras, o consentimento dos pares à acessão do psicanalista ao nível de didata. Vale a pena lembrar os termos desta "Nota anexa", que já figura no *Anuário* de 1965: *O uso do consentimento dos pares tornou-se obsoleto, por haver permitido a introdução muito recente do que se chama "a lista"* (a lista dos didatas da qual Lacan foi riscado no final de 1963), *a partir do momento em que uma Sociedade pôde utilizar esta última para fins que desconhecem da maneira mais clara as próprias condições da análise a ser empreendida, bem como da análise em curso.*

Essa referência aos acontecimentos que levaram à desaparição da Sociedade Francesa de Psicanálise tem todo o seu valor para nós, que sustentamos esse debate sobre o fundo dos acontecimentos que se seguiram à dissolução e conduziram a nosso reagrupamento sob o nome de Escola da Causa Freudiana. Não podemos abstrair-nos disso, tiramos suas consequências.

O segundo princípio marca o que resta constante na elaboração institucional de Lacan: *a vontade de fazer ruptura da homogeneidade*. Introduzir o ímpar no colégio dos pares. Reencontraremos essa ideia na própria constituição daquilo que, na EFP, era chamado de júri de aprovação.

O antigo didata é, portanto, minimizado de duas maneiras: ele é privado da faculdade de autenticar o didata e de autenticar a demanda didática.

Terceiro princípio da ruptura de 1964: *os psicanalistas não se associam entre eles*. De fato, com a Escola, Lacan definiu um tipo de associação completamente inédito, que *não é* uma associação de psicanalistas, mas que promove seu lugar no que é heterogêneo ao psicanalista, a saber, o não-psicanalista.

Do mesmo modo que Lacan impede o colégio didata de se fechar, ele não deixa os psicanalistas entre eles, pois introduz no conjunto dos psicanalistas não apenas o heterogêneo, mas também, precisamente, o desconforto do *heteros*. A Escola, em seu conceito, não é uma associação de psicanalistas, mas uma associação *para* a psicanálise.

Esse é o valor do que Lacan formula afirmando que *a Escola tem objetivos de trabalho*. Isso não é uma banalidade. Significa dizer que a Escola não tem, em primeiro lugar, objetivos de organização e de proteção profissionais.

O ato de 1964 devolve, portanto, a responsabilidade ao psicanalista. É por iniciativa própria e de sua escolha que um analisante empreende o que formula como psicanálise didática e que um membro da Escola o aceita. Correlativamente, a Escola deve assegurar mais ainda sua responsabilidade no que concerne às psicanálises que se desenvolvem em seu círculo.

Assim, quarto princípio, Lacan formula a exigência de uma supervisão da formação pela Escola, exigência que se mantém nos estatutos da ECF: *A associação deve poder garantir a relação do psicanalista com a formação dispensada por ela*. Os membros devem informar à Escola de sua entrada em análise didática. E a Escola não pode declinar de sua responsabilidade quanto às consequências da iniciativa dessa entrada para o sujeito, inclusive o momento em que ele almeja exercer a psicanálise.

Como se organizou a formação depois da ruptura institucional de 1964? Em torno de dois significantes que conhecemos bem, que serão carregados de diferentes significados ao longo do tempo: AME e AE. Essas letras atravessam toda a história institucional lacaniana, mas seu significado muda. Hoje, esses termos não têm na ECF exatamente a mesma função que na EFP.

O Analista Membro da Escola (AME) é o título, escreve Lacan em 1965, outorgado por um júri de acolhida quando ele admite que um psicanalisante supervisione análises — condição temperada pelo fato de que esse título pode ser igualmente outorgado num período mais tardio da formação.

O texto em questão aparece, hoje, como totalmente obsoleto: a demanda de fazer um primeiro tratamento analítico *referida a um terceiro* é endereçada a três Analistas da Escola. Esses analistas devem ser escolhidos em uma *lista renovável anualmente*. Junto com o analista do sujeito, eles constituem um júri de aprovação presidido pelo diretor da Escola. Essa demanda implica que o sujeito autorize, nesse momento e somente nesse momento, que sua situação seja discutida em segredo pelas pessoas de sua escolha.

A aceitação dos termos da resposta do júri constitui um primeiro contrato com a Escola.

Se o AME, em sentido próprio, era então um analista iniciante no tratamento supervisionado, o AE era o titular.

O Analista da Escola (AE) é o título concedido por um *júri dito de aprovação*, um júri sob medida, constituído por *pessoas que participaram da formação do postulante, mais o diretor*. Os dois títulos, portanto, permanecem estritamente ordenados temporalmente. Primeiro se é AME e depois AE. Há um júri na entrada e um júri na saída.

No momento da entrada na Escola não há júri, assim como não há passagem diante de um júri no momento de empreender uma análise didática.

A iniciativa institucional de Lacan em 1964 é assim caracterizada por um misto de inovação e de conservadorismo. A primeira inovação é que a admissão à Escola é independente da formação analítica. A segunda: não há lista de didatas, o que heterogeneíza a associação e destitui o didata.

Em contrapartida, o tratamento sob supervisão é mantido como um estádio quase obrigatório; para praticar o tratamento sob supervisão é requerida a autorização de um júri.

Por fim, a titularização como AE é adquirida depois da formação concluída por meio de um exercício prático suficiente. É perceptível que o AE que figura na proposição de 1967 tem uma definição completamente diferente. O significante se perpetua, mas seu lugar no dispositivo muda totalmente com a segunda ruptura, a da "Proposição de 9 de outubro sobre o psicanalista da Escola". Esse texto figurou no *Anuário* da EFP desde 1969 e continuará a figurar no *Anuário* da ECF.

A segunda ruptura

A proposição de 1967 dissolveu a continuidade entre o AME e o AE que perdurava em 1964.

Em 1967, o AME não é mais um título de *entrada* em supervisão; é, antes, por assim dizer, um título de *saída* de supervisão. E o AE recebe uma qualificação completamente diferente.

O que nos interessa, hoje, é o procedimento que tem como resultado a acessão ao título de AE. Esse procedimento variou consideravelmente, vocês o constatarão comigo.

Tal como a "Proposição de 1967..." foi publicada no primeiro número de *Scilicet*, não há nela qualquer especificação de organização jurídica no caso de uma associação. Nesse vazio foram elaborados os textos que se tornaram lei na EFP e em que se cristalizaram os hábitos.

Para reconstituir esse debate, dispomos dos seguintes textos:

— Inicialmente, a primeira versão da "Proposição de 9 de outubro...", que Lacan não publicou, na época, com o qual eu compus, com sua autorização, o número 8 de *Analytica*, publicado em 1978.

— O texto definitivo da "Proposição de 9 de outubro...", tal como ele figura em *Scilicet*, a revista da Escola Freudiana.

— Um texto, cujo conhecimento devo a Lilia Mahjoub, que de bom grado o enviou a mim, e que deve datar da época entre essas duas versões. Ele se apresenta como um apêndice da "Proposição de 9 de outubro".[1]

— Em seguida, temos um texto que não é de Lacan e que foi votado em 1969 pela Assembleia Geral da EFP, intitulado "Princípios concernentes à acessão ao título de Psicanalista da Escola Freudiana de Paris", texto devido à pluma de Moustapha Safouan, com a colaboração de alguns outros, entre eles Roland Broca. Ele foi publicado em *Scilicet*, n. 2/3.

— Por fim, um pequeno texto de Lacan, que figura igualmente em *Scilicet*, n. 2/3, página 49, intitulado "Endereçamento do júri de acolhida à Assembleia Geral antes de seu voto". Nele, Lacan expressa sua concordância com o texto dos "Princípios...", que regulamentará efetivamente a prática da EFP, no que diz respeito aos títulos.

Tentemos orientar-nos nesse debate, a fim de nos orientarmos no nosso.

A "Proposição de 9 de outubro..." põe, em primeiro lugar, os pontos nos *is* — os que ainda não estavam postos em 1964 — sobre a unidade do tratamento psicanalítico. Em 1964, estava implicada a unidade da demanda. Ali está escrito: *a psicanálise*, vírgula, *didática*. Não há apenas a diferença entre demanda terapêutica e demanda didática, como também não há diferença de prática: a divisão, se quisermos, é interna ao processo. Toda a ênfase é posta na virada subjetiva suscetível de se produzir em *todo* tratamento psicanalítico. Essa virada subjetiva, isolada como o momento do passe, aparece como o horizonte de todo tratamento.

Cabe dizer que, se Lacan tivesse permanecido ali, esse princípio anularia toda a supervisão da instituição sobre essa mutação psicanalítica. A "Proposição de 9 de outubro...", porém, pelo contrário, instala a instituição no cerne da experiência analítica, ao passo que, nos outros dispositivos, a intervenção da instituição é periférica, já que não se trata mais de autenticar um exercício suficiente da prática e sim de autenticar um momento *interno* da análise do sujeito. A função da instituição é evidentemente ampliada.

A meu ver, o próprio estilo dos confrontos desses dois últimos anos deve-se muito à majoração do estatuto da instituição implicada na articulação do passe.

Inicialmente, foi-se sensível ao fato de ela evitar a instituição, e isso não é pouco: ela maximiza, se assim posso dizer, a heterogeneidade. Ao mesmo tempo, essa instituição assim heterogeneizada tem sua incidência ampliada. Tudo se assenta nisto: Lacan propõe que o momento do passe deve ser autenticado pela instituição. Ora, assim, o que deve ser autenticado não são as performances realizadas na análise do outro, como

Dados sobre o passe

analista, mas a performance realizada pelo sujeito *em sua própria análise*. Isso, evidentemente, deixa em suspenso o tipo de competência que pode ser ali autenticado.

A questão mais importante é saber quem autentica. Aqui, a originalidade da composição do júri é brilhante. Não se é remetido à cooptação dos superiores; os *egos iguais* [*égaux*] — os passadores, que são psicanalisantes tal como o passante — têm sua palavra a dizer, são parte interessada do processo de seleção. Temos, aqui, uma autenticação mista, heterogênea, pelos superiores e pelos iguais [*égaux*]. Isso causou um escândalo, não foi verdadeiramente aceito, e Lacan, sobre esse ponto, teve de recuar.

Ao AE cabe submeter *a uma crítica permanente a autorização dos melhores*. Esta expressão, *a autorização dos melhores*, desaparece do texto definitivo da "Proposição de 9 de outubro...", mas ela diz com clareza que, aqui, estamos em um dispositivo de *seleção*. E quem diz seleção, implica dizer que não se escolhe os piores. *Os melhores*, a palavra ali está.

Na proposição distingue-se dois júris: o júri de acolhida e o júri de aprovação.

O júri de acolhida é pura e simplesmente um júri de acolhida *à Escola*. É a passagem obrigatória para ser membro da EFP, que não implica de modo algum em qualquer reconhecimento da capacidade analítica. Tudo se concentra, pelo contrário, no júri de aprovação, que outorga o título de AE assim como o de AME.

Essa não é a única surpresa reservada pelo júri de aprovação. Como então Lacan o compõe no primeiro movimento de sua proposição? Ele o compõe com sete pessoas, digamos, 1+3+3. Um é o diretor; três são três psicanalistas, três AE exatamente; mais três, que são psicanalisantes chamados de passadores.

Como são escolhidos esses três AE e esses três psicanalisantes? Os três AE são sorteados da lista dos AE. Os três passadores são sorteados da lista de passadores estabelecida pelos AE. Esse júri se renova a cada seis meses.

Aqui, nenhum equívoco. Esses sete formam o que Lacan chama, em seu texto, de o Colegiado *completo* do júri.

Como procede o passe?

O candidato que se propõe tem de lidar com os três psicanalisantes que o entrevistam e, depois, fazem o relatório, diz Lacan, diante do Colegiado completo do júri de aprovação. Em outras palavras, o júri é composto de psicanalisantes e de passadores.

Esse mesmo júri, do qual fazem parte os psicanalisantes, escolhe igualmente os AME, sem que estes tenham de apresentar candidatura — o júri *toma essa iniciativa sobre o critério dos trabalhos e do estilo de trabalho* do analista.

Ao mesmo tempo, especifica-se que um analista, se ele é analista e também membro da Escola, torna-se AE se seu candidato tornar-se um AE. De fato, Lacan se refere ao passante como *candidato de seu psicanalista*. O termo aí está, por mais surpreendente que isso possa parecer. *O Analista Membro da Escola apresentará quem lhe convier à candidatura precedente. Se seu candidato for agregado aos Analistas da Escola, ele próprio será admitido nela.* Se esse analista não for AME, o júri de aprovação o examinará também com esse fim.

Temos, aqui, toda a primeira inspiração de Lacan. Um analista acede ao grau de AE se um de seus analisantes aceder a esse grau. Há, aqui, uma inversão da autenticação tradicional que, certamente, foi insuportável para a coletividade da época. Aliás, isso provocou uma fratura, a saída dos três fundadores do Quarto Grupo.

Dados sobre o passe

Inversão da autenticação, heterogeneização acentuada: isto é inteiramente perceptível na composição do júri de aprovação, que, no fundo, é o único júri propriamente dito da Escola e que outorga os títulos de AE e de AME, embora comporte em seu seio psicanalisantes.

O texto publicado da "Proposição de 9 de outubro..." não retoma essas extraordinárias inovações, que figuram na primeira versão. Em seu lugar, lê-se a seguinte frase: *O final deste documento esclarece o modo como se poderia introduzir aquilo que só tende, ao inaugurar uma experiência, a tornar enfim verdadeiras as garantias buscadas.*

Esse escrito refere-se, portanto, a um documento que os leitores, em sua maioria, não têm, e foi preciso esperar 1978 para vê-lo publicado. Quanto à questão do procedimento, Lacan avançou andando na ponta dos pés. A prudência dessa frase permite mensurar as resistências suscitadas no ambiente pela pressão constitucional de Lacan.

Lerei para vocês a frase seguinte, porque ela é divertida: *Deixamo-las indivisas nas mãos daqueles que as têm por direito adquirido.* É verdadeiramente charmoso! Está no âmago da questão. Lacan toma muito cuidado de precisar que ele respeitará as situações no devido lugar, os direitos adquiridos.

O resultado é o texto dos "Princípios concernentes à acessão...", de 1969. Notem o de que se trata nos *princípios*: eles concernem à *acessão ao título de psicanalista*. Significa dizer que, correlativamente à extensão do campo da autoautorização psicanalítica, aberto pela máxima *o analista só se autoriza de si mesmo*, só se é intitulado psicanalista na EFP quando se é AME ou AE.

O passador que — primeira intenção de Lacan — era parte integrante do júri, desses sete membros, se verá, dois anos depois, trazendo apenas o seu testemunho. Ele não mais fará parte do júri.

Outra modificação concernente à intenção inicial de Lacan: o júri de acolhimento torna-se aquele que outorga o título de AME. Não somente os psicanalisantes são barrados do júri de aprovação, como também é retirada desse júri a faculdade de outorgar o título de AME, que é confiada a um júri especial em conformidade, reconheçamo-lo, com a distinção *intensão/extensão*. São dadas todas as precisões sobre a composição dos júris. O júri de aprovação é eleito pela Assembleia Geral, mas apenas os AE e os AME podem ali se apresentar. Para o júri de acolhimento, a Assembleia Geral escolhe seis membros em uma lista de nove propostos pelo diretor.

Este é o sistema que conhecemos. O texto em apêndice à "Proposição de 9 de outubro..." nos dá um estado intermediário entre 1967 e 1969.

Esse texto especifica que o júri de aprovação só pode *ser constituído de membros da Escola*. Suponho que se tratava de assegurar às pessoas da época, que temiam ver Lacan colocar a Escola nas mãos de qualquer um. E acrescenta: *Ele só pode ser decidido pelos AE*. Eis aqui o primeiro recuo de Lacan em relação à sua proposição inicial: o júri de aprovação comporta psicanalisantes, mas só os psicanalistas tomam a decisão. Ele precisa, inclusive, que nem mesmo o diretor votará. Tem-se, aqui, a medida da época. *O diretor e os passadores só participam da consulta. Vocês podem observar que qualquer Sociedade organizada assim seria ingovernável. Mas, para mim, não se trata de governar. Trata-se de uma Escola, e não de uma escola comum.*

Essas são concessões. Basta ler o texto para dar-se conta de que elas foram feitas para que se pudesse convocar a fronda

Dados sobre o passe

dos didatas, dos antigos didatas, que encontrará sua sanção com a saída, em 1969, dos fundadores do Quarto Grupo. Todos esses textos foram escritos por Lacan para retê-los. Ele chega a abandonar seu direito de voto: *Quem será passador? Mas, aqueles que vocês quiserem, vocês, os AE*. Ele pleiteia por sua reforma. Como vocês sabem, isso não serviu para nada. Deixaram-no. Em menor número que em 1980: Lacan, então, estava em plena forma.

O AE encontra, aqui, sua definição: *Aquele que contribui para o avanço da psicanálise*. E Lacan acrescenta: *por que não começar, logo que ali se chegue?* Aqui se disjuntam o eixo temporal e o *gradus*. De fato, esse dispositivo permite ao debutante, ou seja, a um psicanalisante pura e simplesmente, encontrar-se com o título de AE. O AE não é mais o titular experiente, pode ser o jovem, o jovem Aymerillot. Por certo, essa não é a regra, mas esta única possibilidade realiza o que Lacan chama de *ruptura de hierarquia*. Não o desaparecimento, mas ruptura de hierarquia.

A função de AE torna-se, desde então, incomensurável com a de AME, elas se situam em dois espaços diferentes. Ao mesmo tempo, o AME é convidado a se apresentar à qualificação de AE. *O testemunho decisivo de sua capacidade será dado pela nomeação de um de seus psicanalisantes ao título de AE,* o AE que ocupa *uma posição equivalente àquela do didata*.

A esse respeito, noto que o passe tem uma dupla função: para o psicanalisante, ele autentica o momento do passe; para o psicanalista, ele o autentica, posteriormente, como analista. É o conjunto desse dispositivo que Lacan batiza como *ruptura de hierarquia*. Ele não pretende de modo algum fazer desaparecer o *poder*, mas *recolocá-lo nas mãos daqueles que trabalham*.

Destacaria, ainda nesse texto, esta precisão: *O AME se distinguirá por não ter a suficiência em que consiste o membro titular*. Essa é uma frase esclarecedora sobre as motivações de Lacan. No fundo, o AE, que pode ser o psicanalisante, o jovem psicanalista, ali está como que para rosquear [*tarauder*] o AME, o praticante esmerilhado [*rode*]. O AME deve saber que, a qualquer momento, um debutante, isto é, um analisante, pura e simplesmente, pode se encontrar na posição de fazer avançar a psicanálise.

O problema será recolocado em nossa Escola, onde o AE se torna transitório. Será preciso, efetivamente, impedir no futuro que o AME da ECF se distinga por uma suficiência de titular.

Evidentemente, o que limita essa suficiência é que, no âmbito da Assembleia Geral, os AE e os AME não têm mais direito do que os simples membros. Nisso também, *gradus* e hierarquia se distinguem.

A ruptura de 1980

Podemos tentar, agora, circunscrever a ruptura de 1980?

Ela concerne ao AE e ao júri de aprovação. É apenas indiretamente que o AME é também atingido.

Parece que o novo AE — fundo constituído para impedir o AME de formar uma casta, impedir o titular de formar uma casta — funcionou, definitivamente, como uma casta. Desde então, posição transitória do AE, que, atualmente, enfatiza a performance que se espera dele, a saber, contribuir para o avanço da psicanálise por meio de um testemunho público, que lhe assegura o direito à atenção por parte de toda a Escola.

O AE figura nos estatutos durante três anos. Vocês ali encontram especificações que concernem à nova forma e ao novo nome do júri de aprovação. Isso decorreu, precisamente, de uma carta de Lacan, enviada a Claude Conté e a mim mesmo, em 22 de dezembro de 1980. Trata-se de uma carta manuscrita de Lacan, que comporta considerações sobre o estado em que estava, então, a Causa freudiana. Nela figura um certo número de nomes, questionados ou evocados. Extraio dela a seguinte passagem, à qual Conté fez referência em janeiro do ano passado, ao escrever que *elaboramos os artigos dos estatutos concernentes ao passe, sob as indicações de Lacan.* Eis aqui quais eram, precisamente, as indicações de Lacan, palavra por palavra.

Para a aprovação (palavra a ser proscrita), uma dupla Comissão do passe: ou seja, dois cartéis compondo o júri com trabalho a ser produzido.

Em seguida, nomes são evocados para esses cartéis. Isso queria dizer que Lacan reservava para si a nomeação. Vocês me desculpem por não lhes dizer esses nomes. Eu os substituo por letras. Lerei para vocês o parágrafo e lhes direi, em seguida, como nós o interpretamos, na época.

X e Y, em um, A e B, no outro; P e Q, aqui, e, ali, R e S, do mesmo modo, como passadores nos júris. Os passantes repartidos, por sorteio, entre os dois cartéis. A acolhida se atém a garantir o analista que funcione. Digo, portanto: uma Comissão de garantia.

Foi embasados por essas indicações que precisamos inventar um funcionamento do passe. Ele foi elaborado no âmbito do Diretório da época, em janeiro de 1981, sob a forma de dois artigos dos estatutos, aprovados por Lacan, mas que foram postos em questão pelo fato de ele ter proposto à discussão do Fórum o conjunto dos estatutos.

No final de setembro, depois da morte do dr. Lacan, o Conselho decidiu sobre um certo número de questões institucionais, mas quis deixar em suspenso o procedimento do passe, a fim de que ele fosse debatido e decidido no âmbito da associação. O Conselho contentou-se, em um regulamento interno, em mencionar o texto dos dois artigos aprovados por Lacan, precisando que um congresso deveria se pronunciar a respeito deles. Uma vez que o dr. Lacan não podia dar a resposta que esperávamos sobre o passe, pareceu ao Conselho que o recurso normal seria transferir sua função ao conjunto dos membros e dos membros associados da ECF. Essa era uma situação não muito diferente — a não ser, bem entendido, pela ausência do dr. Lacan — daquela de 1969. Foi também por um voto que as disposições do passe foram adotadas pela Escola de então.

Aqui estão, portanto, esses artigos que foram aprovados por Lacan, em janeiro, e colocados novamente em discussão.

Inicialmente. Precisa-se que a comissão é composta de dois cartéis, trabalhando e deliberando independentemente um do outro. O cartel otimizado teria cinco membros, esse é o número que retivemos para cada cartel. Propusemos, a partir da própria composição que Lacan havia dado a cada um desses cartéis, que haveria, entre esses cinco, três psicanalistas, dos quais ao menos um fosse um AE, e dois passadores. A esse respeito, fomos sensíveis ao fato de que a menção por Lacan, *como passador nos júris*, ia ao encontro da inspiração que fora a da primeira Proposição assim como a de seus apêndices.

Especificamos isso de maneira coerente com o modo como Lacan motivou a dissolução. *Cada cartel garante um trabalho de doutrina e de ensino.*
Para esses cartéis do passe, foi preciso inventar uma renovação. Propusemos esta: *Cada cartel permanece em função por dois anos.* Sorteio para os passadores. Sorteio para o AE. Para os dois psicanalistas, em alternância, sua nomeação pelo presidente. E mais a seguinte especificação: *Se o número dos passantes o exigir, um cartel poderá demandar que passadores suplementares sejam sorteados pelo secretariado da Comissão.* Foi igualmente especificado que os dois primeiros cartéis seriam nomeados pelo presidente, a saber, o dr. Lacan.

Apresentou-se um problema: quem escolheria os passadores? Como essa questão foi regulamentada por Lacan em 1967-69? De maneira muito prática, uma vez que ele conservou os AE já nomeados. A ponto de dizer: *Por meio do passe, trata-se de produzir um novo corpo de AE, mas que faço confluir com o antigo.* Sempre presente esse respeito pelas situações adquiridas, como o assinalei. Portanto, no começo, Lacan fez funcionar o passe com psicanalistas que não haviam sido nomeados pela via do passe.

Uma vez que Lacan anulava os títulos de AE para conservar, de modo transitório, apenas os dez últimos nomeados, o Diretório da época propôs que fossem os AME que designassem os passadores. Isso implicava apoiar-se em uma categoria já existente, a fim de originar um funcionamento novo.

Por essa razão, o número de pessoas que podiam propor os passadores era muito amplo. Era preciso compensar criando um secretariado da Comissão do passe, cuja tarefa seria a de compor a lista dos passadores e se reunir, na ocasião, com os analistas que os haviam designado, com o cuidado, sensível a

Lacan, de evitar uma designação eventualmente irresponsável dos passadores.

Pontuações

O que está em discussão, hoje? O fato de o AE ser transitório não está em discussão. Também não se discute mais o fato de haver uma dupla Comissão do passe, dois cartéis como júri trabalhando independentemente e os passantes repartidos por sorteio entre os dois cartéis. Tudo isso não foi reposto em questão. Foi o osso da ruptura institucional de 1980.

Em contrapartida, há, a meu ver, essencialmente três pontos que estão em discussão:
— O estatuto dos passadores no júri.
— O modo de renovação dos membros da dupla Comissão.
— A nomeação da primeira dupla Comissão.

No que concerne ao estatuto dos passadores, parece que o essencial é saber se esses passadores devem ter, ou não, o poder de decisão. Visivelmente, entre a primeira versão de 1967 e o apêndice dessa versão houve um pequeno recuo de Lacan sobre esse ponto. Esse recuo foi criterioso?

O fato de haver passadores no júri não está em discussão. Trata-se, aqui, de uma indicação expressa de Lacan. O que permanece aberto é o poder de decisão dos passadores.

De minha parte, dou todo o valor ao fato de Lacan dizer *cartéis do passe*. Ou seja, órgãos de trabalho, o que me parece supor neles uma certa permanência. Não buscamos simplesmente o tipo de nomeação mais confortável para uma associação. Buscamos que o trabalho psicanalítico seja feito e também que a teoria da psicanálise possa avançar.

A renovação: sobre a duração da dupla Comissão do passe, não há nenhuma indicação explícita de Lacan. A renovação pode acontecer por sorteio, por escolha ou por eleição. Se for por sorteio, de que lista? Se for uma escolha ou uma eleição, por qual instância? Também é possível compor esses três modos de renovação.

A seleção da primeira dupla Comissão: Lacan reservou explicitamente para si essa nomeação. Ora, em alguns modos de renovação, a escolha da primeira instância pode ter uma forte incidência sobre as escolhas seguintes. Portanto, ponho à parte este terceiro ponto: como é escolhida a primeira dupla Comissão.

Procurei reunir, aqui, o que eu dispunha como dados sobre o passe. Esse trabalho, é claro, só toca de viés a experiência do momento do passe.

Para terminar, gostaria de enfatizar o que está em jogo nesse regulamento.

A implementação do passe só é concebível se conseguirmos estabelecer, nessa Escola, a confiança necessária para que esse processo seja efetivo. A confiança, ou seja, uma transferência com essa invenção de Lacan e com a instituição que a implementa.

O dispositivo será o que será. De todo modo, adotaremos um, por maioria, senão por unanimidade. Portanto, em breve, haverá AE, passadores e membros dos cartéis do passe.

O que não variará são as exigências que eles terão de respeitar, das quais a Escola e, além dela, o público serão os juízes.

Perfeição da psicanálise

Intervenção sob a forma de introdução aos "Sábados do passe", janeiro de 1983, publicada em Lettre Mensuelle, *n. 18, abril de 1983.*

ESTE ANO, OS "Sábados do passe" ocorrerão de modo diferente. No ano passado, era preciso regulamentar uma questão institucional, estabelecer uma doutrina da instituição, doutrina, por certo, experimental e provisória. A discussão, muito aberta, centrou-se em um texto, em suas palavras, até mesmo em suas vírgulas, que foi adotado por um congresso extraordinário.

Não temos, aqui, uma exigência comparável. Estes sábados não têm de ser concluídos, eles ocupam apenas um tempo de reflexão antes da entrada em funcionamento do passe. E se *tempo de reflexão* parece pomposo, digamos que estamos brincando de levantar a cortina...

Deve-se notar que a assistência numerosa nesses sábados — e desde já concordamos com isto — não poderia prevalecer-se de ser um júri do passe. Quem quiser intervir não o fará como candidato ao passe, que teria de fazer suas provas. Lacan não previu de modo algum uma prova pública para o passe, ele o delimitou a uma instância com número limitado. É apenas depois de uma eventual nomeação que se espera efetivamente das pessoas nomeadas uma certa demonstração a ser feita. A prova pública, caso haja uma, vem depois.

Do mesmo modo, os membros da Comissão do passe não têm o dever de falar aqui por suas qualidades. Eu compreenderia muito bem o eventual embaraço deles: a assistência não seria tentada a buscar, através de suas intervenções, seus critérios de apreciação? Esses famosos critérios! Chamemos isso de o grito — *Terra!* Não há tal grito para o passe, seria mais da ordem de um terremoto.

Esses sábados serão, portanto, abertos àqueles que tiverem algo a dizer sobre o momento do passe. O passe, de fato, é um campo aberto. Obviamente, para que um campo seja aberto de forma autêntica, é preciso ainda que seus entornos sejam balizados. Lacan deu algumas pontuações estruturais para essa abertura. Não é dito que a experiência a ser desenvolvida na abertura desse campo não possa voltar a questionar essas pontuações — não temos que excluí-lo.

Dei o essencial de minha opinião sobre isso no final de 1980, em três conferências em *Delenda*. Elas tiveram um certo efeito que nem sempre foi o que eu previra. Por outro lado, estou dando um curso em que abordo de viés essa questão, e não vou infligir um curso a vocês, aqui.

O passe não pode ser extraído do ensino de Lacan e posto de lado. Não se trata de um acréscimo, é a solução, tardia, se quiserem, de um problema que foi constante nesse ensino. O momento do passe é um momento suposto resolutivo na experiência analítica. Digo *a experiência* preferencialmente a *tratamento* [*cure*], pois, do que o passe curaria [*guérirait*]? Do desejo? Do gozo? Do fantasma?

O passe foi vinculado por Lacan ao fato de tornar-se analista. Com frequência isso foi transcrito como o *tornar-se-analista*. Esse modo de dizer não é o de Lacan, creio eu, mas ele se difundiu. É preciso voltar a apreender o que há de singular naquilo de que se trata.

De um modo geral, ouve-se *tornar-se analista* de quem abraça a profissão de analista. Isso pode ser distinguido do momento em que se começa a *receber*. Bela maneira de dizer, empregando-se esse verbo sem complemento, de modo absoluto. Recebemos — pessoas, dinheiro, insultos, declarações de amor — enfim, recebemos!

Esse tornar-se-analista estava ligado, antes de Lacan, à ideia de uma certa realização terapêutica, por um lado, e à ideia de uma formação, de um aprendizado do saber-fazer, por outro. Correlativamente, exercia-se uma seleção prévia de pessoas supostamente capazes de acompanhar um tal aprendizado profissional e tendo expressado sua intenção junto aos psicanalistas, estes também selecionados. Esta psicanálise, desde então distinguida como "didática", aparecia como o ápice da terapêutica, comportando uma finalidade determinada, embora definitivamente incerta, no nível da genitalidade: a ideia de que uma certa relação com o sexo poderia ser, para o sujeito engajado nessa experiência, bem ajustada, tamponada. Além disso, o saber-fazer era suposto ser obtido da experiência do jovem praticante, com o que isso comporte de prioritário à antiguidade, ao hábito.

Essa noção de tornar-se-analista foi mantida no início da Escola Freudiana de Paris, embora seu ideal já tivesse sido solapado pela própria prática de Lacan. Mas a criação de uma instituição que era a sua tornava urgente, para Lacan, renovar os dados básicos que seu ensino ainda não havia subvertido. Essa subversão foi o resultado de uma operação, cuja singularidade deve ser apreendida, e que precede, cronológica e logicamente, à invenção do passe. Lacan qualificou essa operação de *inversão*. Essa inversão lacaniana, do que se trata?

A ideologia de base implicava o fato de que a psicanálise é fundamentalmente terapêutica. Dentro desse campo, pode-se distinguir uma zona, a da psicanálise didática, onde a finalidade terapêutica é modificada por certos requisitos que respondem à demanda e à seleção iniciais. No espaço terapêutico, portanto, um cantão foi diferenciado como didático.

A inversão consiste, pelo contrário, em situar a psicanálise didática como a forma perfeita da psicanálise. A psicanálise como tal é uma experiência que possibilita a um sujeito estar em condições de assumir a posição do psicanalista. De tal modo que a psicanálise — se assim posso dizer —, em suma, a "terapêutica", aparece como uma forma restrita da experiência. As proporções são invertidas. O espaço próprio da análise é a didática. A psicanálise só pode visar à emergência de um sujeito capaz de assumir a posição de analista. Mas há um cantão terapêutico, onde esse poder se restringe, se limita ao alívio do paciente.

Isso está exposto com muita precisão no texto de 1966 que, no volume dos *Escritos*, precede o "Relatório de Roma": "Do sujeito enfim em questão". Esse texto, escrito para a publicação dos *Escritos*, dá o contorno da reflexão de Lacan, antes da invenção do passe.

Essa inversão é o que abre o próprio campo do passe. Citarei apenas este parágrafo da página 231, deixando para vocês o cuidado de lerem o conjunto: *Tal é a inversão que, antes de nós não ocorreu a ninguém. Ela parece impor-se, no entanto. Pois se a psicanálise tem um campo específico, nele o cuidado terapêutico justifica desvios ou até curtos-circuitos; mas, se há um caso que proíbe qualquer redução similar, este deve ser a psicanálise didática.*

As consequências dessa inversão são, para dizer com propriedade, incalculáveis. A própria expressão *psicanálise didática* não será mais empregada por e para nós mesmos, ela caiu em desuso. Para nós, *paciente* não é *sujeito*. O paciente é o sujeito, sem dúvida, mas apenas na medida em que ele é *um-que-sofre* e que deve ser aliviado. O sujeito não pode ser reduzido ao paciente, ou seja, ao sujeito clínico.

Nesse sentido, a problemática do passe não tem seu ponto de aplicação apenas no momento dito do passe. A vocação dessa problemática é governar toda a psicanálise, quero dizer, todos os momentos de uma psicanálise. Conforme se confunda ou se distinga o sujeito e o paciente, o ato psicanalítico toma uma ênfase inteiramente diversa. Reduzir o sujeito ao paciente dá origem — Lacan o enfatiza — a uma prática do tratamento na qual o psicanalista faz de sua contratransferência sua bússola, ou seja, dirige o tratamento a partir dos efeitos que este exerce sobre ele mesmo, se assim posso dizer, como um paciente. Ele observa o paciente nele.

A consequência da inversão lacaniana, pelo contrário, é que o famoso tornar-se-analista forma o horizonte da psicanálise, sua perfeição. Seu valor e seu sentido são, desde então, transformados. Tornar-se analista nada tem a ver com o fato de exercer uma profissão, mas caracteriza uma posição alcançada na própria análise do sujeito. A aprendizagem, o saber-fazer, e até mesmo a problemática, o fazer, são exteriores à questão propriamente dita. A posição de que se trata é indiferente ao fato de o sujeito funcionar ou não como praticante.

Não escondamos este fato de nós mesmos: essas consequências desorganizam profundamente o status da "profissão": Lacan não recuou diante disso, e, mesmo assim, insistimos nessa via com a baliza desta Escola. Mas, construída sobre essas premissas, seu manejo é muito delicado.

Como isolar, agora, a mutação que se produz no decurso de uma análise e que marca que a posição analítica foi alcançada pelo sujeito?

Não irei tão longe a ponto de dizer que Lacan tinha, a esse respeito, uma doutrina secreta — como se supôs que Platão tivesse uma. A verdade verdadeira seria tão escandalosa, perigosa, horrível, talvez, a ponto de só poder ser confiada aos eleitos? Sobre isso, podemos ficar tranquilos — do passe, o dr. Lacan não disse muita coisa aos eleitos de seu júri! Não, Lacan não tinha uma doutrina secreta do passe, mas penso que ele não disse tudo sobre o que sabia a esse respeito para não fazermos disso... critérios. Esta precaução é válida para nós: tenhamos cuidado para não produzir um efeito de conformação [*conformisation*], uma vez que se trata de uma experiência feita para desfazer esses efeitos.

Aqui não é o lugar para desenvolver o que se tece do passe entre sintoma e fantasma — esse é o objeto, entre outros, do curso que estou ministrando este ano na Seção Clínica. Mas vejam, neste texto de 1966, esta dupla dimensão já convocada para situar o termo da análise:

— esgotamento, pelo menos esboçado, do *espaço de defesa em que se organiza o sujeito*;

— aproximação à *tela fundamental do real no fantasma inconsciente*, em sua *ordem de montagem*.

O fato de esse texto concluir com o enigma da castração, conhecido como functor do sintoma, indica com precisão o problema que o passe, promovido no ano seguinte, estrutura como solução. Para indicar brevemente suas coordenadas: que o sujeito passe na prova de sua refenda, no nível da alienação significante, é um efeito automático da experiência analítica, assim como a diferenciação do sujeito do enunciado e do sujeito da enunciação. A *desidentificação* culmina na sigla (−φ), que nota a função do sujeito como *falta-a-ser* sob a forma da castração. Mas, retendo apenas essa dimensão, chegamos a exaltar sua suposta infinitude, que não é senão metonímia do desejo. Ora, na experiência, o sujeito não faz apenas a prova da falta-a-ser. Se esta é tão devastadora, é porque ele também faz a prova da *presença*.

A função da presença distingue o fantasma. Lacan a aponta no fantasma sadiana, mas não está reservada apenas a esta: o fantasma como fundamental é o que recupera a função da presença na prova da falta-a-ser. O passe constitui precisamente a encruzilhada do ser em sua presença com a falta-a-ser, daí os efeitos paradoxais ditos de *destituição subjetiva*, por um lado, e *des-ser*, por outro.

Em breve, vocês poderão ler o volume do Seminário *A ética...*, e verão de que forma o passe já está presente ali. Esse Seminário, cujo verdadeiro tema é *o real*, é, por razões estruturais, o mais carregado de *pathos*. Mas é um fato que Lacan não se limitou à dimensão patética. O caminho que leva ao passe consagra a passagem do *patemático* [*pathématique*] ao matemático. Lacan matematizou como o passe aquilo que ele primeiro fez valer de um modo patético.

Não faremos o caminho inverso. O passe tem, em si mesmo, seu *pathos*, não há necessidade de remeter a isso. O que nos ocupa é operar em psicanálise. Para isso, convém traçar, retroativamente, as consequências do momento do passe para a condução do tratamento. Proponho, então, que as intervenções não se limitem ao momento do passe tomado em sua estreita pertinência, mas incidam sobre a experiência analítica, à luz — sol negro — do passe.

II

Em vista da saída

> *Intervenção nas Jornadas intituladas "A entrada em análise: momento e o que está em jogo", ocorridas em Marselha, maio de 1989, publicada no final do mesmo ano na revista* Actes de l'École de la Cause Freudienne, *n. 16.*

A QUEM FALAR da entrada em análise? O mais interessante seria, sem dúvida, falar dela àqueles que ainda não entraram e que, talvez, nunca entrem nela. Seria pelo fato de eles não poderem me desmentir, quando falo como analista? Falar àqueles que não entraram em análise diante de outros que o estão ou que nela estiveram muda a distribuição das cartas. A presença destes últimos pode funcionar como controle. Este é, me parece, o modo de endereçamento próprio à Escola da Causa Freudiana: o endereçamento visa aos mais noviços, aqueles que não são conhecidos de modo algum, mas sob o olhar, sob a escuta daqueles que se conhece — suponho o presente auditório assim composto.

Anamorfose

Uma vez situado o endereçamento, formulo a seguinte questão: *Em vista da saída, o que é a entrada em análise?* Não é comum dizer que se sai da análise, ao passo que se diz, de bom grado, que se entra nela: seria pelo fato de não se ter tanta certeza de alguma vez sair dela, uma vez que se entrou? De todo modo, não é certo que o praticante da psicanálise tenha saído dela — talvez ele não deva sair dela, mas, no máximo, sair-se dela, se ele o puder. Digamos, mesmo assim, *a saída,* já que se diz *a entrada.*

Uma análise é feita de entradas e saídas, dentro e fora do consultório do analista. Pode ocorrer que o paciente deseje ali permanecer. Não partir, residir ali, trabalhar ali, e até mesmo dormir ali, ele sonha com isso. Isso lhe é recusado; não se vive sob o mesmo teto que seu analista. *Entrar* e *sair*, este é o ritmo da experiência analítica.

Certamente, entrar no consultório do analista não é entrar em análise. Essa diferença não estaria no cerne destas Jornadas? Portanto, se entra e se sai. E, ao sair, nos viramos. O que vemos do limiar da saída?

Comecem a sair da sala, onde sem dúvida ele os cativou. É então que, virando-se, de saída [...] vocês percebem [...] o quê? Esta frase se encontra na página 87 do Seminário *Os quatro conceitos fundamentais da psicanálise.* Lacan fala de alguma coisa que só pode ser vista sob a condição de se virar ao partir. A capa do *Seminário 11* é uma das mais célebres. Ela reproduz *Os embaixadores,* de Holbein, já valorizada pelo erudito Jurgis Baltrušaitis: dois personagens, um magnífico, o outro mais humilde; entre eles, a acumulação de objetos reluzentes, simbólicos das ciências e das artes. No primeiro plano, flutua um objeto não identificável, que não está representado na dimensão das figuras do quadro. Só o vemos a partir de um ponto determinado do espaço, a saber, quando nos viramos ao sair da sala de exposição. De repente, as linhas se compõem para fazer surgir a figura de uma cabeça da morte, que *nos torna aqui visível algo que não é outra coisa senão o sujeito como nadificado*, interpreta Lacan. É uma anamorfose. Para falar com propriedade, é um uso da geometria visando ao que Baltasar Gracián chamava, em espanhol, de *desengaño*, o "desengano" [*détromperie*].

Farei, de bom grado, dessa revelação anamórfica oferecida apenas àquele que se vira ao partir, uma alegoria do final da análise: este ponto de onde, virando-se, pode-se por fim perceber a figura do que permanecera, até então, velado, quase informe. Já que a anamorfose é um fato geométrico, seria preciso gravar no frontão do consultório do analista: *Que ninguém entre aqui se não for geômetra?* Lacan sonhava em exigir do candidato à entrada em análise um dom quase matemático — *se esse dom existisse*, acrescentava ele.

Com sua proposição do passe, Lacan tentou, precisamente, apreender, fixar e suscitar o que o paciente, no momento de sair da análise, poderia ver, caso ele se virasse. O passe é, se assim posso dizer, o ponto geometral de uma psicanálise, o ponto ao qual só se pode aceder indo do começo até o final, da entrada à saída, com a condição de se virar ao partir. Esta é a definição deste estado final do analisante, o qual Lacan chamou de passante: *aquele que se vira ao partir*. Se Lacan distinguiu esse passe, se ele fez, cabe dizer, uma certa propaganda para esse final da análise, foi de fato para não nos esquecermos, ao sair, de nos virarmos.

Mas, em vista da saída, o que é uma análise? Como eles empalidecem, como se tornam quase invisíveis esses objetos reluzentes que mobilizaram a atenção de vocês, seu interesse, sua paixão. Ao mesmo tempo em que se anulam suavemente, que suas figuras se dissipam em nuvens, eis que, nesse final da análise, um objeto rijo ganha seu relevo, torna-se nítido. Por certo, vocês já tinham seu pressentimento, vocês já o tinham visto, mas sem reconhecer seus traços. No momento em que ele lhes parecia informe, fluido, confuso, insituável, de repente ele se revela naquilo que ele é: um osso. O próprio osso que, talvez, dizia-se, falta ao corpo humano para evitar ao sujeito a castração. Lacan chama essa cabeça de morte escondida na anamorfose de *encarnação imajada da castração*, e eu não hesito em ver nela uma forma imajada do final da análise.

Do mesmo modo que aquele que se vira ao partir identifica, por fim, o que ele sempre tivera diante dos olhos sem vê-lo, é no final que o sujeito, em análise — caso ele queira de fato se virar, não antes de partir, mas no momento mesmo de partir —, saberá daquilo de que falou ao longo de todo o percurso de sua análise. A referência de suas falas só será uma a partir do ponto em que ele está em processo de saída, no umbral da saída, onde já essa referência que lhe faz careta é, para ele, do passado. Ele se vai deixando-a para trás, na própria imagem onde se congela a relação analista-analisante, abandonando o bricabraque dos objetos reluzentes acumulados entre eles — eles eram tanto mais flamejantes porque, abaixo, na confusão das linhas, é a morte que se escondia, a morte como imagem da castração, a morte que põe sua rubrica no final da visita. Isso é o que ele deixa atrás de si. E o analista, na saída da análise, é deixado para trás pelo visitante, o passante. Ele próprio é como esse osso, com o qual não tem mais nada a fazer.

Alocação libidinal

Circunscrevemos, agora, as coisas sobre o analista, e isso não tanto sobre sua *posição*, como se o exprime, quanto sobre seu *ser*. Eu me explico. É por essa visão da saída que o sujeito pode aperceber-se — se ele o desconheceu, como é de regra — até que ponto o analista contava para ele em sua entrada em análise. O problema da entrada em análise é o da entrada do analista, de sua entrada no mundo do paciente.

Aqui se pode apreciar como a noção freudiana de *libido* é feita para conjugar todos os meandros da experiência. A libido é apenas a noção de uma energia constante, homogênea, que se reparte entre os objetos, uma energia x cuja distribuição entre os objetos do interesse subjetivo pode ser seguida e seus deslocamentos, notados. A noção freudiana de libido implica que tudo o que mobiliza sua atenção, o ocupa, lhe interessa, tudo o que você torna uma questão sua, que faz você se esforçar, que lhe custa também, que o arrebata, e até mesmo tudo o que você passa o tempo a evitar, tudo isso é calculável em termos de *mais* ou de *menos* de libido, ou seja, como aumento e diminuição de alocação libidinal.

O que se passa, ou seja, *o que passa na saída?* É, se quiserem, a retirada do investimento libidinal alocado ao analista que, até então, tinha o valor daquilo que a língua clássica chamava de, empregando-o de modo absoluto sem o qualificar, *o objeto*. O francês do século XVII dizia, de fato, *meu objeto* para qualificar o mais precioso, aquele que mobiliza, por excelência, a libido.

Em vista da saída, a libido se retira do objeto analista ao mesmo tempo em que ela se retira daquilo de que se tratava para o paciente, que era a questão de sua vida, ou seja, seu sofrimento, seu mal-estar, sua paixão no sentido daquilo do qual ele padecia. Foi por essa razão que guardei, aqui, o nobre vocábulo de *paciente*. A libido, uma quantidade x, sempre x, de libido, se retira do analista e da própria paixão do sujeito, ou seja, da causa mesma com a qual ele sustentava sua querela com o Outro — fundamentalmente sua querela de impotência com o Outro.

A causa com a qual o sujeito sustentava sua querela, digo eu. No entanto, o investimento libidinal na entrada em análise é ainda confuso, difuso. Ele parece com este objeto inominável, na parte inferior do quadro de Holbein. O que decorre na análise, o que ocorre em seu curso — endereço-me, aqui, àqueles que não entraram nela, sob o controle dos que nela estão ou que estiveram — é o seguinte: o investimento libidinal se contrai, se condensa, se densifica e se isola sempre mais, ao mesmo tempo em que o sujeito descarta-se dele. E quando o sujeito descarta-se dele, ele percebe, a um só tempo, até que ponto esse quantum de libido comandava seu destino e sustentava seu mundo.

É o que se pode chamar de construção do fantasma fundamental do sujeito. Essa condensação da libido sob uma forma mais ou menos compacta, dura e até mesmo ossificada, foi o que Lacan tentou ensinar aos analistas a manejar, chamando-a de objeto a. Ele nota também que só se a maneja à medida de sua própria análise. Este é de fato o último estado do analista: aquele em que ele está quando o paciente se vira ao partir.

Mas o objeto ali está também, de saída, em potência. A entrada em análise propriamente dita só é concebível sob a condição de um deslocamento do investimento libidinal sobre o analista. Esse *mais* da libido deportada sobre o analista é um dos fenômenos mais manifestos da entrada em análise, sem que se possa dizer que ele se traduz por formas típicas: ele pode engendrar uma melhora súbita do estado do paciente, o qual deixa repentinamente de se interessar por seus sintomas que desaparecem (mostrando até que ponto estes eram sustentados por esse investimento libidinal); mas ele pode também causar um agravamento primário dos sintomas, uma vez que eles condicionam o interesse do analista.

Se nos perguntarmos agora como se forma o ser do analista para o paciente, podemos responder o seguinte: ele se forma da própria libido do paciente. O analista é como uma concreção libidinal do paciente. Essas variações da alocação libidinal que lhe é concedida tornam-se o objeto de todos os cuidados do analista. Ele pode, assim, observar os deslocamentos do objeto *a* funcionando como um verdadeiro ludião.

A entrada em análise, uma vez que distinta da entrada no consultório do analista, significa que o primeiro investimento foi concluído, que o analista, a quem se veio ver talvez *por acaso*, tornou-se o objeto, que houve escolha de objeto. Aliás, essa escolha é bem apropriada para indicar de que modo o paciente constitui seus objetos. A escolha de objeto analítico é, como qualquer escolha de objeto, propriamente transferencial, no sentido de Freud, o da repetição. Não há amor que não se funde sobre uma transferência de libido, a partir dos objetos primários, que são edipianos.

Investidura

Todavia, falar de investimento libidinal do analista como objeto não é o todo da questão. Esse investimento é também uma investidura, há uma dimensão simbólica. Evidentemente, cabe ao analista decidir da entrada em análise, mas com a condição de ter sido investido com o status de analista pelo paciente. Sem dúvida, no começo, ele o é, seu nome nas listas o atesta. É preciso ainda que ele renasça como tal para o paciente, para este e não para um outro. Na medida em que o paciente investe o analista, no duplo sentido de investimento e investidura, mais além inclusive do que ele pode saber disso, e lhe endereça um *Você é meu analista*, este pode lhe responder com um: *Eu o sou*. Não com um: *Entre!*, mas com um *Você está em análise*, ou seja, *Você já entrou nela*. Isso é sempre dito no passado. A entrada em análise, como escansão, quer ela seja ou não marcada pela passagem para o divã, é uma interpretação.

Seria preciso, é claro, dizer uma palavra sobre a interpretação. Eu me surpreendo de ainda não ter dito nada sobre isso, mas ainda não tive de explicar o que suscita, no paciente, analisante em potencial, o investimento-investidura que situei.

É preciso lembrar o que, da libido que ele cede ao analista, retorna ao sujeito, ou seja, cabe considerar uma análise do ponto de vista da satisfação que o sujeito encontra nela. Afinal, a demanda de análise é ainda a única que o analista pode, legitimamente, satisfazer. Aliás, alguns sujeitos não o suportam. Não sofrendo com um *sim* muito claro na entrada em análise, eles preferem manter-se durante todo o seu tratamento no suspense de saber se sua demanda de análise será satisfeita. Assim, fazem seu percurso analítico inteiro sob a ameaça de que essa demanda não seja satisfeita.

A propósito da satisfação em análise, enfatizemos, em primeiro lugar, que a satisfação é narcísica. A investidura idealizadora do analista é correlativa a uma renarcisação do paciente, que permite observar casos de tratamento rápido, e até mesmo instantâneo, de alguns estados depressivos, em uma ou duas sessões. Eventualmente, isso se produz desde a consulta marcada, antes mesmo do encontro.

Observa-se também como, por ocasião da entrada e até mesmo de uma *reentrada* em análise, se constitui uma transferência analítica — para retomar o termo de Freud —, na qual o paciente se persuade de encontrar no analista uma proteção que se estende a toda sua existência. É verdade que a estimulação e a condensação libidinal na experiência analítica podem constituir uma espécie de armadura.

A entrada em análise pode ser apresentada a partir da teoria freudiana, revista por Lacan para nós, do estado amoroso e da identificação. O analista investido do funtor I, de Ideal, o analista idealizado, permite uma regulação da imagem de si que lhe é correlativa. Ora, se estendermos essas considerações até o final da análise, só se conclui pela identificação com o analista. Para nós, é diferente.

Falar da entrada em análise a partir da identificação implica lembrar que essa entrada se faz sob recalcamento e que, se ela comporta uma transferência de libido do sintoma ao analista, comporta também uma transferência ao *eu* [*moi*]. Há nisso um paradoxo, pelo fato de que a análise, como processo de saber, inicia-se sob a forma de um: *Não quero saber nada disso*. A transferência que a marca não incide no trabalho; como amor, ela apresenta, pelo contrário, uma face de resistência (nisso, ela é igual a um fechamento do inconsciente). Aqui reside o paradoxo: entra-se em análise quando o inconsciente está fechado.

Por essa razão, seguindo Lacan, um outro conceito de transferência deve vir completar, corrigir a definição freudiana de transferência como repetição (que acaba por considerar a transferência como fechamento do inconsciente). Pois a transferência, no sentido de Lacan, qualifica, pelo contrário, a abertura do inconsciente. O que a expressão *sujeito-suposto-saber* traduz.

Previ dizer uma palavra sobre o tema do *contrato* mencionado ontem. Por falta de tempo, passarei rapidamente sobre esse ponto para concluir com uma palavra.

Ao final desse percurso, resta saber como se produzem esses efeitos que situei no nível libidinal, essa magnetização, esse reporte da libido sobre o analista. Seria apenas pelo fato de ele ser gentil, afetivo? Não vamos rir disso, é preciso sê-lo, mas não a ponto de chegar à caridade. Não, de fato, o que Freud chama de *contrato* não é senão a junção do *tudo dizer*, por parte do paciente, com o *nada dizer*, por parte do analista.

Isso aponta a afinidade deste x, que chamamos de *libido* com a fala, com o significante. Esses deslocamentos da libido são produzidos apenas por um artifício de fala. Trata-se, precisamente, do que Lacan chama de o *gozo*, a saber, a libido, uma vez que ela tem afinidades com a fala.

O paradoxo do psicanalista

Artigo publicado no jornal Le Monde, datado de 22 de fevereiro de 1990, p. 2.

HÁ DEZ ANOS, aconteceu a dissolução, por Lacan, da Escola Freudiana de Paris. O dr. Daniel Soulez Larivière que, na época, foi o advogado dos oponentes, escreveu no *Le Monde* em 12 de janeiro de 1990: *Nunca, sem dúvida, levou-se tão longe o idealismo como nessa escola lacaniana, uma vez que, como em uma república platônica, o poder político não se distinguia do saber. A Escola comportava três categorias de cidadãos: os Analistas Praticantes (AP), os Analistas Membros da Escola (AME), os Analistas da Escola (AE), cuja hierarquia se embasava no grau de iniciação. A lógica era evidentemente aquela da ditadura, já que o sujeito-suposto-saber era Jacques Lacan.*

Não. A república de Lacan não comportava de modo algum *três categorias de cidadãos*: seu belo paradoxo era o de comportar apenas uma. Fundada *sobre uma distinção da hierarquia e do gradus*, ou seja, uma separação do *poder* e do *saber*, ela conferia a todos os mesmos direitos, fossem quais fossem sua antiguidade na associação e os títulos que poderiam lhes valer, por outro lado, suas competências e performances no domínio da psicanálise.

O sistema descrito pelo dr. Soulez Larivière, onde três *gradus* iniciáticos abrem para direitos associativos diferentes, existe: é o da International Psychoanalytical Association (IPA). Superpor a hierarquia ao *gradus* tem a vantagem da estabilidade, os inconvenientes da esclerose. A Escola de Lacan é, pelo contrário, instável para estimular. Sua lógica não é de modo algum de ditadura, mas de dissolução. De fato, em nome do que, membros iguais em direitos sofrem as distinções do *gradus*? Eles só consentem nisso enquanto respeitarem a instância que avalia, a que garante. Ao menor enfraquecimento, a horda se lança e o domador é devorado.

Não é preciso ser um Montesquieu para concluir que essa pequena república, de um modelo inédito cuja mola é o respeito (no sentido do *verum index sui*), é estruturalmente instável: enquanto ela durar, estará sempre em efervescência, desafiadora para todos os seus cidadãos e muito exigente para o primeiro dentre eles. Uma vez desaparecido Lacan, nenhum dos grupos que o invocavam estava em condições de se manter nesse nível de exigência: uns renunciaram a todo *gradus*; outros o alinharam discretamente com a hierarquia; por toda parte, os responsáveis se protegeram por meios de diversos artifícios. Quem se arrisca, depois de Lacan, a dever sua autoridade apenas a um ensino dispensado a céu aberto? A um saber não *suposto,* mas *exposto*?

Aproximadamente vinte grupos formam, hoje, a nebulosa lacaniana. O que causa desordem. Disso decorre a ideia de uma ordem vinda a um dessa nebulosa.

Discutir com Serge Leclaire o fato de poder considerar necessária uma autodefinição de psicanalistas oponíveis aos Estados quer dizer que não se vê sua ideia como sendo de boa tradição freudiana, pois ela procede da mesma inspiração que ditou a Freud a criação de sua Associação Internacional, que se perpetuou até os dias de hoje.

Uma ordem dos psicanalistas existe. A experiência está feita. Ela é convincente. Ela justifica uma constatação de falência. Juridicamente, nenhum Estado nunca admitiu as pretensões da ordem IPA ao monopólio da psicanálise. Na verdade, os praticantes fora da IPA são, doravante e de longe, os mais numerosos na França assim como no mundo. Enfim, "no nível teórico", a IPA que, desde a morte de Freud, difundiu no mundo a *ego-psychology* de Heinz Hartmann como o novo evangelho da psicanálise, é hoje uma Babel soturna, que se sustenta no formalismo dos standards (ademais alegremente violados), e não na doutrina; estranhos *lacanoides* aparecem por lá cada dia mais numerosos.

Consequentemente, o projeto Leclaire se analisa como a oferta de um New Deal feita a IPA em nome da nebulosa, levando em conta uma situação em remanejamento constante em detrimento da velha casa (quem sabe).

A tragédia e a comédia

Que desse "compromisso histórico" a IPA francesa não queira saber, por preço algum, e a nebulosa também não, nem os poderes públicos, deixa Serge Leclaire e seus amigos bastante sozinhos. Isso não impede que muitos sinais precursores lhes façam companhia mundo afora. Nos Estados Unidos, uma ação judiciária compeliu recentemente as Sociedades *ipeístas* a negociar com os grupos independentes; na Grã-Bretanha, a British

Society deve, em breve, juntar-se aos junguianos e lacanianos na Rugby Conference, desejada pelo governo Thatcher; na ex-RFA, na Holanda, na Finlândia, o reconhecimento oficial das Sociedades de psicoterapia abafa qualquer especificidade analítica; na Itália, a lei Ossicini, votada depois do caso Verdiglione, e que institui uma ordem de psicoterapeutas regulamentando sua formação, entra em vigor por estes dias etc.

A exceção francesa pode ser explicada por Lacan. Por um lado, sua obra garante aos analistas de nosso país uma renda duradoura de sua situação: ela cultivou insensivelmente o público, que admite melhor do que em outros lugares a especificidade da prática psicanalítica e não toleraria a intrusão do Estado, o qual, em sua sensatez, não cogita nisso. Por outro, as filiais parisienses da IPA incluem alguns furiosos, feridos para sempre por seu encontro com Lacan, os quais, até seu último suspiro, pisotearão sua memória e seus alunos; os mais jovens sentem, por vezes, algum ressentimento para com seus concorrentes felizes. Contudo, não é impensável que uma pressão interestatal conduza, um dia, os mais reticentes a se sentarem à mesma mesa. Sem dúvida, seria preciso que um grande diplomata a presidisse: um Roland Dumas, por exemplo, experiente em negociações cambojanas... Ele foi, outrora, o advogado de Lacan contra o dr. Soulez Larivière.

Onde está o essencial? Ele não está nos mexericos. A questão no âmago do debate lançado por Serge Leclaire é a seguinte: *O que é um analista? E como reconhecê-lo?*

Ora, também é necessário dizer que é impossível lhe dar uma resposta válida para todos e verificável por todos, objetiva, senão científica. Como poderia ser diferente, se é verdade que o analista é o produto de sua própria análise, isto é, de uma confidência inigualável, que só pode ser feita a um? Aqui está a tragédia — e a comédia — dos praticantes da análise.

Os psicanalistas, não mais do que qualquer pessoa, não podem dizer o que é O psicanalista como tal. Este é um fato de experiência, sem dúvida, mas porque se trata de um impasse estrutural: O psicanalista não existe, o que não impede, muito pelo contrário, *os* psicanalistas de crescerem e se multiplicarem. Esse é o segredo que Lacan trouxe à luz, que resultou na clínica inédita, com seu fundamento de lógica pura, curiosamente idêntico àquele da posição feminina.

Acredita-se, de fato, que a falência da ordem freudiana e a dispersão dos lacanianos sejam devidas à parvoíce de uns e à maldade de outros? A verdade é que não há essência (ou tipo ideal, universal) do analista. E isso, apesar do dr. Soulez Larivière, não é platônico (a não ser que se evoque a Heteridade de *Parmênides*, como o fez Lacan nesse mesmo jornal em 26 de janeiro de 1980). Nunca há *todos os analistas*, não há *o analista dos analistas*, há somente *analistas*, um e um e um, cada um *se autorizando* de si mesmo e que fazem série, mas não universo. Nos termos de Bertrand Russell (1901): a classe dos analistas é uma classe *como múltipla*, não como *uma*.

Essa ausência de essência, por um lado, cria uma pletora — uma pletora de analistas: como distinguir o joio do trigo? Por outro, ela faz falta e, na falta de apreender sua lógica, ela causa mal-estar para os analistas, em primeiro lugar, e várias máscaras para cobri-lo. A teoria em voga nos anos 1950 definia o analista por meio da identificação com o analista: belo exemplo de círculo vicioso. Enquanto o analista-IPA recorre à pretensão do conformismo externo, o analista-nebulosa, por sua vez, espelha a postura do não-conformismo. O primeiro, fariseu, finge respeitar o rito; o outro, panegirista de si mesmo, atesta sua bela alma. Não adianta nada: a falta penetra sob os semblantes. As *habilitações* não passam de vãos curativos de uma castração incurável.

Não me escapa o fato de que, revelando assim o segredo ao público, corre-se o risco de uma insurreição. *Alerta! O psicanalista não existe! E quem são eles, todos aqueles que...? Quem lhes deu o direito de...? Eles mesmos? Mas onde estão os bons? Como saber? Onde estão os falsos? Eles não são... perigosos? Às armas, cidadãos!*

Calma, cidadãos! Se o prof. de filô é reconhecido pelos diplomas universitários que ele tem, com o que parece, segundo vocês, um filósofo? Saibam que nem sempre ele se distingue com clareza de um bandido, mesmo que a classe de uns se defina totalmente diferente da classe dos outros. Foi o que outrora demonstrou Raymond Queneau, em seu apólogo sensacional *Philosophes et voyous* (reeditado pela Gallimard em 1986). Quantas vezes não foi dito *Analistas e escroques*? De Freud, de Lacan... E é verdade, nunca se está totalmente seguro, é preciso olhá-los de perto, de muito perto, um por um... Afinal, o bê-á-bá da arte do analista não é, como se disse, *fazer o paciente esquecer que se trata apenas de falas*?

O morto ainda se mexe...

Nunca é difícil zombar do psicanalista, seja aquele que desfila com suas medalhas de chocolate e suas patentes de carnaval, ou aquele que descansa no travesseiro macio da ignorância. Saber que não sabe dá ao lacaniano, sem dúvida, uma superioridade, mas seria inapropriado ele abusar disso, pois ela não o protege do cinismo nem da enfatuação.

Mas, se é verdade que a ausência de uma marca convincente de sua qualidade facilita a sátira dos semblantes que lhe fazem suplência, no que concerne ao analista, ela não invalida de modo algum a prática da psicanálise: ela apenas torna radical a responsabilidade subjetiva de quem pretende exercê-la. Nada de piedade para os analistas!

Que a responsabilidade de cada um deles seja inapelável quer dizer que ela não pode ser partilhada, mas também que ela não permite a nenhum deles se recusar a dar suas provas. E sempre foi assim desde o começo da psicanálise com Freud: a formação de um analista nunca pôde ser atestada por um exame de capacidade prévio e público, para dizer a verdade, impensável, mas apenas garantida posteriormente por seus colegas, com base na antiguidade e na regularidade de sua prática, às portas fechadas das pequenas comunidades opacas a qualquer um que chegue, que são também cidadezinhas em que todo mundo se conhece. E não pode ser diferente..., exceto se seguirmos Lacan, ele, ainda, quando propõe à sua Escola, em 9 de outubro de 1967, que um sujeito, no momento mesmo em que ele *se autoriza* da análise que fez para começar a analisar possa, por sua vez, se ele o demandar, falar de seu caso e de suas razões, ou seja, do que resulta, para ele, dessa experiência, a seus congêneres, que farão de seu testemunho o objeto de um minucioso e discreto trabalho, não apenas destinado a autenticar que seus sintomas foram de fato decifrados, que o segredo de seu *fantasma fundamental* foi desvendado, que ele, como sujeito, passou para o outro lado e que aquilo do qual ele goza não interfere mais no que ele ouve, pondo-o, assim, em condições de psicanalisar de modo autêntico e que também enriquece, com uma contribuição particular e original, o dossiê infinito da pergunta: *O que é um analista?*

Concluo. Sobre as ruínas da IPA, celebrar as bodas da psicanálise com o Estado? Mas o morto ainda se mexe, a noiva é muito bela e o prometido retido em outro lugar. A uma ordem de psicanalistas sussurrando na orelha dos poderosos, não seria preferível uma Escola de psicanálise cujos membros, trabalhadores decididos, saberiam disputar a céu aberto e dialogar com o público sobre o que se pode transmitir a todos, quanto às consequências da descoberta do inconsciente? Uma tal Escola, já existe? Seria preciso. Pois essa abertura de ordem científica é a única digna da Causa e do Campo que, depois de Lacan, portam o nome de Freud.

Post-scriptum

Este texto chegou, depois de muitos dias, à redação do *Le Monde*, quando tomei conhecimento, na edição datada de 10 de fevereiro, do artigo do sr. André Green.

1 — O sr. Green critica Lacan por este ter formulado o *preceito*, segundo o qual conviria *não ceder de seu desejo*, no qual ele vê uma ameaça à moral pública, *a ética moralista*. Pode-se ler em *A ética da psicanálise*, Seminário de Lacan, cujo texto foi estabelecido por mim (Seuil, 1986), exatamente isto: *Proponho que a única coisa da qual se possa ser culpado, pelo menos na perspectiva analítica, é de ter cedido de seu desejo* (p. 382). Creio ter demonstrado em meu curso no Departamento de Psicanálise, na Universidade de Paris 8, que, aqui, Lacan simplesmente ecoa o que diz o Freud de *Mal-estar na civilização*, segundo o qual

cada renúncia à pulsão [à satisfação pulsional] torna-se uma fonte dinâmica da consciência moral, cada nova renúncia aumenta a severidade e a intolerância desta. O que significa que, segundo Freud, e contrariamente ao que gostaria o senso comum, o sentimento de culpa inconsciente nunca é tão vivo como quando o sujeito sacrifica seu gozo ao Ideal moral. Assim, o supereu se alimentaria das próprias renúncias exigidas por ele. Freud apresenta essa notação, em seu capítulo VI, como um aporte específico da clínica psicanalítica à questão da ética. O *ter cedido de seu desejo*, de Lacan, traduz e transpõe, a um só tempo, o *Triebversicht*, de Freud.

Claro, ninguém é forçado a estar de acordo com a posição de Freud e de Lacan. Mas se, por uma dessas ficções usadas pelos lógicos dos *mundos possíveis*, imaginarmos o mesmo sr. Green como um vienense do início do século, não podemos deixar de pensar que ele teria convocado sobre Freud, como ele o faz hoje sobre Lacan e seus alunos, a censura dos "bem-pensantes", cujo número e a influência foram diminuídos muito felizmente pelo impacto da psicanálise na civilização em 1990.

2 — O sr. Green privilegia, na competência psicanalítica, a qualificação médica, isso em conformidade com as posições constantes defendidas pela IPA em detrimento da vontade expressa, e muitas vezes reafirmada, do próprio Freud. Esse ponto foi, aliás, a causa maior da primeira cisão do movimento psicanalítico francês que opôs Lacan, entre outros, aos mestres do sr. Green. Esse combate da IPA está, doravante, perdido por toda parte no mundo. Freud se regozijaria com isso.

3 — Ao mesmo tempo em que julga nefasta a ação de Lacan para a psicanálise, o sr. Green se vangloria de ter sido *um de seus colaboradores* (sic), a fim de convocar, *in fine*, *lacanianos*

competentes e íntegros a se reunirem para uma *renovação*. Proposições desconcertantes por sua falta de coerência.

4 — Por fim, se é perfeitamente lícito o sr. Green não seguir Freud em todas as partes de sua obra, assim como não ler Lacan da mesma maneira que eu, é de se temer que, perseverando no tom que é o seu há algum tempo, ele consiga perturbar as pessoas mais dispostas para com a psicanálise, dando a ver em todos os palcos o espetáculo de uma dor e de uma raiva inflamadas pela impotência.

Rumo a um significante novo

Lição de 9 de maio de 1990 do curso "A orientação lacaniana. O banquete dos analistas", publicada na Revista da Escola da Causa Freudiana, *n. 20, fevereiro de 1992.*

SE, EM PSICANÁLISE, rebaixamos a verdade, o que temos para colocar em seu lugar? Que uso do saber podemos substituir à reverência feita à verdade?

O volume constituído pelos *Escritos* aparece como uma escansão acentuada, e até mesmo dividindo em dois o que chamamos de ensino de Lacan. Esse conjunto se conclui por uma exaltação da verdade. Poder-se-ia dizer que a primeira fase do ensino de Lacan começa e se conclui pela exaltação da verdade, se tomarmos como referência o escrito de Lacan intitulado "Variantes do tratamento-padrão" que, em sua quarta parte, define a análise como *progredindo essencialmente no não-saber*, ou seja, no movimento dialético da verdade. Isso, inclusive, é o que permite a Lacan traçar, para a formação dos analistas, o programa das matérias de ordem dialética que convém ser adquirido pelo psicanalista.

Uma viragem

Este escrito está referido aos primeiros tempos do ensino de Lacan. Ele nos traz de volta, no tempo de sua escrita, ao *Seminário 1*. O próprio *Seminário 2* começa com um lembrete sobre a verdade, sendo seu segundo capítulo dedicado, em seguida a Koyré, a um comentário do *Mênon*, de Platão. Ele ilustra, opondo-o ao saber, o caráter nascente da verdade na fala. Confrontei esses primeiros textos com o último do volume dos *Escritos*, "A ciência e a verdade". No que concerne à questão da verdade, esse escrito é do mesmo filão. Apesar das variações múltiplas chamadas por Lacan, durante muito tempo, de *o progresso de sua reflexão*, temos, nesse texto, uma praia apresentando uma mesma problemática sobre a verdade. Dei sua marca, enfatizando o que implica o fato de a verdade freudiana ser qualificada de *horrível*. Esta palavra não está ali por acaso. Ela tem todo seu peso. Ela é o índice do que Freud chamou de castração e que Lacan qualifica de verdade. A castração é da ordem da verdade como horrível. Na vez passada, mencionei uma frase da página 882 dos *Escritos*. Hoje, posso confirmar a leitura da insistência de Lacan, nas duas páginas precedentes, em repetir a palavra *horror*. Retomando a prosopopeia da verdade apresentada por ele no trecho mais famoso de "A coisa freudiana ou o Sentido do retorno a Freud em psicanálise", ele indica, de passagem, que, a seu ver, a fórmula *Eu, a verdade, falo*, deve ser pronunciada e ouvida no horror. Essa fórmula se opõe ao que podemos extrair de um texto menos conhecido, sua carta aos italianos,[1] de 1973, onde a palavra *horror* está anexada à palavra *saber*. O horror se desloca da verdade rumo ao saber. Esse detalhe ali está para nos assinalar a viragem da primeira à segunda fase do ensino de Lacan. Como essa viragem foi encoberta pela continuidade desse ensino, pode-se dizer que ela não foi balizada como convinha em todas as suas consequências.

Horror é antinômico a *desejo*. Na teoria analítica, Freud situa o horror, desde o começo, como uma defesa do sujeito não a que ele formularia, mas aquela da qual ele sofre. Essa defesa é sempre da ordem do patético. Chamamos de *horror* para designar o ápice do patético. Uma questão ordena a escolha a ser feita, aqui, entre verdade e saber. Esta questão incide sobre o termo do qual o sujeito se defende: será que o sujeito se defende de uma verdade? Do saber? E até mesmo dos impasses do saber e, precisamente, do real como impasse do saber?

Do inconsciente como verdade...

O primeiro grande escrito de Lacan, que não figura nos *Escritos*, é a "Proposição de 9 de outubro de 1967 sobre o psicanalista da Escola". Ele leva o passe a seus alunos. Propõe um procedimento inédito para verificar o fim da análise. Este escrito é inaugural da segunda fase de seu ensino. Certamente não é sem conservar aderências, de tal forma que se pode encontrar ali fórmulas que ressoam como anteriores. Cabe tentar entendê-lo como situado sobre essa linha de fratura. A própria teoria do passe está referida a essa linha de fratura entre a primeira e a segunda fase do ensino de Lacan. Pode-se ler essa escolha oferecida por Lacan aos psicanalistas do seguinte modo: *enfrentar a verdade ou ridicularizar nosso saber*. Esta expressão remete à primeira fase: aquilo em relação ao qual se trata de superar o horror é qualificado de verdade. Ao mesmo tempo, é levada, para a psicanálise, a ambição de um saber sobre a verdade. Toda a segunda fase do ensino de Lacan é ordenada por essa ambição. Ele lembra ainda, por alusão, "A ciência e a verdade", evocando, na página 257 dos *Outros escritos*, a posição em que ele fixou *a psicanálise em sua relação com a ciência*. Ele qualifica essa posição como a de extrair a verdade que lhe corresponde. Essa implementação epistemológica da psicanálise a situa do outro lado da ciência: a psicanálise tendo o encargo da extração da verdade que corresponde à ciência. Ora, se há uma coisa que se deduz do lembrete feito por mim na vez passada do escrito intitulado "Radiofonia" é, claramente, que, na segunda fase desse ensino, pode-se dizer que *A* verdade não existe.

No título "A ciência e a verdade", este singular de a verdade corresponde ao que, da castração, constituiria o dado de toda a fala. *A verdade não existe* é concluído pelo fato de que não há senão diversas maneiras que são impostas ao verdadeiro. Um discurso é um modo que é imposto ao verdadeiro e só se impõe um modo ao verdadeiro com a condição de se apreender que *A* verdade é apagada. Longe de ser exaltada, a verdade aparece, então, como uma variável. Não é do seu lado que se pode encontrar uma constância.

Em "A ciência e a verdade", *os homens da verdade* são exaltados em relação ao *homem da ciência*, aqueles *que nos restam*, diz Lacan, enumerando-os de modo preciso para reter a atenção: *o agitador revolucionário, o escritor* e, chamemo-lo por seu nome, Heidegger como *precursor do pensamento renovando o ser*. Não comentarei esta curiosa lista ternária. Observarei que há, porém, alguma coisa de notável: é a ausência do psicanalista, nessa lista de três, como se já se impusesse um recuo a qualificar o psicanalista de homem da verdade.

Nesse escrito, há o confronto entre a ciência e a psicanálise: *a ciência e a verdade*, isto quer dizer *a ciência e a psicanálise*. A relação entre elas não é puramente disjunta, ela é a sede de um paradoxo na medida em que a ciência e a psicanálise são conjuntas por sua relação com o sujeito da ciência. A psicanálise parece ter alguma coisa da ciência, a saber, seu sujeito é o mesmo, demonstrado através de uma referência a Descartes. Mas, ao mesmo tempo, a psicanálise se opõe à ciência pelo fato de que ela tomaria o encargo da verdade. Todo esse escrito é feito para equilibrar e articular que a prática analítica não implica outro sujeito senão o da ciência, mas que, contudo, diferentemente da ciência, ela abre um espaço para a verdade, ela reivindica a verdade.

Pelo fato de ela reivindicar a verdade, Lacan pôde acrescentar, a esse confronto entre a ciência e a psicanálise, a magia e a religião, que não pesam muito aos olhos da ciência. A ciência não tem mais necessidade de se confrontar com a magia e a religião que, na história, no entanto, se erigiram em seu caminho. O estabelecimento do discurso científico requereu separar-se das práticas e das categorias da magia. Para acompanhar como a verdade se *despatetiza* [*dépathétise*], basta ver como a química científica se separou da alquimia. A alquimia era uma prática que tinha de lidar, em todos os aspectos, com a verdade. Era a promessa de uma verdade superior. Pode-se acompanhar a separação da prática científica em relação a esse ideal de verdade. Quanto à religião, vocês conhecem (por meio de historietas às vezes inexatas, o que não diminui em nada seu valor histórico no desenvolvimento da ciência) os obstáculos que a verdade da revelação, interessando à salvação da humanidade, colocou no caminho de uma investigação de saber (que, como tal, não deveria se fundamentar nessa revelação).

A ciência é, no mínimo, a desqualificação da revelação para a investigação científica. Ao longo da história, antes mesmo que a ciência como física matemática fosse imposta, os representantes organizados da religião trouxeram muitas dificuldades, se não ao espírito científico, pelo menos aos homens de saber. Pensemos no que foi condenado, como a doutrina da dupla verdade na pessoa do pobre Siger de Brabant, a quem se imputou querer fazer parte, ao lado da verdade revelada, da verdade nem mesmo científica, mas filosófica e racional. Os inquisidores fervorosamente esquadrinharam seus escritos, assim como os de Jansênio, mais tarde, a fim de encontrar as proposições condenáveis. Pôde-se encontrar, ali, o testemunho de que ele almejava dar lugar a uma outra verdade, autônoma, que seria a verdade do conhecimento racional.

Os Padres da Igreja eram argumentadores de primeira ordem, incessantemente em disputa, retóricos e lógicos de primeira grandeza, que não hesitaram em construir um saber totalmente estranho, chamado de a Doutrina da Trindade. É chocante, como o assinala Lacan na página 887 dos *Escritos*, que os Padres da Igreja que eram indiscutivelmente homens de razão e até mesmo de raciocínios infatigáveis tenham sempre, ao mesmo tempo, professado uma grande desconfiança para com o saber.

A psicanálise tem em comum com a magia e a religião o fato de ela reivindicar a verdade, ainda que apenas por sua referência ao que Freud chamou de inconsciente, e que Lacan, nessa data, traduziu, na página 882, como *deixar a verdade falar*. Pode-se acrescentar: isso é o que justifica o esquema de Lacan nos *Escritos*: deixar a verdade falar porque ela é suposta agir. O inconsciente é a verdade suposta agir. Foi em relação a isso que Lacan pôde definir a ciência como o discurso que não quer saber nada da verdade suposta agir. E isso, a ponto de Lacan identificar esse *não querer saber nada disso* com a foraclusão, levantando a questão da afinidade da ciência com a psicose. Essa afinidade da ciência com a psicose é uma constante no ensino de Lacan. Desde sempre, ele buscou formular as afinidades da ciência com a psicose. É esse estatuto da verdade como suposta agir que ele considera velado na ciência. Portanto, ele pôde atribuir à psicanálise a vocação de extrair da ciência a verdade que nela está velada.

A orientação de Lacan, durante toda a primeira fase de seu ensino, comporta um questionamento da ciência e uma crítica da forma lógica do saber científico, porquanto é ela mesma que separa esse saber da verdade e, precisamente, da verdade do sujeito.[2] Assim, o sujeito da ciência é, ele mesmo, velado à ciência, exceto por ter sido percebido por Descartes em suas preliminares. Portanto, uma crítica da ciência e, pode-se dizer, uma crítica da sutura do sujeito na ciência.[3]

No lembrete insistente de que há uma verdade fundamentalmente foracluída da ciência e que cabe a uma outra disciplina estabelecer-se no campo da verdade, é certo que o discurso de Lacan beneficiou todas as ressonâncias mobilizadas por essa contestação. Não se esperou a psicanálise para elevar esse protesto para com a ciência. É certo que, nesse protesto, há os ecos da insurreição religiosa e humanista contra a ciência. No final dos *Escritos*, Lacan não desatou todas essas pertenças, nem fez calar todas essas ressonâncias. Na acolhida extremamente favorável dada aos *Escritos* em 1966 entrava, talvez, essa satisfação que os discursos anticientíficos podiam encontrar ali. O interesse marcado nos meios católicos, notadamente o da Companhia de Jesus, pela obra de Lacan e sua Escola, a ponto de delegarem a ela doze dos seus, dentre eles um provincial, não era por acaso. Havia, no ensino de Lacan, ecos suficientes para infiltrar preocupações que floresceram na prosperidade midiática da saudosa Françoise Dolto. Isso permitiu as ambiguidades da primeira fase desse ensino e o que ele conservou de aderências à fenomenologia.

... ao inconsciente como saber

Isso torna ainda mais interessante a consideração da viragem de Lacan. Essa viragem consiste em passar da definição do inconsciente como um *deixar a verdade falar* àquela do inconsciente como saber. Assim como em "A ciência e a verdade", Lacan podia dizer que *Freud soube deixar, sob o nome de inconsciente, a verdade falar*, na carta aos italianos, ele escreve: *o saber, por Freud designado como o inconsciente*. Esta é uma viragem cuja importância deve ser mensurada e, em particular, suas consequências concernentes à relação da psicanálise com a ciência.

O que era essa relação anteriormente? Com frequência, ainda somos detidos por este esquematismo. Antes, essa relação era um questionamento do que a ciência foraclui, cabendo à psicanálise a tarefa de responder a isso na civilização contemporânea. Isso podia estar ligado também à noção de que a religião, sendo do passado, cabia à psicanálise, nessa civilização contemporânea, instalar-se em suas terras de verdade.

A nova relação é inteiramente distinta. Por esta razão, darei toda a ênfase a este verbo que figura na carta aos italianos, na qual não se trata de questionar a ciência, mas, exatamente, de *igualá-la*. Igualar à ciência é uma ambição bem diferente. Isso não enfatiza o que faria falta na ciência; pelo contrário, a ênfase é posta sobre o positivo na ciência. Isso convida a psicanálise, de modo aparentemente paradoxal, a fazer-se o êmulo da ciência não apenas da literatura (com a noção de que, no final de uma análise, o sujeito é suposto ir ao encontro, talvez, de um ponto onde já o precederam os artistas criadores na ordem da linguagem), mas, sim, a igualar o homem de ciência. No meio psicanalítico, a emulação por meio da literatura manifestou-se a ponto de se ver, desde então, um número importante de psicanalistas se darem a aparência de uma vocação literária. Mas a vocação científica, que faz par com a definição do inconsciente como saber, teve menos sucesso.

Essa viragem do inconsciente como verdade para o inconsciente como saber é contemporânea da valorização do matema e de uma ênfase que não é mais posta sobre o *falar*, mas sobre o *escrever*. Esse escrever não é literário. Ele se deve justamente à forma lógica do saber científico. Portanto, para a psicanálise, é como uma adoção dessa forma lógica do saber.

Uma invenção científica do amor

Também é solidária a essa problemática nova esta fórmula, repetida até a saciedade por Lacan, depois por seus alunos: *não há relação sexual*. Esta fórmula é a verdade da castração. Mas ela não foi construída por Lacan como *uma* verdade, nem como *a* verdade. Ela não é da ordem do *deixar falar a verdade*. Pelo contrário, ela está situada na ordem do escrito, ou seja, como decorrendo de uma demonstração de que a relação sexual é impossível de escrever e, portanto, de uma demonstração que só tem sentido na forma lógica do saber. De saída, aqui, a psicanálise não tem mais que contestar a ciência, e sim colocar-se em sua escola, uma vez que a ciência visa ao saber presente no real. Esta não é de modo algum uma oposição entre psicanálise e ciência, por exemplo, dado que a ciência visaria ao saber no real e que a psicanálise visaria à verdade no saber, ou ainda à verdade no real. Trata-se, pelo contrário, de levar em conta o fato de que, visando ao saber no real, a ciência elabora e transforma um saber que *determina* esse real. Dizer que a ciência visa ao saber no real não quer dizer que ela o pôs ali, pelo contrário. Ela demonstra esse real habitado por um saber, ou seja, respondendo a leis matemáticas. Ela visa, portanto, a esse saber presente no real, por meio do qual os homens de ciência elaboram um saber que se demonstrou como determinando o real.

Nessa perspectiva, trata-se da ambição incrível que Lacan foi levado a formular para a psicanálise: que o saber dela aceda ao real e o determine de maneira nova. E isso, precisamente, fazendo de tal forma que a humanidade prescinda da relação sexual, ou seja, que a psicanálise, rival e aluna da ciência, tentando como ela determinar o real, esteja em condições de *fazer o amor mais digno do que a profusão do palavrório que ele constitui até hoje*. Lacan foi levado a fazer da invenção de um amor novo, a partir da psicanálise, o equivalente daquilo que é uma invenção científica determinando o real de maneira natural. A cada vez que Lacan tenta formular o que cabe esperar de mais novo em psicanálise e numa escala de massa, o que retorna, para ele, é a palavra *amor*. O amor como invenção científica. No final do *Seminário 11: Os quatro conceitos fundamentais da psicanálise*, ele deixava perceber a significação de um amor infinito.

Este é o contexto em que avançaremos. Não pensei em demonstrar nada aqui, apenas em opor, traço por traço, duas fases do ensino de Lacan, e mostrar ao menos a solidariedade de um certo número de teses que concernem: ao inconsciente como saber; à ciência à qual a psicanálise deveria se igualar; à fórmula *não há relação sexual*; ao privilégio da escrita em relação à fala. E, por fim, essa invenção de um amor mais digno, que seria o campo mesmo onde a psicanálise teria de demonstrar que ela se iguala à ciência na determinação do real.

Eu disse *um amor infinito* e lembrei, anteriormente, como essa questão do infinito é insistente na questão do passe. Se quisermos apreender o que comporta essa passagem da qual partimos — *isso se articula numa cadeia de letras tão rigorosas que, sob a condição de não se errar nenhuma, o não sabido ordena-se como o quadro do saber* —, teremos um ganho ao fazer entrar nela a consideração do infinito. Lacan convida a isso, uma vez que, para dar ao psicanalista a ideia do método que lhe cabe praticar e do que ele deve saber, ele se refere expressamente à invenção do número transfinito, de Cantor. Tentemos ver em que, de fato, isso é suscetível de nos esclarecer sobre esse método e sobre as questões evocadas por mim.

Os números transfinitos

Os números transfinitos são uma invenção datável. Eles não eram usados antes de Cantor. Em suas exposições, Cantor diferencia do infinito inventado por ele o infinito de uso comum, em que se utiliza o termo para qualificar uma grandeza variável, isto é, que cresce e que decresce para além de todo limite. Se, nota ele, definirmos o infinito como uma grandeza variável que cresce ou que decresce tanto quanto se quiser, percebemos sempre uma grandeza que, como tal, permanece sempre finita. É então que, para fazer valer um infinito de um outro tipo, ele se apoia no que, já em sua época, era praticado na geometria, quando se manejava, na teoria das variáveis, os números complexos: admite-se no plano um ponto no infinito, ou seja, autorizamo-nos a manejar e calcular com a ajuda de um ponto determinado, por exemplo, onde o infinito é como que transportado. Ali não se utiliza o infinito como uma grandeza variável. Situa-se o infinito, o colocamos sobre um ponto do plano e, sem seguida, estudamos as propriedades e as relações entre os outros pontos do plano e esse ponto no infinito.

Talvez seja necessário apresentar a questão de modo mais simples. Sigamo-lo na consideração da sequência dos números inteiros: 1, 2, 3… Temos, aqui, a noção de uma cadeia de letras extremamente rigorosa. A sequência dos números inteiros é, de fato, a cadeia de letras mais rigorosa que jamais tenha sido inventada, a ponto de se poder classificar essa sequência dos números inteiros como o primeiro saber no real. Esta é uma cadeia. Podemos nos perguntar se o maior desses números inteiros é 1, 2 ou 3, e assim por diante, ao longo dessa sequência de números inteiros. Permanecemos sempre com um não-sabido, do qual se pode dizer que, de certa forma, ele pertence a esta própria sequência: 1, 2, 3 → não-sabido.

Para fazer uso da expressão *não-sabido*, utilizada por Lacan, podemos indagar sobre essa sequência, animados pela questão de saber qual é o maior dos números inteiros, como meio de presentificar esse lugar vazio do não-sabido. É um não-sabido que aparece como antecedendo ao sujeito, deslocando-se nessa cadeia: é um não-sabido que aparece como se na frente do sujeito, deslocando-se sobre essa cadeia, como ainda a ser sabido, com a noção de que em algum momento nos depararemos com um número n, depois do que se dirá: *acabou, não há mais nada depois disso*. Representamos, assim, a indagação epistemológica, que impele sempre para a frente dela mesma o lugar do não-sabido.

Qual é a operação cantoriana sobre essa cadeia? Um certo deslocamento do não-sabido. Com que ele opera? Ele opera com as noções de conjunto e de números de elementos desse conjunto, o que faz todo sentido para os números. Aqui está um conjunto: faço três pequenas cruzes no interior dessa circunferência para indicar os elementos e indico, aqui, neste pequeno quadrado, o número de elementos desse conjunto. E aqui está, de modo mais simples, a operação cantoriana: encerrar, no interior desse círculo, os elementos que entram nesse conceito e marcar o número que corresponde a essas três pequenas cruzes indicando os elementos. O forçamento próprio de Cantor é continuar a operar da mesma maneira com a sequência dos números inteiros e considerar como constituído um conjunto incluindo essa cadeia, que apresentamos como infinita, pelo fato de ela poder sempre crescer indefinidamente; considerar como um conjunto concluído essa sequência de números inteiros e, então, formular a questão: *se nós a consideramos como um conjunto, qual é seu número?* Ou seja, deslocar a questão, o não-sabido, para o exterior dessa cadeia, para o exterior do conjunto.

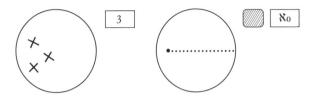

Exteriorizar o não-sabido é a mesma coisa que enquadrar em um conjunto a sequência dos números inteiros. Fazer a totalização do infinito não é senão constituir esse conjunto que é o enquadre da cadeia, no interior do qual, é claro, ela crescerá de modo indefinido. Mas, por meio da operação desse enquadre, que é a mesma coisa que essa exteriorização do não--sabido, vocês têm agora, nesse lugar, a possibilidade de inventar. Aqui está a operação cantoriana: primeiro, a consideração da sequência dos números; segundo, essa exteriorização do não-sabido e esse enquadramento da cadeia de letras (que são, aqui, os pequenos signos por meio dos quais escrevemos os números); terceiro, resta inventar um significante novo como sendo o número dos elementos desse conjunto.

Isso supõe não recuar em inventar um novo tipo de número. De fato, para todos os números que pertencem à sequência — é bem isso que faz seu crescimento indefinido —, pode-se dizer que todo número n é inferior a um outro. Sempre se pode encontrar um superior a ele. Ao passo que, aqui, nesse lugar do não-sabido, tratar-se-ia de haver um número tal que não fosse inferior a um outro, ou seja, alguma coisa que seja um número, mas que não desminta a propriedade de todos os números dessa sequência. Essa invenção supõe, portanto, uma estratificação. Deve-se distinguir, tão longe quanto se possa, os números dessa sequência que permanecem sempre números finitos, um número infinito, criado de raiz, exatamente como Cantor o chamou: um número transfinito, um número de uma nova espécie. Iremos nos deter no primeiro, aquele que Cantor chamou de *aleph zero*, $\aleph_0$.

Ele escolheu o *aleph* hebraico para criar um novo nome de número. Se vocês tentarem ter como referência o que pode ser a invenção de um significante novo — que Lacan propunha como ambição para a psicanálise —, pois bem, vocês têm aqui a mais segura das referências ao escrever, no lugar do não-sabido: *aleph zero*.

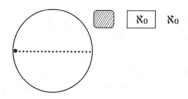

Uma vez que esse não-sabido é posto no exterior, ele é constituído como o próprio enquadre do saber anterior. Então, torna-se possível inventar um significante novo: um número que será absorvente para toda adição ou toda subtração, segundo a fórmula $\aleph_0 + 1 = \aleph_0 - 1 = \aleph_0$.

Ele é impermeável a toda adição ou subtração de qualquer número finito.

Cantor com Lacan: $\aleph_0$ e *a*

Trata-se de tentar apreender o que Lacan visa, já que, depois da frase que tomamos como referência, é justamente o exemplo que ele toma: a invenção dos números transfinitos, por Cantor. Contudo, isso é menos o que eu quero comentar do que sua aplicação à psicanálise. Pode-se, em curto-circuito, apreender aqui a homologia entre esse campo do saber e o que nós podemos chamar, com Lacan, o campo da realidade. Com efeito, o que realcei — e é por isso que permaneci aquém da técnica cantoriana — foi a oposição entre essa concepção que situa o não-sabido no final da busca de saber e essa revelação da solidariedade entre o próprio enquadre onde se desdobra o saber finito e, depois, esse não-sabido situado de algum modo no exterior.

Se vocês se perguntarem qual é o maior dos números que fazem parte da cadeia, vocês nunca o encontrarão, vocês poderão até dizer: *não há*. Ao passo que, ao fechar o campo onde se desdobra essa cadeia, situando o não-sabido no exterior dela, vocês obterão a possibilidade de um saber novo. Foi o que eu ressaltei: a solidariedade entre essa exteriorização e a constituição do enquadre. É nisso que o não-sabido é o enquadre do saber. Refiramo-nos à proposição de Lacan, que diz respeito ao campo da realidade, em seu escrito concernente à psicose, a longa nota que ele acrescentou em 1966 ao seu esquema R. Proponho que essa mesma relação lógica da exteriorização e do enquadre se encontre exatamente a trabalho. Lacan formula, então: *O campo da realidade só se sustenta pela extração do objeto*

a *que, no entanto, lhe dá seu enquadre*. Esta é uma proposição que articula, exatamente da mesma maneira, a emergência do enquadre e a extração de um elemento que é, aqui, o objeto *a* como distinto de qualquer significante. Evidentemente, *a* é um significante feito para assinalar o caráter heterogêneo do objeto em relação ao significante. Essa exteriorização permite ver, neste significante lacaniano, *a*, um termo de algum modo equivalente ao *aleph zero* cantoriano, uma vez que ele não é do mesmo tipo que os significantes: $a \equiv \aleph_0$.

Uma dupla subtração

Poder-se-ia dizer, de modo exatamente homólogo, que o campo do saber só se sustenta pela extração do objeto *a* que, no entanto, lhe dá seu enquadre. De fato, é como não-sabido que *a* é aqui extraído. Não me contentarei com uma homologia formal. Preciso fazer apreender o que quer dizer *o campo da realidade só se sustenta pelo objeto a*. Esta é uma tradução do que, em termos freudianos, diríamos assim: a condição para que a realidade seja constituída para um dado indivíduo é seu desinvestimento libidinal. Quando há investimento libidinal de um elemento da percepção-consciência, pode-se dizer que se tem, pelo contrário, todo um questionamento do sentimento de realidade. Pode-se levar muito longe o registro da alucinação onde balizamos os investimentos libidinais correlativos de uma vacilação do sentimento de realidade. Para que haja realidade em sua objetividade, o desinvestimento libidinal é necessário. É preciso um *menos* libidinal. De certo modo, a proposição de Lacan traduz isso. Ela chama de *extração do objeto a* o desinvestimento libidinal da realidade, uma vez que *a* concentra o investimento libidinal. Mas é um pouco mais complexo que isso, já que há duas subtrações de libido a distinguir.

Na medida em que o campo da realidade e o campo do saber são correlativos, pode-se dizer que esse campo do saber representa a tradução em termos significantes do gozo que podemos identificar, aqui, com o investimento libidinal. Se isolarmos esse campo da realidade, pode-se dizer que ele é feito, em cada um de seus pontos, de uma tradução de libido (termo freudiano) em significante, ou seja, uma tradução do gozo em significante.

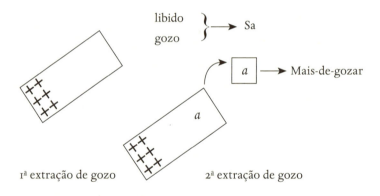

Isso a ponto de Lacan formular que o saber e o gozo são a mesma coisa. O que constitui de maneira solidária o campo do saber e o campo da realidade é, em cada um desses pontos, a troca do gozo pelo significante. Essa é inclusive a operação que Lacan qualificava de *contabilidade* — tornar o gozo contável. E isso justifica, uma vez mais, nosso exemplo da sequência dos números. Temos, aqui, a primeira subtração de gozo feita por sua conversão em termos significantes.

A segunda subtração de gozo é a que é tornada necessária pelo fato de que o significante não esgota o todo do gozo. Desde então, nesse campo em que se realiza essa conversão do gozo em saber, resta um a mais de gozo, que Lacan chamou de *a*, o *mais-de-gozar*, isto é, exatamente essa parte de gozo não traduzida em significante. Em última instância, é o que não é desinvestido: a parte de gozo que não é permutável pelo saber. É o que torna necessária a segunda subtração de gozo, ou seja, a exteriorização desse elemento *a* e que, por estar no exterior, faz dele o equivalente do enquadre do campo precedente por meio da mesma lógica que vimos a trabalho. De tal forma que há uma relação entre *a* e *aleph zero*. Sob alguns aspectos, o *a* de Lacan é o $\aleph_0$ de Cantor.

Disso decorre a referência ao desejo, feita por Lacan, a partir do qual emerge um elemento dessa ordem.[4] O que é operatório nessa criação? É o desejo como metonímia da *falta-a-ser*, solidária do que não existe e a partir da qual esse elemento pode tomar consistência. É uma questão de *desejo* no sentido de *querer-ser*, uma vez que o desejo concerne não ao ser, não ao não-ser, mas exatamente ao querer-ser. Lacan então formula a questão do que foi, aqui, o desejo de Cantor como *querer-ser* e *querer-fazer-ser*. Mas ele o evoca apenas para situar, em relação a isso, o desejo do analista. Ele refere o desejo do analista ao desejo daquele que criou um significante novo capaz de dar seu enquadre ao campo do saber. Ele formula a mesma questão de saber se o desejo do analista é, ele também, de uma ordem transfinita. Ele o enuncia com reserva, porque temos uma pequena ideia do desejo de Cantor, ao menos pelo fato de que ele era psicótico. Em certo sentido, ele inventou *aleph zero* para sustentar em seu lugar o Nome-do-Pai. Há uma solidariedade de *aleph zero* com o que Lacan designa, em seu grafo das psicoses, como P₀, quer dizer, a ausência em lugar do Nome-do-Pai: $\aleph_0 \equiv P_0$.

O passe, uma transfinitização do dito

Isso, sem dúvida, é o que faz Lacan recuar a dizer que o desejo do analista é de uma ordem transfinita. Isso não impede que, se ele insere essa construção em sua "Proposição..." do passe, é por ela ser própria para imajar como é uma travessia do fantasma, uma vez que o fantasma é precisamente o nome que damos ao enquadre. Lacan o chama de uma janela: *o que constitui para cada um sua janela sobre o real*. Mas é preciso entender que o fantasma é, para cada sujeito, o enquadre do saber do qual ele é capaz. A travessia do fantasma, a travessia do próprio enquadre que lhe oferece o campo da realidade e o campo de seu saber, é exatamente perceber o enquadre como enquadre. Ou seja, ter passado mais além, ter realizado a operação transfinita sobre a sequência de seus ditos. Nada se opõe a considerarmos o passe como esse momento de *transfinitização* que deporta o sujeito de um nível onde ele ainda diz um pouco mais e sempre mais, para esse infinito sempre crescente da soma de seus ditos, que ele desloca em um ponto onde ele apreende a lei da série. Eventualmente, ele apreende esse fantasma mesmo como a lei da série que constitui sua existência.

Nessa travessia, trata-se do acesso a uma fórmula, um *aleph zero*, que é o de cada um, mesmo que haja um *aleph zero* para todos, o que Lacan formulou nos seguintes termos: *não há relação sexual*. Isso supõe um certo questionamento do Nome-do-Pai, por meio do qual se quis, ocasionalmente, confundir esse questionamento com uma *psicotização* terminal do sujeito. A teoria do passe é assombrada pelo palavrório, segundo o qual tratar-se-ia de um momento que se assemelharia à psicose. Mesmo sendo um palavrório, seu fundamento é que a travessia do fantasma põe em questão o enquadre. A questão que aqui se destaca é: em que o Nome-do-Pai e o objeto *a* dão, para cada sujeito, o enquadre da realidade e do saber?

De certa forma, foi o que Freud chamou de Édipo. Por essa razão, a travessia do fantasma é solidária da apercepção, do relance de um amor para além da lei, ou seja, para além do Édipo.

Em outras palavras, se um sujeito chega a ultrapassar os limites do fantasma, ele deveria ter a possibilidade de ganhar sobre o real com o saber, como Cantor. Quer dizer, proceder à invenção de um significante novo em sua existência. É também por essa razão que a própria psicanálise é assombrada de maneira constante por suas afinidades com um delírio do tipo schreberiano. Esta é de fato a questão que Lacan formulava com seu Seminário "Os Nomes-do-Pai": em que medida é possível levantar a lei do Nome-do-Pai sem que disso resulte um delírio schreberiano, aceitando, e até mesmo esperando, que seja um delírio cantoriano, ou seja, capaz de ir ao encontro de um saber que parece esperar nesse real?

Toda a questão é que o número transfinito de Cantor, como diz Lacan, *não é senão saber*. Será que o objeto *a* é também *apenas saber*? Foi sem dúvida nessa direção que Lacan avançava, quando qualificava o objeto *a* de *consistência lógica*. Isso quer dizer: o objeto *a* é apenas saber, mas, no entanto, não é possível dizer do gozo que ele é apenas saber. Desde então, chegar a inscrever no lugar do objeto *a* o significante novo que lhe corresponde resta — à diferença do que acontece nas matemáticas — a ser verificado, em cada caso.

O passe da psicanálise e o desejo de saber

Lições dos dias 6 e 13 de junho de 1990, do curso "A orientação lacaniana. O banquete dos analistas", publicadas na revista Quarto, n. 56, dezembro de 1994.

COLOQUEMOS UM PONTO — que não é final — nesse estranho desejo que é o *desejo de saber* na psicanálise, desejo que Lacan imputa não ao analisante, como se tornou tradicional, mas ao analista. Lacan o formula como um traço distinto do sujeito capaz de ser analista. O desejo de saber é o ponto a partir do qual se pode dizer que há analista.

Lacan nos tornou sensíveis ao sintagma *il y a* [há] pelo modo (em particular negativo) como o empregou: *não há relação sexual*. *Existe o analista* se relaciona com *não há relação sexual*. *Só existe analista se esse desejo — o desejo de saber — lhe advier.*[1] O que acontece com esse desejo de saber que conjuga estes velhos termos de *saber* e de *desejo*, por meio dos quais Lacan estruturou a experiência analítica e, precisamente, o final desta? *O desejo de saber* é uma espécie de costura, uma compatibilidade e até mesmo uma continuidade, estabelecida entre desejo e saber. Qual?

O passe é o momento em que se levanta, se resolve o impasse do sujeito analisante. Ele é também um momento em impasse para o grupo analítico — no momento do final da análise, há como um impasse da própria psicanálise. Nesse momento, cabe pôr em jogo, a um só tempo, o passe do sujeito e, se quisermos, *o passe da psicanálise*. Para Lacan, este toma suas coordenadas do saber científico. Sobre esse ponto, não é dito que o impasse da psicanálise seja deslindado: até agora, nada veio assegurar que o passe da psicanálise em relação à ciência tenha se realizado. Independentemente dos avatares institucionais, Lacan pôde dizer que seu passe era um fracasso. Somos sempre tentados a contestar esse diagnóstico, mas, no nível do passe da psicanálise em relação à ciência, essa avaliação tem sua justificação que perdura. Estamos ainda em um tempo — talvez permaneçamos nele — em que a psicanálise aparece em impasse, no que concerne às exigências do saber científico. No momento do passe do sujeito, a questão para o grupo analítico é a avaliação. Trata-se de poder estimar o valor, o resultado que foi realizado ao longo da experiência. Não é por falta de se ter elaborado procedimentos, mas estes aparecem em falta tendo em vista o saber científico e, de todo modo, sua exigência de transmissibilidade.

Disjunção

Tentativas de elaboração quanto aos resultados da experiência foram empreendidas pressupondo que o resultado essencial é da ordem da cura [*guérison*]. Embasados nesse pressuposto, tentou-se uma avaliação conforme às exigências que se pensava serem aquelas do discurso científico, armando-se, notadamente, da estatística para estimar os resultados da análise. É todo um esforço para captar o resultado da experiência em um procedimento que aparenta ter um saber científico — sociológico, digamos de preferência —, ou seja, anotar as respostas, aferi-las, em seguida manipulá-las segundo procedimentos a fim de se obter porcentagens. Por mais rudimentar e pouco convincente que isso seja, é uma postulação da psicanálise em direção ao discurso científico. O termo *cura* [*guérison*], como vocês sabem, é impróprio. Além disso, essa tentativa não chega ao ponto de decidir sobre a validade da própria estimativa. Demanda-se a resposta ao paciente ou ao terapeuta? Que a resposta seja de um ou do outro, o que nos assegura de sua validade?

Quando essa avaliação incide no para além da cura, ela nem sequer foi objeto de uma pseudocientificização. De resto, como qualificar esse resultado de *para além* ou de *alhures* da cura? Uma versão: será o *eu sou analisado* ou o *ele é analisado*? Segunda versão: será o *eu posso analisar*? Terceira versão: o *eu sou analista* ou o *ele é analista*? Avaliar em termos de *poder* (no sentido de capacidade) é diferente de avaliar em termos de *ser*. Temos a noção do que é avaliar em termos de *poder* — a avaliação implementada na Associação Psicanalítica Internacional certamente prioriza o poder em detrimento do ser, o *poder analisar* sobre o *ser analista*. A melhor apresentação dessa concepção encontra-se sob a pluma de Lacan. Formado no âmbito da Associação Internacional, ele foi reconhecido e sua formação validada. Chegou a ser até mesmo um de seus faróis, uma vez que, em 1949, ele foi incumbido de apresentar, de defender esse tipo de avaliação diante do público e dos analisantes. O texto, publicado em setembro de 1949, tem como título "Regulamento e doutrina da Comissão de Ensino da Sociedade Psicanalítica de Paris".[2] Esse regulamento adotado pela Sociedade Psicanalítica de Paris não está assinado, mas, ao lê-lo, sua atribuição à pluma de Lacan não deixa dúvida. Temos, portanto, o prazer de ter, pelo próprio Lacan, a forma concluída dessa avaliação final da experiência analítica. Tudo ali figura em termos de *poder*... A avaliação não incide sobre o ser do sujeito, mas sobre seu poder, ou seja, sobre seu fazer e até mesmo sobre seu saber fazer.

Nesse enquadre, uma análise termina da seguinte maneira: um sujeito, geralmente ainda em análise, demanda à Comissão, com a autorização de seu analista, passar para o nível de *estagiário*. Não há termo mais bem escolhido que este de estagiário para assinalar que se deixa de lado toda a questão do ser. Na perspectiva do passe, Lacan dirá, bem mais tarde, que não se trata de situar no nível de estagiário aquele que concluiu sua análise, aquele para quem seu ser emergiu. Ele verá, então, neste termo de estagiário, o que se opõe, por excelência, ao status do sujeito no final da análise. É apenas em esperança, ainda sob supervisão, que o estagiário é o que ele é. A qualificação de estagiário introduz o analisante na prática da análise sob supervisão, autoriza-o tentar-se como analista sob a supervisão de dois psicanalistas titulares, estando excluído seu próprio analista. A avaliação se conclui nesse enquadre da supervisão de sua prática iniciante. Trata-se de *julgar a validade da experiência didática*, de julgar as atitudes do estagiário em relação à prática, mas também de velar por sua instrução teórica e fazer regularmente seu relatório para a Comissão de ensino. Esses dois supervisores funcionam, de algum modo, como passadores, mas passadores de seu trabalho. Em tempos sucessivos, Lacan introduziu uma grande desregulação que culminou com a extraordinária avaliação proposta por ele, estabelecida de maneira inaudita, sobre uma disjunção do ser e do poder. Afinal, a disjunção do ser e do poder é a separação do *gradus* e da hierarquia. Não é que Lacan anule toda avaliação do *poder analisar*, pelo contrário, ele a sanciona com um título especial que vem a elevar os praticantes efetivos. Mas essa avaliação do *poder...*, muito exigente, já que ela vai além da supervisão e além do estágio, é bastante distinta de uma avaliação do ser. Os que tentam pensar na orientação de Lacan são confrontados com essa enormidade de uma avaliação do ser do sujeito. O dramatismo diversamente acentuado que sempre esteve ligado ao passe se deve a isto: o que está em jogo para o sujeito é seu ser, o que vai muito mais longe, como questionamento, que a avaliação das capacidades.

Transformações

O passe comporta a noção de uma transformação terminal do sujeito. Se nós representarmos o tempo da experiência analítica como uma caixa preta, o passe supõe um estado inicial do sujeito (E_i) e a noção de um estado terminal do sujeito (E_t).

Temos uma escrita para o estado inicial do sujeito: a sigla $, que, nos valores tomados por ela em Lacan, aparece própria para qualificar esse estado inicial, designando o sujeito em sua *falta-a-ser*.

A barra do $\bcancel{S}$ maiúsculo indexa o sujeito, uma vez que seu status é dado em sua falta-a-ser. Nesse trajeto, simplificado ao máximo, da falta-a-ser rumo ao ser, a escrita mais simples seria retirar a barra sobre o sujeito indicando, então, a supressão de sua falta-a-ser: S.

$E_i \longrightarrow \qquad \longrightarrow E_t$
$\bcancel{S}$ \qquad\qquad\qquad S

Lacan, sem dúvida, visava a isso, ao qualificar esse estado terminal de *destituição*. Ora, com uma ambiguidade criadora, ele o qualificou de *destituição subjetiva*, o que leva a pensar que esse estado terminal remete a outra coisa que não a um sujeito: *destituição subjetiva* não deve ser ouvida no sentido em que, ali, não há mais o sujeito? Aliás, não nos faltam indicações fazendo valer que a instituição do sujeito está ligada à sua falta-a-ser e que a supressão dessa falta anula correlativamente o status do sujeito.

Em seu estado inicial, $\bcancel{S}$ reduz o indivíduo, ele escreve como o indivíduo é admitido na psicanálise, admitido a funcionar nessa caixa preta: o indivíduo é admitido como sujeito. As chamadas sessões preliminares significam, de todo modo, que ainda não se está nessa caixa preta, mas que se avalia a capacidade do indivíduo de ser sujeito da experiência e até mesmo que se o condiciona para essa experiência.

Ele é admitido como sujeito da fala, como sujeito que sofre: $\bcancel{S}$ quer dizer também *sujeito do sintoma*. Ele é dividido, na medida em que não sabe que o sintoma fala, embora ele o suspeite (ao passo que ele nem sequer o suspeita quanto à pulsão). Acrescentemos que ele é admitido como sujeito do recalque, o que justifica o emprego dessa barra, que se reencontra em diferentes posições (a 45 graus ou aplainada) no ensino de Lacan. Sujeito do recalque quer dizer de um *eu não quero saber*. Isso já convoca, no horizonte, o desejo de saber: se o sujeito é sujeito do recalque, ele é sujeito do não-saber e até mesmo sujeito de um desejo de não-saber. A outra face do recalque é o sujeito-suposto-saber, a ser ouvido como saber suposto, o qual é sujeito na medida em que se supõe que ele fale. Como tal, esse sujeito do estado inicial não está a trabalho, ele é, ao contrário, um sujeito que sofre, um sujeito do *patema* [*pathème*] e que se apresenta como um efeito.

Enumerar esses diferentes termos permite situar a inversão que se é tentado a introduzir aqui, a fim de qualificar o estado terminal do sujeito: um sujeito que não seria mais dividido, e sim reconstituído, que não estaria mais sofrendo (o que alguns tentam avaliar em termos de *cura* [*guérison*]), um sujeito que sabe que fala em seu sintoma, e até mesmo na pulsão, um sujeito que não é mais sujeito do recalque assim como sujeito do desejo de não-saber, mas que seria sujeito do desejo de saber, um sujeito que não mais seria *sujeito-efeito*, e sim *sujeito-causa*.

Infelizmente, isso não é simples, não basta inverter a maneira de qualificar o estado inicial para obter seu estado terminal. Em primeiro lugar, o sujeito-causa é o fato da histeria. Lacan qualificou o estado inicial do sujeito como histérico, o que supõe um pôr em condições aqueles que não estão imediatamente nesse estado. No esquema de seus discursos, Lacan o chama de lugar do agente: é preciso reconhecer no agente o nome que a causa porta na estrutura de discurso, razão pela qual eu falava de sujeito-causa.

Aqui também há uma dissimetria perturbadora. No estado inicial, o sujeito inserido no discurso analítico se situa ao alto e à esquerda. Seguindo Lacan, podemos escrever como o sujeito se aloja ao longo da experiência analítica: S está situado ao alto à direita.

Lacan apresentou sua proposição do passe[3] a partir de um estado inicial e de um estado terminal, esforçando-se para situar uma *diacronia*: vai-se de um estado inicial, onde aparece o sujeito-suposto-saber, a um estado terminal, onde este desaparece correlativamente à destituição subjetiva, de modo que essa destituição é, antes de tudo, a destituição do sujeito-suposto--saber. Mas Lacan, em seguida, nos deu como baliza a estrutura *sincrônica* do discurso analítico. Essa estrutura comporta um percurso, mas não indica como advém o ser do sujeito. Desde então, para situar esse estado terminal, só dispomos — aqui também, dissimetria — do esquema sincrônico do discurso analítico. Se o sujeito permanece ali, no mesmo lugar, o estado terminal do sujeito é balizado pela letra *a* situada ao alto e à esquerda no discurso analítico, o que nos leva a perguntar em que medida esse estado terminal deveria ser escrito como *a*.

$E_i \longrightarrow$ ▬▬▬▬ $\longrightarrow E_t$

S $\qquad\qquad\qquad S \longrightarrow a$

a	S
S_2	S_1

No entanto, o esquema do discurso analítico não nos permite apreender, de modo algum, como, a partir da produção de S_1, esse sujeito acederia à posição ocupada por *a*, como ele ultrapassaria a barra do impossível (situada abaixo do esquema acima), para aceder ao lado onde a/S_2 indica a posição do analista. Portanto, é de maneira puramente problemática que podemos considerar que esse estado terminal do sujeito possa ser escrito como *a*.

Qual estado do sujeito seria, então, esse *a*? Qual é esse estado do sujeito que demanda, para ser inscrito, renunciar à sigla e à indicação mesma do sujeito? O que quer dizer, aqui, *subjetivar o objeto a*? Talvez Lacan proponha uma fórmula desse sintagma, subjetivar o objeto *a*, como estado terminal do sujeito da experiência analítica, quando ele avança: *ele sabe ser um rebotalho*. A equação $\text{\$} = a$ poderia, então, traduzir o ganho próprio à experiência analítica. Isso demanda ouvir a expressão *ele sabe ser um rebotalho* como *ele se sabe um rebotalho*, uma vez que dizê-lo sem esse pronome reflexivo (*ele sabe ser um rebotalho*) implica que ele saiba sê-lo na experiência, ou seja, para um outro sujeito.

Com esse percurso e esse lembrete concernindo ao estado terminal do sujeito, percebe-se bem como se é mais levado a tentar, por ajustamento, formular seu status. Lacan não deu indicações detalhadas, precisas, sobre esse estado terminal, sua escrita e seu esquematismo: dispomos apenas de suas indicações para situar a entrada no dispositivo ou para situar sua sincronia. Há aí uma discrição ou uma dificuldade.

Parceiros

É notável, não é banal, que a referência de Lacan à ciência intervenha neste ponto. Relembrei sua ambição de dar à psicanálise seu status na ciência. Para ele, a psicanálise joga sua partida essencial com a ciência, ela é sua parceira. Se podemos falar da análise como parceira do analisante, ocasionalmente por meio da metáfora do jogo de cartas, a própria psicanálise está engajada num jogo no qual seu parceiro, a quem ela entrega as cartas, é a ciência.

Lacan chega a deslocar o diagnóstico freudiano do *mal-estar na civilização* ao conceber esse mal-estar como sendo, antes de tudo, devido aos efeitos do discurso da ciência. Ora, longe de estar no primeiro plano da exegese freudiana, essa noção está ausente dela. Freud não implica, de modo algum, o discurso da ciência como causa do mal-estar na civilização, ele só o qualifica a partir do discurso do mestre. Para ele, a psicanálise joga sua partida com o discurso do mestre. Isso lhe permite fazer uma varredura na história da civilização, vê-la nascer na pré-história. Ele evoca os *selvagens*, inicialmente bons, quando ele os pensa pré-históricos em relação à civilização, depois maus, quando ele mostra que a civilização já estava lá, em contiguidade com a de hoje. Freud considera a imensa continuidade da civilização, de certa forma invariável, tendo a psicanálise nascido no ápice desse mal-estar preparado durante séculos, milênios.

Lacan se distingue de Freud ao implicar, nesse mal-estar, o discurso da ciência, o saber científico. Digamos. Ele admite, sem dúvida, a perspectiva freudiana: escrever o discurso do mestre como o avesso da psicanálise é dar um lugar ao ponto de vista freudiano. Mas ele remaneja profundamente essa parceria situando um corte na civilização com o saber científico. Assim, ele formula que um suplantou o outro, que o saber científico arruinou o mestre antigo. A estrutura do discurso científico não basta, é preciso ainda que o científico tenha, diz ele, *seduzido o mestre, ocultando-lhe que nisso está sua ruína*.[4] O mestre não é mais o mestre, o sujeito o suplantou e, precisamente, o científico como sujeito. Na era da ciência, pensar consolidar as identificações é um impasse, pois o discurso da ciência corrói, arruína, desloca, suplanta os significantes-mestres, o que, aliás, se presta a uma rejeição das identificações, conduzindo a paixões identificatórias muito mais intensas do que na época em que o discurso do mestre ordenava as coisas.

A noção segundo a qual a psicanálise joga sua partida com a ciência não decorre simplesmente de uma paixão epistemológica de Lacan, mas ao fato de que, hoje, a ciência é determinante na civilização. Os mestres que se apresentam são falsos mestres, eles não ordenam mais nada. A ordem é a ordem científica, eles tentam apenas fingir serem seus organizadores. Compreende-se melhor por que é à luz da ciência que Lacan faz pesar a exigência de dever formular esse estado terminal da análise.

Nada de saber

Para Lacan, a ciência sustenta um axioma positivo: *há saber no real*, que se opõe, termo a termo, ao axioma negativo que Lacan apresenta, ocasionalmente, como um teorema demonstrado pela psicanálise, a saber, *não há relação sexual*. Nesse jogo da psicanálise com a ciência, esses dois axiomas definem o trunfo de cada uma. Dizer que há saber no real é apreender a ciência em sua definição galileana. Esqueceram — para lembrar-se disto, ler Galileu ou os estudos de Koyré sobre Galileu — seu caráter *unheimlich*, que é a noção de uma matematização do próprio ser. A ciência de Galileu não se apresenta como uma maneira de dizer, seu ponto de vista é claramente o de que o próprio ser é matemático. Releiamos a frase imortal de Galileu em *Il saggiatore*, quando ele fala do grande livro da natureza — é isto o saber no real — em que ele formula que esse grande livro é *scritto in lingua matematica*.

Lacan traduziu isso como: *há saber no real*, o que ele toma como referência para a psicanálise. É notável que ele não tenha dito — e não poderia dizê-lo — que a psicanálise tem o mesmo axioma. Ele diz, pelo contrário, que *o analista aloja um outro saber, num outro lugar*.[5] O inconsciente, mesmo que o qualifiquemos de saber, não é o saber no real. Aqui, o saber suposto ganha todo o seu valor. Pôr no âmago da operação analítica o *sujeito-suposto-saber* se embasa na rejeição do *saber no real*, isso toma sentido a partir daí. Se o inconsciente está ligado ao sujeito-suposto-saber, se operamos sobre ele por meio do sujeito-suposto-saber, é na medida em que não se trata de saber no real. Ali onde há saber no real não se opera com o sujeito-suposto-saber. A ciência também necessita do sujeito--suposto-saber — quanto mais não fosse para ela formular que o real é racional —, mas não no nível da operação científica. Se, na ciência, há saber no real, na psicanálise há saber suposto e há saber suposto sujeito.

O que é esse saber suposto? Um saber suposto ser na fala, um saber não no real, mas no texto. Um saber no simbólico e não no real, poderíamos dizer. De fato, ele é obtido pela produção da associação livre, pela supressão das restrições dos discursos comuns. Falar de saber no simbólico não basta, pois esse saber tem a significação do inconsciente, ele significa: *eu não sei o que digo*. Nesse sentido, o psicanalista se distingue profundamente do cientista. Aliás, nada diz que a natureza, mesmo que seu livro seja escrito em linguagem matemática, saiba ler seu próprio livro; a natureza sabe o que diz? O cientista sabe o que ela diz, ele lê o que está escrito. Ao passo que o psicanalista não o sabe mais do que o analisante.

O saber a trabalho, aqui, não é um saber no real, mas *uma significação de saber*. No momento em que Lacan apresentava sua "Proposição...", ele falou da destituição constituinte do analista que se pode mensurar em relação à instituição do homem de ciência. O analista opera não sabendo, colocando-se no nível da *pura significação de saber* — pura quer dizer que o que está em causa é *um nada de saber*, não é um saber, mas uma significação de saber. Não é preciso forçar muito para dizer que é no nível de um saber no imaginário, na medida em que a significação — se precisamente o analista não se colocasse em seu nível — seria apenas imaginária. É um nada de saber que está presente: *o analista*, escreve Lacan, *só detém a significação que gera por reter esse nada*.[6] Retenção do nada e detenção de significação se opõem à possessão do saber. Lacan exclui dessa detenção de significação toda ideia de possessão. Se o analista, observa ele, ostentasse acreditar possuir o saber concernente ao sujeito, isso o faria declinar de toda suposição.

Paradoxal

Para situar o desejo de saber, é preciso seguir e ampliar a maneira como Lacan situa a psicanálise na história do pensamento. Para distingui-lo com a maior precisão possível, destacarei três tempos.

Primeiro tempo. A tese de Lacan é que a psicanálise depende da ciência. Esta tese faz do saber científico uma condição de possibilidade da psicanálise. No começo de "Kant com Sade", Lacan designa uma condição de possibilidade ética da psicanálise: além de uma preparação de agrado, foi preciso uma preparação ideológica para que a psicanálise fosse possível. Ela só foi concebível depois de Kant. Ora, essa condição ética de possibilidade da psicanálise é superada por sua condição epistemológica de possibilidade: em outras palavras, Galileu e Newton são mais essenciais à psicanálise do que Kant. A tese de Lacan é que a ética kantiana repercute Newton, ela traduz a física de Newton no domínio da ética — ela traduz o fim do cosmos, ela traduz o fim da harmonia natural situando o homem, doravante, como sujeito de um universo infinito, onde toda regulação natural e toda sabedoria desfalecem. A noção de cosmos evocava não apenas a noção de finitude, mas também a de uma harmonia possível para o homem, de um acordo com seu *Umwelt*, seu meio ambiente. Enquanto houvesse um cosmos, era possível haver éticas como a de Aristóteles, as da boa medida que o homem deve tomar dos diferentes objetos de seu entorno. Com o fim do cosmos, a sabedoria se torna impossível, assim como toda regulação definida a partir dos objetos. Com Kant, ela não o é mais senão por meio de um imperativo que se enuncia no vazio de todo objeto. A esse respeito, a física matemática é uma condição de possibilidade da psicanálise para além de sua tradução ética.

Para além disso, a ciência condiciona o modo de leitura da psicanálise, o dispositivo analítico, assim como a redução do indivíduo a seu status de sujeito. Até mesmo a emergência do sujeito-suposto-saber é condicionada pela ciência, ou seja, pelo axioma segundo o qual o real é racional. Se a psicanálise não é o saber no real, ela aproveita o saber no real, ela pode fazer acreditar que a produção dos significantes na associação livre responde necessariamente a uma lei e que esta é decifrável.

Segundo tempo. A tese de Lacan em sua "Nota italiana" é que essa primeira versão não basta. É a partir de um desfalecimento, de uma incompletude da ciência que a psicanálise encontra seu lugar. A ciência sempre deu lugar a uma proteção humanista. É preciso abrir espaço para o tema da humanidade contra a ciência, contra o caráter *a-humano* da ciência, que não data de hoje, uma vez que estamos, doravante, diante da destruição permitida por ela até mesmo na reprodução da espécie. Esse protesto, ligado à própria emergência da ciência, é o protesto de uma humanidade que não deseja o saber científico, que situa o desejo em outro lugar que não no saber científico. Uma humanidade que deseja se ocupar do verdadeiro, do belo, do bem e do mal, e que não deixa de reivindicar um gozo da ignorância em relação ao saber científico. Essa humanidade se persuade de que o essencial escapa ao saber científico, que não é o saber no real, que o livro do homem não está escrito em caracteres matemáticos. Este é o preço da douta ignorância, que sabe mais do que o saber científico. O poder da ciência sobre a humanidade não fez senão intensificar o valor da sabedoria e o valor da verdade conhecida, escapando ao saber científico. Lacan também situou a psicanálise nesse nível da douta ignorância, com sua face de contestação da ciência. Nos *Escritos*, o psicanalista aparece como o rebotalho da ciência. Lacan convida o psicanalista a completar o saber científico da verdade que lhe corresponde e, ao mesmo tempo, a contestar esse saber.

Terceiro tempo. Ao introduzir o desejo de saber, Lacan não diz mais que o psicanalista é o rebotalho da ciência, mas que ele é o rebotalho da humanidade, o que é completamente distinto. Ele alonga singularmente o circuito: longe de decorrer do segundo tempo, a psicanálise decorre de um terceiro tempo; ela não se situa no nível da douta ignorância, mas, singularmente, como rebotalho dessa humanidade que protesta contra o discurso da ciência.

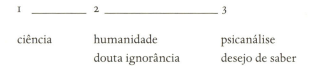

ciência   humanidade   psicanálise
           douta ignorância   desejo de saber

A psicanálise encarna o retorno da ciência no seio da douta ignorância. O desejo de saber que disso resulta no nível da psicanálise é distinto do desejo de não-saber que habita a douta ignorância. Ele também não se confunde com o desejo de saber científico. Isso é propriamente o que se transmite a partir da ciência, quando esse desejo penetra o registro da douta ignorância. Por esta razão, Lacan imputa à ciência, ao saber científico, a responsabilidade de *ter transmitido um desejo aos rebotalhos da douta ignorância*. O rebotalho não deve ser entendido como sendo a douta ignorância; trata-se, pelo contrário, daqueles que caíram fora desta. A posição do psicanalista é situada como queda fora da douta ignorância. Assim, indica Lacan, *o saber científico transmitiu aos rebotalhos da douta ignorância um desejo inédito*. Aqui está todo o paradoxo desse desejo de saber: sendo ao mesmo tempo o efeito da ciência, esse desejo, no entanto, não é conforme ao desejo científico. O que Lacan qualifica de desejo de saber não deve ser confundido com o desejo de saber científico, tampouco com o desejo de não-saber, que é o estilo próprio da douta ignorância. Eis aqui o problema: definir esse desejo de saber, inédito, que encontra sua fonte no saber científico sem, no entanto, confundir-se com ele, e que atravessa a douta ignorância para desembocar nessa prática estranha que se chama a psicanálise.

Rebotalho

Portanto, o desejo de saber não é o desejo da ciência, o qual procede da seguinte maneira: o sujeito põe a trabalho o significante e disso resulta um saber transmissível sem o sujeito. Ao passo que o analista põe o sujeito a trabalho, e não o significante. Pode-se fazer ciência simplesmente com significantes ordenados, traçados no quadro de giz ou em uma página em branco. Não se pode fazer análise desse modo: é preciso pôr um sujeito a trabalho, a produção de significante lhe é consequente, sem que este constitua um saber científico.

A posição científica do sujeito só procede ao se pôr de férias, ou em suspensão, as questões da verdade. A ciência debocha da verdade. Definir a ciência, como o faz Lacan, mediante o *há* um *saber no real*, significa que esse saber se põe como impasse sobre a verdade. É o que comporta o fato de pôr o significante a trabalho, ou seja, de fazê-lo funcionar às cegas. Leibniz qualificou a lógica como *pensamento cego*: ele é especialmente cego à questão da verdade. Uma vez lançado, o significante trabalha sozinho — de todo modo, se visa a isso —, animado pelo desejo da ciência, de um modo desubjetivado, acéfalo.

O caráter acéfalo do significante na ciência nos conduz a reportar a ciência à pulsão — a pulsão é esse vetor acéfalo —, e até mesmo à pulsão de morte. Ver a pulsão de morte a trabalho na aventura da ciência apenas traduz o impasse sobre a questão da verdade: não se ocupam das consequências que a ciência tem para o sujeito, notadamente para seu ser de vivente. Isso qualifica um mal-estar seriamente modificado em relação ao eterno mal-estar visado por Freud em sua obra. O mal-estar moderno surge e se estende quando se verifica que o mundo que emerge da ciência não é feito para o homem, não é pensado tendo em vista suas aspirações. Nenhum mestre está em condições de controlar o trabalho acéfalo do significante, uma vez que ele é lançado. Uma diferença deve ser feita entre o saber da ciência e o saber da erudição: o saber erudito é sempre justificado por sua referência à questão da verdade. Foi o que se chamou de as *humanidades* que estão, hoje, por todo o planeta, em conflito com o saber científico na educação do homem moderno. Essa erudição se justifica pelo cuidado com os interesses da humanidade, ao passo que a ciência, seja qual for o disfarce com que a enfarpelemos, tem seu ponto de partida, por estrutura, ao fazer impasse sobre este ponto.

Apreende-se que o segundo tempo é logicamente aquele da rejeição do desejo da ciência, o qual Lacan qualifica de *douta ignorância*, tomando emprestado esse termo prévio à emergência do discurso científico, deslocado por ele cronologicamente, dando-lhe cores novas, aquelas que sucedem à afirmação dos efeitos do desejo da ciência. É, portanto, o protesto dos direitos da verdade e, num mesmo movimento, dos direitos do desejo e do gozo. É a rejeição do desejo da ciência em nome da questão: *o que aconteceu com o homem?* A questão da verdade, em que se desloca todo o desejo humanista, se erige para fazer barreira ao saber científico. Nos dias de hoje, isso se faz, eventualmente, em nome da ética.

Não há grito mais belo, mais surpreendente, que esse fantástico protesto da verdade na era da ciência (colocando em seu parêntese não apenas a ciência, mas o conjunto do saber), que é o grande poema de Victor Hugo intitulado não *O homem*, como se poderia esperar, mas *O asno*. Esse poema traz ao proscênio, como representante da humanidade, o asno, rebotalho da ciência. Esse asno, que se chama Paciência, interpela Kant como representante do saber — o que não é uma má escolha —, situando claramente onde se enodam o saber e a ciência. Esse "Kant com o asno" é inteiramente construído sobre a ideia de que o saber não é senão dejeto. Esse texto verifica a perspectiva, segundo a qual o saber é apenas *palea* (dejeto, lixo), para utilizar o termo latino que Lacan foi buscar em São Tomás, no final de sua vida, qualificando, assim, sua *Suma* de saberes. Esse poema evoca a impotência do saber, de todos os saberes, para capturar o que, de um tempo ao outro, passa neste texto como a simplicidade e, ao mesmo tempo, o enigma da existência.

Terceiro tempo: depois da ciência e do asno, a psicanálise. Nessa perspectiva histórica, a psicanálise se situa no ponto em que se trataria de abordar a questão da verdade com os meios da ciência. Essa ambição situa muito bem a posição de Freud, ou seja, manejar o retorno da questão da verdade no campo científico. Isso define o Campo Freudiano: em psicanálise, o homem é convidado a falar de sua verdade. Como o asno de Victor Hugo, ele é convidado a expurgar o que lhe toca as entranhas, seu desconforto, seu mal-estar, às rédeas soltas. Não se lhe é posto um freio — *se* [*on*], quer dizer, o analista assim posicionado do lado do asno Paciência. Esse analista é estabelecido naquilo que o saber constituído deixa fora dele. Nisso, tal como o asno, ele é o rebotalho do campo do saber. Mas ele também é o rebotalho da douta ignorância. O que o ocupa não é a douta ignorância, mas, sim, o saber do ignorante que se trata de forçar em seu refúgio. Nesse sentido, o analista é um duplo rebotalho.

Aos olhos dos partidários do discurso científico, ele é confundido com essa douta ignorância, a psicanálise pode passar por uma repetição da douta ignorância. Aliás, durante um bom período, Lacan a apresentou assim. Ao mesmo tempo, aos olhos da douta ignorância, dos humanistas, a psicanálise parece estar relacionada com os valores da ciência. Essa dupla posição levou Lacan a formular que a ciência inspirou o desejo de tratar a verdade de maneira inédita para os que não se satisfaziam com a douta ignorância. O desejo de tratar essa questão de maneira inédita é o que Lacan chama de *desejo de saber*, que é como uma transformação do desejo da ciência quando ele toca no que este exclui, e até mesmo no que este foraclui, a saber, a questão da verdade.

Nessa dialética histórica, a referência a Freud é central. Em Freud, pode-se acompanhar como se efetua esse retorno da ciência na questão da verdade. Mas, conclui Lacan, a esse respeito, Freud não foi igual a ele. O analista resultante do passe, tal como Lacan o introduziu, se distingue da posição freudiana. O analista resultante do passe se situa em um para além, em relação a Freud. Esse passe não propõe de modo algum o analista como uma imitação de Freud — à semelhança de *A imitação de Jesus Cristo*. Freud não é o Cristo da psicanálise. Pelo contrário, Lacan erige a figura do analista do passe, ou seja, do analista pensado a partir do desejo de saber, para nos afastar dessa tentação. Freud, por um lado, se considerou um cientista (este é um erro concernente ao analista) e, por outro, ele amou a verdade. *O romance de Freud*, diz Lacan, *são seus amores com a verdade*.[7] O termo *romance* situa o saber de Freud no nível de ficção e não de ciência. Significa dizer também que ele se enganou ao acreditar na histérica, embora esta via tenha aberto o Campo Freudiano.

O analista não é apenas o rebotalho da ciência e da douta ignorância, ele é também o rebotalho do modelo freudiano da psicanálise, que tropeça no infinito da psicanálise.

Esboço das opções fundamentais da Escola da Causa Freudiana

> *Intervenção de abertura das Jornadas da ECF sobre "O conceito de Escola, a experiência do passe e a transmissão da psicanálise", em 5 de outubro de 1990, publicada em* Revue de l'École de la Cause Freudienne, *n. 18, junho de 1991.*

AO CONSIDERÁ-LA DO EXTERIOR, que se a deprecie ou que se a incense, ninguém duvida que a Escola da Causa Freudiana seja única em seu gênero. Em contrapartida, elucidar as opções que lhe são dadas por seu estilo e por sua orientação não é um exercício fácil, quando se faz parte dela.

Esse esboço é, portanto, apresentado como uma introdução a um debate, a fim de ser posteriormente corrigido em função daquilo que ele deixará aparecer.

I

Não se pode enumerar as opções fundamentais da Escola sem retornar à sua opção inicial, aquela que propiciou seu nascimento.

A ECF foi o significante sob o qual se reuniram, em janeiro de 1981, aqueles que se propunham a trazer a seu mestre, no momento em que acabava de concluir um Seminário proferido sem interrupção durante trinta anos, o testemunho de sua solidariedade, a sustentação de sua afeição (*aqueles que me amam, ainda*) e o conector de seu trabalho.

A opção inicial da Escola foi, portanto, a da fidelidade, isto é, a da transferência e, a um só tempo, a da transferência de trabalho. Isso foi, sem dúvida, por estarmos persuadidos de que o futuro de um ensino tão necessário à psicanálise não podia passar pela rejeição do professor, por sua difamação, pela traição.

2

Por ocasião da morte de Lacan, ocorrida em 9 de setembro de 1981, a escolha da ECF, tão ligada à sua pessoa, demandava ser confirmada, uma vez que o processo estatutário, relançado por ele no Fórum, restava, ainda, inacabado e que a Escola só contava, do ponto de vista legal, com seis membros, nem um a mais.

Essa escolha foi confirmada.

Em primeiro lugar pelo Conselho, que se formou para redigir o texto definitivo dos estatutos e o registrou desde o dia 28 de setembro. E por aqueles que, em seguida, aderiram a essa Escola com base nesses estatutos.

Essa opção foi a da confiança, não confiança em uma pessoa, nem mesmo em uma equipe, mas confiança que uma comunidade de trabalho, sabendo-se doravante privada de um professor inigualável, manifestou em si mesma, encontrando aí sua consistência.

3

Para isso, essa comunidade não foi levada a se considerar como seu próprio fim.

Seu próprio nome o indica: se a Escola é *da Causa Freudiana*, não é pelo fato de ela ensinar essa causa, mas por ela ser um meio e um efeito disso. Ela é *para a psicanálise*.

Essa opção implica que os interesses do grupo são subordinados a uma finalidade superior, que se confunde com a psicanálise; que a vida de grupo entre nós é, se não proscrita, pelo menos pouco estimada, considerada como um obstáculo, no que concerne ao objetivo que nos reúne; que o grupo não pretende nenhum monopólio, nem quanto à prática da psicanálise, nem quanto à leitura e à interpretação do ensino de Lacan.

Foi assim que os membros da Escola deram provas de interesse, de abertura, por vezes até mesmo de generosidade para com nossos colegas do Campo Freudiano. Nós o vimos, inclusive recentemente, por ocasião do último Encontro Internacional e o veremos com a nova Escola Europeia de Psicanálise.

4

Chegamos a uma opção da Escola que é tão fundamental a ponto de ela se tornar invisível e de não se pensar em interrogar a seu respeito, o que a faz desenvolver silenciosamente seus paradoxos.

Não é notável que a opção teórica da Escola seja feita de uma vez por todas, que ela permaneça intocável? Trata-se do fundamento freudiano de nossa prática, renovado por Lacan. Como a instalação, no âmago de uma instituição, de um semelhante *noli tangere* permaneceria sem consequências? Isso ainda não foi examinado.

Todavia, na Escola tudo é feito para que essa opção prejudicial não se transforme num standard: recusa de um ensino autorizado (*aquele que ensina o faz por sua conta e riscos*, estipulam os estatutos) e ausência de censura teórica.

Isso não impede que se forme, necessariamente, em um grupo como o nosso, um fenômeno de "clichês" — cabe reconhecê-lo naquilo que ele é, uma resistência, uma *assistência mútua contra o discurso analítico*, ele demanda incessantemente ser contido, descartado.

5

O que foi dito no parágrafo anterior, e que concerne à instância da teoria na instituição, não deve ser confundido com a manutenção das condições práticas necessárias à existência de um laço associativo como tal.

Não há dúvida de que, no próprio fato de se associar para a realização de uma finalidade comum, está incluída a seguinte opção: manter entre nós o acordo mínimo necessário para o bom funcionamento e até mesmo para a existência da associação.

Essa opção não foi inspirada em nenhum angelismo, ela se impõe logicamente das premissas. Desconhecê-la é querer a dissolução do laço associativo. A questão foi evocada no ano passado. A resposta foi inequívoca: um alvoroço, um assombro, mais convincente do que qualquer voto.

6

A permutação regular das instâncias, elevada ao nível de princípio de funcionamento, é uma opção que contribuiu para dar à ECF seu estilo de contra-experiência, em relação à Escola Freudiana de Paris. Do mesmo modo, a transparência da gestão, testemunhada, por exemplo, pela extensão e pela precisão das comunicações regularmente feitas aos membros.

É permitido achar que a permutação é ainda insuficiente, que a transparência não é total. Contudo, se calcularmos o número de membros que, há nove anos, exerceram responsabilidades nas instâncias, verifica-se que a proporção é considerável. Quanto à transparência, ela é, sem dúvida, impelida tão longe quanto o permita o caráter com frequência confidencial das informações que chegam às diferentes instâncias responsáveis de uma Escola de psicanálise.

A permutação e a transparência são menores no Conselho da Escola.

De fato, o Conselho é estatutariamente concebido como uma presidência coletiva, que se renova lentamente e dá à associação seu fundamento. Essa instância manteve durante muito tempo a discrição exigida por sua missão de regulamentação geral. Por isso, suspeitava-se que ela cochilava. Vimos, ano passado, que não era nada disso.

Quanto ao que se discute com toda liberdade nas reuniões do Conselho, seu conteúdo é regularmente levado ao conhecimento de todos, cada vez que se chega a um acordo entre seus membros. Desvelá-lo prematuramente seria um fator de confusão, que entravaria a reflexão de um órgão responsável a longo prazo e que gostaria de agir apenas em função de finalidades superiores.

7

Se a opção de permutação data de 1980 (lembremos que seu diretor havia deixado o Diretório da EFP sem qualquer mudança durante dez anos), a distribuição hierarquia/*gradus* foi explicitada por Lacan desde 1967, e apresentada por ele como a solução para o problema da Sociedade analítica. Vale a pena comentá-la.

1 — A hierarquia. Deixando de lado a questão de saber se há, na política, grupos sem hierarquia, digamos que a hierarquia traduz o fato de estrutura, segundo o qual o significante se ordena em sequências de subordinação, sendo a mínima o par ordenado do significante-mestre e do saber, $S_1 — S_2$. A noção de que uma hierarquia é inelutável em um grupo como o nosso tem a caução de Lacan. *De qualquer modo*, lembrava ele à sua Escola no momento em que a convidava a se pronunciar sobre a "Proposição de 9 de outubro de 1967 sobre o psicanalista da Escola", *será preciso que vocês passem pela atribuição de funções diretivas a alguns, para obterem uma distribuição prudente da sua responsabilidade coletiva*.

2 — O *gradus*. É a ordem ascendente instaurada pelo significante S_2 em sua própria dimensão. Os sujeitos se distribuem na escala de um *gradus* em função de um saber, suposto ou explícito, iniciático tanto quanto universitário, de *patema* ou de matema.

3 — A indistinção hierarquia/*gradus*. É o poder em nome do saber. Exemplos: *A república*, de Platão, a burocracia celeste, o discurso universitário, as Sociedades da International Psychoanalytical Association...

4 — A distinção hierarquia/*gradus*. Ela traduz o fato de que S_2 não é S_1, que o saber constitui uma ordem sui generis, di-

ferente daquela do poder. É, por exemplo, o fundamento do privilégio que está na origem da Universidade.

O que quer dizer a distinção hierarquia/*gradus*, quando se trata daquilo que chamamos de uma Escola?

Em primeiro lugar, pode-se observar que todos os membros têm voz igual na assembleia, que todos os membros e membros associados têm voz igual no congresso; nenhuma função administrativa é estatutariamente reservada a uma categoria de membros. Essas distinções só aparecem no nível da gestão do *gradus*; no próprio seio da Comissão do passe, podem ter assento membros associados e até mesmo não membros.

Mas a pertinência analítica da distinção introduzida por Lacan não está aí. O essencial é que ela disjunta a função do Analista Membro da Escola (AME), necessário *no que diz respeito ao corpo social*, e a do Analista da Escola (AE), cuja necessidade é interna à experiência. De fato, nas sociedades tradicionais há superioridade hierárquica do titular sobre o associado. Na Escola, não há relação hierárquica entre o AE e o AME. Esses títulos correspondem a duas ordens de necessidade, tendo cada uma sua dimensão própria e se inscrevendo em duas lógicas distintas.

Compreende-se, desde então, o efeito perverso da modificação introduzida por Lacan em outubro de 1967, quando ele deu ao título de AE um caráter transitório. Se essa inovação tem o mérito de impedir, junto aos AE, o fenômeno dito de *casta*, ela, porém, tem o defeito de retirar do AME um contrapeso institucional permanente e de o consolidar na suficiência do seu saber-fazer, ali onde se trataria, pelo contrário, de pôr em questão esse saber-fazer — o que ele extingue do paradoxo do discurso, o que ele engendra de *amnésia* do ato analítico. Como

impedir isso? A questão está aberta. Haveria uma solução perfeita? Pode-se duvidar disso pelo menos por duas razões:
— o *gradus* veicula sempre na ordem do saber a fatalidade hierárquica que se inscreve do significante-mestre;
— em psicanálise, o exercício do saber suposto sempre transborda a mostração do saber exposto.

8

O ponto precedente já tratou de nossa opção concernente à seleção dos analistas, que foi a de adotar os princípios da "Proposição...".

Estes comportam:
— em primeiro lugar, que há garantia a ser dada, portanto, seleção a ser feita. Não se é admitido na Escola a título de psicanalista, mas como *trabalhador decidido* no Campo Freudiano. Uma vez que se deu suas provas nesse registro, é lícito a cada um se declarar Analista Praticante. Por fim, entre estes se exerce a escolha dos AME. De modo ainda mais amplo, uma vez que ele ultrapassa as fronteiras da associação, é exercida a escolha dos AE;
— em segundo lugar, quem exerce essas escolhas? A "Proposição..." não as confia à votação das comunidades dos iguais [*égaux*], a dos AME, a dos AE, mas a órgãos especializados (júris, em 1967, tornados Comissão, em 1980).

Trata-se, aqui, de opções fundamentais da Escola?

Quanto ao primeiro ponto, parece-me difícil contestá-lo. A escolha decorre do próprio conceito de Escola e ele é concebido como um produto de seu trabalho. Quanto ao segundo ponto, isso é menos certo, mas pode-se sustentá-lo, na medida em que a escolha dos órgãos diferenciados impede que AME e AE se constituam em duas classes diferenciadas no seio da Escola. Todavia, isso não implica que as modalidades dos procedimentos de seleção sejam *ne varietur*. Elas não poderiam ser aperfeiçoadas?

A questão foi formulada para o procedimento de nomeação dos AE. Ela poderia sê-lo também para a dos AME.

9

Essa opção de unidade determinou para a Escola a escolha de uma estrutura nacional e não inter-regional. Ela condicionou seu estilo de direção e de animação, feito de uma busca insistente de consensos. Ela comportava também algumas consequências mais longínquas e por muito tempo permanecidas despercebidas, como a criação de outras Escolas.

A crise do ano passado, sem prejudicar minimamente o funcionamento, graças à perseverança de nosso Diretório e de seus secretariados da cidade, marcou os limites do consenso e dissipou as miragens engendradas pela sua busca a qualquer preço.

Esse período terminou. A Escola da Causa Freudiana, tal como nós a concebemos, tal como a fizemos e amamos, há nove anos, viveu. A escola da Causa Freudiana, segunda época, será, sem dúvida, atravessada por tensões que poderiam tornar mais rangente seu funcionamento tão bem lubrificado.

Essa Escola menos *sweet home*, de minha parte, eu a aceito sem reservas, tal como ela é, tal como ela se tornou. Pois ela não é senão a consequência de nossa ação, que incide não para além do bem e do mal, mas para além do princípio do prazer e que aposta sempre no *do pai ao pior*.

Uma Escola de orientação lacaniana não poderia ser um casulo nem tampouco um monólito. Lacan é um bloco, uma Escola não é um bloco. O diferendo, a diferença, a divisão constituem o elemento mesmo de nossa prática. Não sabemos traçar nosso caminho entre o inconsistente, o inconciliável, o insolúvel, que são como Alecto, Tisífone e Megera, as Eríneas da relação que não há, a relação sexual, cuja ausência condiciona todas as ordens do discurso? Não sabemos que, em se tratando do sujeito, o impasse não é fatal? Que um passe é possível, ou melhor, que ele é contingente?

Sim, em toda análise, o passe nunca é senão contingente, como o próprio amor que chamamos de transferência.

Por certo, a opção do ódio está sempre aberta. Mas esta opção nunca foi, desde sua criação, uma das opções fundamentais da Escola da Causa Freudiana.

Observação sobre a travessia da transferência

> *Intervenção por ocasião das Jornadas da ECF sobre "O conceito de Escola, a experiência do passe e a transmissão da psicanálise", em 5 de outubro de 1990,* publicada na Revue de l'École de la Cause Freudienne, n. 18, junho de 1991.

ANUNCIEI UMA OBSERVAÇÃO sobre a travessia da transferência. Ela cabe em uma frase: *não há travessia da transferência*. Convém, sem dúvida, que eu comente e desenvolva essa observação. Não há travessia da transferência no sentido em que há o que chamamos de travessia do fantasma.

Então, em que sentido há uma travessia do fantasma? No sentido em que o fantasma conhece, no decorrer, no longo percurso da experiência analítica, uma construção progressiva que consiste em uma liberação, uma atualização de suas linhas de força, uma depuração, uma logificação, uma redução à sua estrutura fundamental, que culmina naquele estágio supremo que chamamos de sua travessia. O sujeito que dela se libera, se desenvisca, consegue localizar-se em relação ao objeto revestido nesse fantasma, palpar os entornos do furo que ele mesmo constitui, percorrer as bordas de sua *janela sobre o real* e, por fim, passar através dessa janela, defenestrar-se como para o interior de si mesmo e, assim, encontrar-se como fora de si, ou seja, fora do que era para ele o lugar lógico do real, seu fantasma como impossível, seu fantasma como impasse, como princípio dos impasses do inconsciente do qual ele é sujeito.

A travessia do fantasma é, a um só tempo, resolução da transferência. A representação do analista é, por isso, reduzida. De fato, a transferência nomeia as modalidades da representação do analista. À medida que o fantasma se constrói, essa representação tende para seu representante e culmina na redução do *Vorstellungsrepräsentanz* ao objeto *a* do fantasma fundamental, de modo a ser isso o que resta do analista. Enquanto o sujeito atravessa, o psicanalista é deixado para trás, tal como a amarra que é preciso largar para ir rumo ao mar, ele permanece no cais. O passageiro, observando-o pela escotilha traseira, não vê mais nele, analista, senão o que lhe aconteceu, a ele analisante, a figura até pouco tempo enigmática do que ele foi e da qual ele se desprende, agora, como de seu passado, a fim de se tornar aquele que chamamos de *passante*, aquele que encontrou um meio de ter um passado e de deixar para trás o passado e que será, doravante, um homem sem passado, ou melhor, o homem não sem passado, pois, até então, esse passado que comandava o presente e o futuro era sempre atual.

É pela relação do sujeito com seu passado, com sua história como passado, com seu analista como passado, que se poderá julgar se ele *fez o passe*. Pode ocorrer que ele saiba pouco do que aconteceu com ele e de que modo isso aconteceu, e que seja apenas ao ouvir não o que ele diz sobre esse passado, mas o que deste ele não pode mais dizer, que esse sujeito merece ouvir dizer que passou a Analista da Escola (AE). É nesse sentido que a travessia do fantasma é, a um só tempo, resolução da transferência.

Então, o que resiste em nós para dizer que a transferência foi, tal como o fantasma, atravessada? É que há um para além do fantasma fundamental, ao passo que não há um para além da transferência, nem mesmo transferência fundamental. Na transferência, um elemento irredutível impede de confundir a resolução da transferência com uma dissolução, uma aniquilação, uma redução da transferência ao *nihil*, ao nada, conduzindo-a ao zero. Não há grau zero da transferência. O passe não é, de modo algum, a verificação de que o grau zero da transferência foi alcançado. Não é senão por um desconhecimento profundo que se poderia chegar a acreditá-lo, desconhecimento das coordenadas que condicionam a experiência do passe, desconhecimento de sua condição constitutiva, uma vez que o passe supõe, para com o Outro da Escola, uma demanda de passe. A demanda de passe tem necessariamente como correlato um Outro de passe. E, de fato, o mais paradoxal do passe é o estatuto do Outro de passe. *A questão é saber,* diz Lacan, *como pode o passe enfrentá-lo [o des-ser] ao se ataviar com um ideal do qual o des-ser se descobriu.* É preciso, de fato, que o passe se atavie com um ideal para somente ser pensável, um ideal reconhecido como tal em seu des-ser, um ideal que não é senão atavio.

Muitas vezes se viu no passe apenas a tragédia, é comum evocá-la com tremeliques, ao passo que há também a comédia, que recepta todo *dignus est intrare* (ver o artigo de Éric Laurent publicado no último *À ciel ouvert*).

A tragédia era antes. O passe só tem sentido se a tragédia for o passado e se, agora, meu caro, do canevás de sua tragédia em cinco atos, você souber nos montar alegremente alguma pequena comédia, em um ato, de preferência, o ato analítico,

Observação sobre a travessia da transferência

que não é cinco ou três, mas no singular, e nos encenar isso ao levantar a cortina!

O passe tem a estrutura do chiste. Ele não é feito para chorar, ele não é feito para durar. Sabemos muito bem que você nunca pagará sua dívida, que ceifaram seu cofrinho, que sua mulher é uma coquete, que sua vida é uma galé e que você é um condenado às galés. Pois bem, extraia de sua dor de viver, tal como Molière soube fazê-lo e que talvez não fosse senão a máscara de Corneille, extraia de seu sofrimento, de sua ferida, os tons próprios a nos desenfadar. A comédia vai mais longe que a tragédia, seria preciso cuidar para não esquecê-lo. Em uma palavra: com o pior [*pire*], fazer o rir [*rire*], não o pai [*père*]. E se isso machucar muito, pois bem, volte a nos ver quando você estiver pronto e souber fazer, de seu narigão, sempre muito longo ou demasiado curto, tal como Cyrano, seu estandarte. O único defeito de *Cyrano*, a peça imortal de Rostand, é terminar por onde deveria ter começado, e começar por onde deveria ter terminado.

O Outro do passe não é o Outro que cuida, nem o Outro semelhante a si, nem o Outro da dívida, nem o Outro do amor. É o Outro espectador, o Outro duro nos negócios, ambicioso quanto a seu tempo e à sua grana, e quer ser pago em espécie, em saber líquido [*sonnant et trébuchant*].

No passe, não é mais o analista que suporta a transferência do saber que lhe é suposto. Sim, mas aquele que escolhe se apresentar diante de seus passadores com sua demanda não é um sujeito sem transferência. Essa transferência, onde ela está?

Por um lado, se o analista não suporta mais, a seus olhos, a transferência de saber, é preciso então que aqueles que o julgam suportem essa transferência, caso contrário, para que serve? Os que o julgam, digo eu, como emanação desse conjunto que chamamos de Escola, para enfatizar que ele é formado em torno de um saber e tendo em vista a transmissão. Se o passante não colocar aí sua transferência de saber, sua demanda é falsa e ele deve ser recusado, reprovado, remetido a seus estudos. Mas isso não é tudo. Se essa transferência de saber àqueles em quem ele supõe um saber de transferência o conduz a confiar nesse saber de transferência, se ele se satisfaz com o saber de transferência já ali, se ele não busca fazer saber isto que, de seu caso, de sua questão, não é conforme ao já sabido, se ele se contenta em verificá-lo, em dizer *amém*, então mandem-no de volta sem hesitação, ele ainda não chegou lá.

Por outro lado, é por isso que se exige dele que ele faça a transferência de saber sustentar seu trabalho, seu próprio trabalho, o sujeito. Sim, só é um verdadeiro passante aquele que transfere para seu trabalho, aquele que espera de seu próprio trabalho as luzes que ele sente faltar a ele e aos outros.

A transferência de trabalho é uma transferência para o trabalho.

Por que então se nomearia Analista da Escola (AE) alguém que não estaria animado por uma tal transferência? Por que sobrecarregar-se com o beato do final da análise, ou com o cínico, ou com o preguiçoso, ou com o rendimento de tudo, ou com quem se acovarda diante do pensar? Se queremos luzes, busquemos os "iluminados". Isso não quer dizer que, para fazer valer as suas luzes, seja preciso apagar as dos outros e *dessupor* o saber a quem nos ensina. Aquele que, secretamente, não transfere para seu trabalho, que nada espera deste, é aquele que faz pilhagens, nunca cita e faz sua cozinha com as receitas do Outro com o qual ele se identifica.

O discurso analítico, diz Lacan, *não poderia se sustentar de um sozinho*. Não, ele não poderia "idealmente" se sustentar senão de uma Escola. O grupo analítico não é uma neoformação impelida no corpo da experiência analítica como um tumor maligno. O grupo analítico tem um filão. A resolução da transferência, a destituição subjetiva como destituição do sujeito-suposto-saber, longe de arruinar a instituição analítica em suas bases, a convoca, a torna necessária. Mas ela a torna necessária não como um analista coletivo, um Leviatã substituindo o analista "individual", cujo declínio é o resultado da experiência que ele patrocinou, mas como conjunto de trabalhadores decididos, de analisantes em empreitada. É por isso também que, num maior alcance, ela torna necessário que alguns entre esses analisantes sejam situados na posição de analistas desse conjunto, e que o significante AE tome o valor de causa de desejo, servindo para sustentar tanto o trabalho de transferência quanto a transferência de trabalho. Quando o passe funciona em uma Escola — e o passe funciona na Escola da Causa Freudiana desde 1983, nenhuma dúvida sobre isso —, ele "desce" à análise, ele a orienta e até mesmo prolonga seu curso, ele mantém-se na frente, como um horizonte, mantém-se atrás, e o próprio analista se apoia nele, ele opera, ele age. Ali onde ele não está instituído — e isto acontece em todo o resto do Campo Freudiano — ele faz falta.

Não há travessia da transferência porque a transferência não tem exterior. A transferência não tem mais exterior do que a própria linguagem. *A transferência*, diz Lacan, *parece motivar-se já suficientemente da primariedade significante do traço unário*. Se não há metalinguagem, ou seja, não há linguagem da linguagem, também não há transferência da transferência, não há *metatransferência*. A transferência de trabalho não é uma metatransferência. É, ainda, transferência. Não acreditem que os analistas que se apegam ao ato e se abstêm de trabalhar para o avanço da disciplina estão fora da transferência. É exatamente o contrário. É pelo fato de eles suporem tão bem o saber a Freud, a Lacan, que se consideram quites em relação ao resto. Quanto aos que são servos da transferência de trabalho, é porque estes ainda são analisantes e não terminaram a transferência que decorre da primariedade significante.

Vocês me permitirão concluir *ex abrupto* endereçando-me a este lugar e a este objeto que é uma Escola, como se fosse uma pessoa, como se fosse uma deusa. E lhe direi, então: *Sê--nos propícia, ó Escola, sê propícia à nossa transferência e à nossa transferência de trabalho. Os gregos haviam inventado chamar suas horríveis Erínias pelo doce nome de Eumênides, as Benevolentes. Pois bem, sê-nos muito benevolente, ó Escola, em nossas rotinas e em nossos encontros, em nossos passes e em nossos impasses.*

"Analista de sua própria experiência"

Intervenção no debate, 6 de outubro de 1990, por ocasião das Jornadas da ECF sobre "O conceito de Escola, a experiência do passe e a transmissão da psicanálise", publicada na Revue de l'École de la Cause Freudienne, *n. 18, junho de 1991.*

NESTA ESCOLA E EM SEU ENTORNO, todos lemos Lacan, o citamos... O que chamamos de nossa "dizência [*langue de bois*]" é amplamente constituída pelo retorno periódico, em nosso discurso, de expressões que dele emprestamos. Ler Lacan, extrair dele expressões e retomá-las, é uma prática comum a todos. Como manejar essa leitura de Lacan? Não queremos leitura autorizada, isso não existe. O que não quer dizer que se possa ler Lacan de qualquer maneira. De minha parte, dedico — dediquei, não dedico o suficiente, dedicarei — horas a essa leitura de Lacan e à redação de Lacan. Importa-me o destino que se dá a uma expressão de um texto de Lacan.

A questão de saber o que quer dizer a expressão *tornar-se psicanalista da própria experiência*, na "Proposição de 9 de outubro de 1967 sobre o psicanalista da Escola", me parece essencial. Não posso conceber que se diga *isso pode ser lido assim* sem desenvolver meticulosamente as razões. Se, de fato, há em Lacan expressões deliberadamente equívocas, outras são voluntariamente unívocas. Não gostaria que se tornasse comum, corrente, considerar que essas expressões de Lacan, que pululam em nossos discursos, possam ser tomadas de cabeça pra cima, pra baixo, pelo avesso, e que são desdobráveis em todos os sentidos. De certa forma, é claro, todas as leituras são boas. De todo modo, do ponto de vista da análise, é a si mesmo que se lê. Os que leem *analista de sua própria análise* têm razão, eles se leem lendo isso. Também têm razão os que leem o *analista da experiência da Escola*, eles se leem, eles se designam desse modo. Mas, no que diz respeito ao próprio equilíbrio do texto de Lacan, de sua lógica interna, da primeira à última linha, digo — e o acho demonstrável — que o sentido unívoco dessa expressão é que o *Analista da Escola (AE) é o analista da experiência da Escola*, e que a outra leitura é uma falsa leitura. Não acredito que o verdadeiro e o falso, quando se trata da leitura de Lacan, sejam equivalentes.

Eu o demonstro com a expressão *transmissão da psicanálise*. Há um debate abafado, em surdina, sobre o que quer dizer esse sintagma, que é a última expressão do título das presentes Jornadas da Escola da Causa Freudiana. É certo que Lacan falou de transmissão, ele aceitou este título para o Congresso de 1978 e, ao mesmo tempo, surpreendeu a todos no final, dizendo: *Não existe transmissão da psicanálise.*[1] E aqui estamos, infelizes, com esta expressão: uns escolhem que haja transmissão, outros prefeririam que não houvesse ou que ela fosse apenas parcial. O que fazer com a leitura de Lacan, como fazê-la? Este é um ponto crucial para esta Escola: saber como fazer de modo que não haja ortodoxia dessa leitura, mas, sim, no entanto, um respeito à lógica do trabalho de escrita de Lacan, que não se diga que isso pode ser lido assim ou assado.

Qual lógica aqui? No debate um tanto confuso que às vezes anima esta Escola, não podemos nos encontrar nele se não recompusermos como Lacan chegou a falar da transmissão da psicanálise e, a um só tempo, dizer que não há transmissão. Uma distinção deve ser feita. Partamos, inicialmente, de um fato que salta aos olhos: a psicanálise se transmite de geração em geração, os termos *psicanálise* e *psicanalista* são transmitidos, assim como a prática. Pode-se dizê-la um pouco decadente, podemos criticá-la, mas continua sendo inteiramente notável que cada analista possa fazer sua genealogia e saber quantos analistas o separam de Freud, e quais são eles. Existem poucas transmissões tão claras, mais claras até do que a transmissão pelo sangue, que é, por vezes, duvidosa. Então, quando, ao final do Congresso sobre "A transmissão da psicanálise", Lacan se levanta e declara: *Não há transmissão da psicanálise, é preciso que cada um a reinvente*; o que isso quer dizer? Isso não quer dizer que cada um recomece do zero. Quando se afirma, por exemplo, que Manet ou Picasso reinventaram a pintura, entende-se, ao contrário, que eles adquiriram o essencial da história da pintura justamente para poder fazer algo novo. Nesse sentido, *reinventar* é o contrário de *inventar*.

Assim, nesse debate, nessa luta em um túnel, só podemos encontrar nosso caminho se distinguirmos, como o indica Lacan, transmissão por repetição e transmissão por encontro. Cabe fazer uma distinção entre transmissão por *autômaton* e transmissão por *tiquê*. Ao enunciar que *não há transmissão da psicanálise*, Lacan indica que não se trata de examinar um sujeito e de dizer a si mesmo *farei dele um bom psicanalista*, à diferença da formação de um fuzileiro naval: uma vez que se o tenha feito passar pelos exames médicos, que o fizeram correr, que se verificou seu estado geral de sua saúde, se diz que não há razão para não se fazer dele um bom fuzileiro naval.

Em outras palavras, aqui, está em jogo uma transformação do sujeito. A questão é, de fato, saber o seguinte: se há certamente transmissão do significante, há transmissão do objeto *a*? Seria fácil responder: *não há transmissão do objeto* a, *há transmissão de significantes*. Ora, há transmissão do objeto *a*, uma vez que Lacan diz explicitamente, a esse respeito, que o objeto *a* só é transmitido para cada um na medida de sua própria análise. A questão se torna, então: se o objeto *a* é transmitido para cada um apenas na medida de sua própria análise, isso é uma transmissão? É evidente que, por um lado, é uma e, por outro, não é. Para ler uma expressão de Lacan, é preciso recompor toda a lógica que subjaz à emissão dessa expressão. Não é um trabalho que termina, nem um trabalho do qual — aqui, por exemplo — se tiraria uma conclusão definitiva.

Todo mundo comete erros de leitura, passo minha vida cometendo-os, expondo-os, corrigindo-os. A única coisa que peço é que se reconheça que há erros de leitura do texto de Lacan. Uma Escola que não admitisse isso não poderia ser uma Escola.

III

A Escola e seu psicanalista

Conferência pronunciada em Granada, dia 28 de outubro de 1990, em espanhol, por ocasião de um Seminário do Campo Freudiano no momento da fundação da Escola Europeia de Psicanálise, publicada em Quarto, *n. 110, abril de 2015.*

A CONSTRUÇÃO DE UMA ESCOLA

Estou contente. Do ponto de vista intelectual, poucas coisas me dão tanto prazer quanto o comentário dos textos de Lacan. Não é um dever, é realmente um prazer. Esses textos têm uma forma rigorosa, meditada, cada palavra está em seu lugar, um lugar escolhido. Podem ser comentados como uma poesia — com a mesma atenção, o mesmo cuidado —, embora não seja uma poesia e a estrutura que sustenta esses enunciados pode ser recomposta.

Há outra atração intelectual em ler e comentar Lacan. Se, à primeira vista, os textos parecem obscuros, sua elucidação oferece um *mais-de-gozar*. Comentar Lacan deve ser um divertimento. É preciso inventar, atualizar as dificuldades. O saber não deve ser triste.

O texto tem uma estrutura e não várias. Nossas leituras podem variar, mas devem visar a uma única boa leitura, mesmo que não estejamos à sua altura. Em outras palavras, isso não significa que cada um possa lê-lo como quiser.

O tema deste Seminário, "A Escola e seu psicanalista", é uma variação do título do texto de Lacan "Proposição de 9 de outubro de 1967 sobre o psicanalista da Escola". Ele foi escolhido na perspectiva da Escola espanhola. Foi dado um primeiro passo rumo a esta Escola, estamos na construção da Escola Europeia de Psicanálise.

A construção de uma Escola de psicanálise não concerne apenas aos analistas praticantes ou aos analisantes, ela interessa a um pouco mais de pessoas do que isso. Lacan queria fazer entrar em sua Escola os não analistas, cabe a nós fazer o mesmo com a nossa. Essa construção deve ser feita com o *controle* — termo usado por Lacan — de uma audiência externa.

Não estamos em um seminário de teoria pura, mas em um seminário de teoria pura e aplicada. Nossos trabalhos aplicados visam à construção de uma Escola, o que significa que nossas discussões terão aplicação imediata.

FUNDAÇÃO

Um performativo

Escolhemos comentar os textos estatutários de Lacan, inclusive o "Ato de Fundação".

Trata-se de um ato que começa com um: *Fundo*. É o que se chama, desde Austin, de *performativo*. Uma vez que se enuncia *Eu fundo*, fundou-se, com a condição de se estar em uma posição na qual os outros possam acreditar. Acreditamos em Lacan quando ele diz: *Eu fundo a Escola Francesa de Psicanálise*. Se ele tivesse dito *Escola Francesa de Odontologia*, o performativo não teria sido eficaz. A teoria do performativo discute as condições contextuais que fazem a eficácia do enunciado. Lacan indica-o no primeiro parágrafo do "Preâmbulo": *Desta fundação podemos destacar, antes de mais nada, a questão de sua relação com o ensino, que não deixa sem garantia a decisão de seu ato.* O *Eu fundo*, de Lacan, é um performativo eficaz porque ele realizou seu Seminário durante dez anos. Esse Seminário é a condição contextual deste *Eu fundo*.

Na época, Lacan ainda não havia realizado o Seminário "O Ato Analítico", mas, nesse ato performativo da fundação, no enunciado *ato de fundação*, já encontramos a antecipação dele com a ênfase posta no ato. Veremos como o enunciado *Eu fundo*, de alguém, tem sua eficácia.

Perto do fim da vida dessa Escola, Lacan tentou fazer um ato de dissolução que fosse simétrico ao ato de fundação, mas, entre um ato e outro, algumas centenas de membros surgiram tendo sua opinião a dar. O *Eu fundo*, ele o havia feito sozinho, mas, ao sair dessa fundação, no momento de efetivar o performativo *Eu dissolvo*, ele se deparou com uma objeção.

Observemos as ressonâncias desse "Ato de fundação" e as temáticas com as quais Lacan joga.

— *A verdade perseguida pelo poder*. Lacan fundou sua Escola no momento em que se opôs à Associação Psicanalítica Internacional (IPA) e se apresentou na posição da verdade perseguida pelo poder, por uma burocracia internacional que quis afogar a verdade. Isso nos faz pensar em alguns personagens da história perseguidos pela Igreja: Spinoza, Giordano Bruno, Michael Servet, Trótski ou Lutero. Lacan não estava comparando a IPA e o Vaticano?

— *A reconquista. Este objetivo de trabalho é indissociável da formação a ser dispensada nesse movimento de reconquista*, sublinha Lacan. Em Granada, quem não sabe o que foi a Reconquista?
— *O tema odissiano*. O retorno a Freud é a odisseia de Lacan. Ítaca está nas mãos dos usurpadores e Ulisses volta para recuperar seu lugar legítimo em seu país. De maneira mais geral, o tema da usurpação da legitimidade é muito importante na literatura ocidental, como, por exemplo, em Ricardo Corazón de León. Não há um pouco de Ivanhoé no "Ato de Fundação" de Lacan? E também, de modo latente, o tema da resistência ao imperialismo americano? A Internacional estava nas mãos dos americanos e Lacan levantou a bandeira da resistência europeia contra eles.

Temos, aqui, uma mina de referências.

MAIS-UM DE SUA ESCOLA

Lacan era membro da Sociedade Francesa de Psicanálise, que pedia para se juntar à Internacional. A política da Internacional era a de criar uma divisão no seio da Sociedade, excluindo Lacan. Esta *excomunhão* teve como consequência uma radicalização de sua posição. A exclusão produziu efeitos libertadores que radicalizaram a posição do excluído.

Excluir Lacan foi um erro histórico da IPA. Mantido dentro dela, ele poderia ter sido limitado. Ele já vinha criticando a IPA há dez anos, mas, assim que se viu do lado de fora, a força de seu ensino se multiplicou. Esta contingência é a nossa própria história — em vez de nos encontrarmos na IPA, nos encontramos em outro lugar. Uma vez repelido pela IPA, a escolha da

Escola foi, para Lacan, uma escolha forçada. O texto do "Ato de Fundação" comenta essa escolha forçada: desaparecer da psicanálise, ou formar sua própria Escola. Assim, com a idade de 63 anos e depois de ter proferido seu Seminário por dez anos, Lacan foi forçado a decidir sobre a criação de sua própria Escola. Ele a chamou de *Escola Freudiana* para ressaltar que não se tratava de um desvio do freudismo, que não se tratava de uma escola lacaniana, mas de uma escola odissiana.

No performativo, ele enuncia: *Eu fundo a Escola Francesa de Psicanálise*. Mas leiamos o quarto parágrafo do "Preâmbulo": *Escola Freudiana de Paris — esse título, mantido em reserva no ato de fundação...* No momento em que Lacan realizava o performativo de fundação da Escola Francesa de Psicanálise, ele fundava, escondida nela, a Escola Freudiana de Paris. Trata-se, para Lacan, de uma aposta e, sem saber como se reagiria, ele não queria manchar o belo título de Escola Freudiana de Paris. Primeiro, ele apresenta uma máscara, depois, quando começam a se reunir e a trabalhar, ele tira esse outro título do bolso. Não se dará o mesmo com a Escola Europeia [em criação].

Foi a IPA que decidiu esse ato, foi sua atitude que levou Lacan a tomar essa decisão. Só alguns anos mais tarde compreendi o que Lacan diz no enunciado: *Fundo — tão sozinho quanto sempre estive em minha relação com a causa analítica*. Em 1964, Lacan me havia dado alguns folhetos para aderir a essa Escola, perguntando-me quantos eu queria para dar a meus companheiros. Ele era, então, um militante. Eu não conhecia o contexto naquele momento, do qual só tomei conhecimento em 1977, quando fiz uma coletânea de textos da época intitulada *A Cisão de 1953*. Já então, um grupo de seus alunos queria salvar Lacan e fazer uma escola de notáveis. Poucas semanas depois,

Lacan divulgou este texto em que dizia: *Fundo sozinho*. No contexto da época, isso significa que ele não estava fundando com eles, mas sozinho. Lacan se posiciona como o *mais-um* da Escola, não se incluindo na série de membros de sua Escola.

Este é um tema com infinitas reflexões, ele convida a refletir sobre o que levou Lacan a essa solidão. É uma espécie de confissão. Trata-se de uma referência biográfica, além da referência à Causa Freudiana. Cada um de nós pode se perguntar: *Estou sozinho ou não em minha relação com a causa analítica?*

Tentamos fazer variações. É verdade, Lacan observa que não há sujeito coletivo da enunciação. Razão pela qual não há ato de fundação da Escola Europeia. Também não me considero seu fundador, Éric Laurent tampouco. Quase consideramos Lacan como seu fundador. Tomamos como referência este "Ato de Fundação" e continuamos o movimento iniciado por ele com seu *Eu fundo*.

Como apresentá-lo? Primeiro, a dedução de que a Escola Europeia era necessária. Segundo, o ato foi dizer: *Ela existe*. Em 1º de setembro, a decisão é tomada e, em 22, ela existe. Nenhuma voz veio repetir um *Eu fundo*.

O tema do *sozinho* é comentado por Lacan em seu "Discurso na Escola Freudiana de Paris". Ele ressalta que há uma diferença entre *estar sozinho* [être seul] e *ser o único* [être le seul]. Alguém que funda uma Escola não está mais sozinho, ele é um a mais na lista de membros.

O fim da frase também deve ser comentado: *... da qual garantirei, nos quatro próximos anos pelos quais nada no presente me proíbe de responder, pessoalmente, à direção*. Ao final dos quatro anos, parece que alguém perguntou o que ia acontecer com a direção. Lacan olhou alhures e continuou por mais dezesseis anos. Na época, falava-se com muito pouco tato sobre a morte de Lacan. Era um dos temas favoritos dos psicanalistas franceses muito antes de isso acontecer. Podemos dizer que ele se engajou pelos quatro anos vindouros, mas não para sair em seguida.

O TRABALHO

Dos cartéis

Um significante se destaca na primeira parte de o "Ato de fundação": *o trabalho*. Não se entra na Escola para descansar, mas para nela trabalhar e trabalhar, mais, ainda. *A Escola é o organismo em que deve realizar-se um trabalho.* [...] *Este objetivo de trabalho é indissociável de uma formação a ser dispensada nesse movimento de reconquista.* [...] *Os que vierem para esta Escola se comprometerão a cumprir uma tarefa sujeita a um controle interno e externo.* [...] *Para a execução do trabalho, adotaremos o princípio de uma elaboração apoiada num pequeno grupo.* [...] *MAIS UM encarregado da seleção, da discussão e do destino a ser reservado ao trabalho de cada um.* [...] *Ninguém terá como considerar-se rebaixado por retornar à categoria de um trabalho de base.* [...] *As condições de crítica e de controle nas quais todo trabalho a ser empreendido será submetido à Escola.* [...] *Esses estudos, cujo ponto extremo é o questionamento da rotina estabelecida.* [...] *Um anuário reunirá os títulos e o resumo dos trabalhos.* [...] *A adesão à Escola será feita mediante apresentação a ela num grupo de traba-*

lho, constituído como dissemos. [...] O sucesso da Escola se medirá pelo lançamento de trabalhos que sejam aceitáveis em seu lugar. [...] O ensino da psicanálise só pode transmitir-se de um sujeito para outro pelas vias de uma transferência de trabalho.

Isso se parece muito com o stakhanovismo. Aqui, trata-se apenas do trabalho, e do trabalho produzido por cartéis, ou seja, por pequenos grupos. A Escola é um grupo formado por grupos e Lacan era o seu *mais-um*. Um trabalho sujeito a uma crítica e a um controle interno e externo. O controle interno é exercido pelos órgãos da Escola, que podem realizar uma seleção de trabalhos.

Presença no mundo

Falar de *controle externo* é indicar que a Escola está em contato com o resto da sociedade, diferentemente do que acontece com os grupos analíticos. No passado, Lacan já havia criticado a extraterritorialidade das Sociedades Analíticas que se fecham ao resto da cultura, à ciência, aos problemas sociais... O controle externo significa, para Lacan, que a Escola deve se preocupar com o mundo contemporâneo, estar atenta a ele, abrir-se a ele. Lembrem-se do último artigo do *Syllabus* do papa Pio IX, que prescreve que a Igreja não deve se reconciliar com o mundo contemporâneo. Isso exigiu da Igreja católica um grande esforço de atualização, de *aggiornamento*. Aqui, é exatamente o contrário. A Escola está em contato com a sociedade de hoje não para adotar seus valores, mas para estar presente nela. Não é fácil, e devo dizer que a Escola da Causa Freudiana não garantiu isso durante o tempo de seu desenvolvimento. As poucas vezes que ela tentou ter contatos com o exterior, estes não deram certo, houve uma enorme recusa.

Isto deveria poder acontecer de forma diferente com a Escola Europeia. A biblioteca da Seção da Catalunha tem por projeto uma grande abertura para o exterior. Isso poderia ser um exemplo para Paris.

A repetição da palavra *trabalho* recobre a ausência de outro significante que não aparece. Dizer que a Escola é um órgão de trabalho é dizer que não é um órgão de reconhecimento de analistas. Se um reconhecimento se faz no nível da Escola, é o reconhecimento de um trabalho. Lacan garante que o trabalho será reconhecido: *nada será poupado para que tudo o que eles fizerem de válido tenha a repercussão que merecer, e no lugar que convier.* Essa é uma promessa de reconhecimento do trabalho.

Outro ponto muito importante é que a entrada nesta Escola não será feita um a um, mas, sim, por meio de cartéis, pequenos grupos de trabalho declaram um trabalho que querem fazer na Escola. Em seu primeiro anuário figurava o catálogo de cartéis. Mais tarde, ele se transformou em um anuário muito mais clássico. A Escola Europeia poderia seguir o exemplo desse primeiro anuário.

PSICANÁLISE PURA

Três seções

Não poderei comentar em profundidade o tema da permutação e da organização da Escola. Direi alguma coisa sobre as três Seções nas quais Lacan dividiu sua Escola.

Em primeiro lugar, Lacan distingue a disciplina pura e a disciplina aplicada, ou seja, um modelo epistemológico.
1. Psicanálise pura.
2. Psicanálise aplicada.
3. A psicanálise na ciência, a psicanálise como saber.

A distinção entre psicanálise pura e psicanálise aplicada é coerente do ponto de vista, segundo o qual o terapêutico pertence à psicanálise aplicada. A psicanálise pura não é, como tal, terapêutica; a terapêutica é um efeito secundário do processo analítico. Lacan organiza sua Escola segundo o princípio de que o objetivo próprio de uma análise não é a cura [*guérison*], tema que não tem sentido na psicanálise. Com o tema da castração, ele insiste no incurável — trata-se muito mais de cernir alguma coisa de incurável no sujeito do que de prometer uma cura completa. Curar [*guérir*] não é a finalidade da psicanálise, o psicanalista deve estar alerta quanto ao desejo de curar, o que também está presente em Freud quando ele critica o *furor sanandi*.

Comentarei alguns parágrafos dessas três seções.

Antecipação do passe

Na "Seção de psicanálise pura", Lacan situa a *práxis e a doutrina da psicanálise propriamente dita*. O termo *práxis* pertence ao tempo do marxismo, época em que havia uma mistura de discursos muito interessante. Encontramos também muitos acenos aos althusserianos, por exemplo quando Lacan fala de uma práxis da teoria ou quando diz que *unicamente o nome de Freud, pela esperança de verdade que conduz, tenha a aparên-*

cia de se confrontar com o nome de Marx. Na época, o nome de Marx parecia ser uma garantia de algo efetivo. Um pouco mais adiante, ele evoca *a razão por que fracassa o marxismo em dar conta de um poder cada vez mais desmesurado e louco, quanto ao político*. Eis, aqui, como se pode comentar a palavra *práxis*.

No segundo parágrafo da "Seção de psicanálise pura", Lacan avança: *Os problemas urgentes a serem formulados sobre todas as questões da didática encontrarão aqui meios de ter seu caminho aberto por um confronto contínuo entre pessoas que tenham a experiência da didática e candidatos em formação*. Isso deixa as coisas mais claras. Anteriormente, acreditava-se poder resolver o problema da didática por meio de um confronto sustentado unicamente entre didatas. Em 1964, Lacan dizia que era preciso discutir com os próprios candidatos, o que é uma antecipação do passe. Esta frase mostra claramente que Lacan buscava uma solução para o que é o fim da análise não a partir de uma discussão entre analistas, mas pelo que acontece entre analistas e analisantes.

Um pouco mais adiante, afirma-se claramente: *Perseguir nos álibis o desconhecimento que aí se protege com documentos falsos exige o encontro do que há de mais válido numa experiência pessoal com aqueles que a intimam a se confessar, tomando-a por um bem comum*.

É como uma antecipação do passe — exigir, convidar os que terminam uma análise a testemunhar sobre esta. A Escola requer, como um serviço a lhe ser prestado, a ela e ao saber, esse testemunho vindo atestar as mudanças produzidas durante a experiência, e que só o analisante pode saber. O analista não pode sabê-las. Em última instância, esse analista pode ser um tonto. Freud pôde fazer sua análise com Fliess, que só pensava em seu nariz — por falta de faro. Não é esta a prova experimental de que toda a experiência analítica como subjetivação é a do paciente? Não se pode saber nada sobre o fim de uma análise escutando um analista. O analista tem seu ponto de vista, mas não tem, de modo algum, a última palavra.

Lacan apresenta, aqui, a antecipação do passe. A Escola deve captar o mais íntimo da experiência para fazer dele *um bem comum* — expressão hegeliana —, para transformar o particular em universal. Trata-se de perguntar a alguém que fez uma análise, no procedimento do passe, o que o faz pensar que sua análise terminou: *Que mudanças e que estado de perfeição você alcançou para se apresentar como um analista efetivo?* Os termos de Lacan são muito fortes. É um bem comum, não uma obrigação, mas podem oferecer à ciência as dificuldades de seu tratamento. Assim como o corpo, uma vez morto, pode ser oferecido à ciência, o inconsciente pode sê-lo no momento em que se pensa que ele é algo do passado. Trata-se de oferecer o cadáver do inconsciente ao exame científico. É útil não perder esse inconsciente cadavérico e reciclá-lo, com outros cadáveres de inconscientes, no passe.

A psicanálise e o Estado

Três anos depois, em sua "Proposição...", Lacan afirma: *Aqueles que quiserem se apresentar a esse exame podem fazê-lo.* Eles oferecem seu sofrimento, a história de seu inconsciente, à ciência. Isto é utilitarismo: recuperamos os cadáveres do inconsciente no passe.

As expressões de Lacan são preciosas quando ele confessa o que aconteceu com seu desejo de saber, no momento em que ele se deu conta de que, embora tivesse conduzido muitos tratamentos analíticos até seu fim, ele não tinha um saber completo sobre o que havia acontecido ali, e que gostaria de obter um testemunho sobre isso em outro enquadre. Trata-se, no passe, de recuperar um pouco mais daquilo que não se pode recuperar. *As próprias autoridades científicas são, aí, reféns de um pacto de carência, que faz com que já não seja de fora que se pode esperar uma exigência de controle que estaria na ordem do dia em todos os outros lugares.*

Lacan lamenta que as autoridades não obriguem os psicanalistas a testemunhar sobre o que fazem. É extraordinário, ele não diz: *fiquemos entre nós sem responder a ninguém e, se o Estado nos interpelar, façamos ouvidos moucos.* Ao contrário, ele evoca uma carência por parte das autoridades científicas que não exigem explicações dos analistas.

É como se ele quisesse um prêmio Nobel de psicanálise e que, em seguida, o júri dissesse que não havia nenhum prêmio a ser dado. Lacan lamenta a ausência de controle por parte do Estado. Hoje, tentamos nos proteger de suas intrusões, mas alguma coisa não é tão ruim nas exigências do Estado. Por exemplo, se nossos amigos italianos conseguiram se reunir e certamente formarão um grupo da Escola Europeia, isso ocorreu por medo do Estado: eles se odiavam tanto entre eles que, até então, não puderam trabalhar juntos. A famosa lei foi assim de grande ajuda, e o senador Ossicini deveria ser nomeado presidente de honra da Seção italiana. Esta é a antecipação do passe no "Ato de Fundação".

A Escola supervisiona

A entrada em supervisão dos pacientes, quando eles exercem a análise, é considerada por Lacan como *um caso particular* de responsabilidade da Escola. Neste "Ato de fundação", apesar de tudo que regulamenta a prática, algo suprime os regulamentos mantendo, porém, a exigência do controle, da supervisão, como responsabilidade da Escola. Para nós, é uma surpresa saber que, em outros lugares, a prática da supervisão é supérflua, que se trata de ir ver um colega de vez em quando, ao passo que na França se considera necessário fazer supervisão todas as semanas. Não desenvolverei muito mais este ponto, mas a formação é responsabilidade da Escola, não de um Analista Membro da Escola, mas da Escola em seu conjunto.

Lacan se oferece à supervisão de sua Escola quando ele enuncia: *Serão propostos para o estudo assim instaurado os aspectos pelos quais eu mesmo rompo com os standards afirmados na prática didática, assim como os efeitos imputados ao meu ensino sobre o curso de minhas análises, quando sucede a meus analisantes, a título de alunos, assistir a eles*. Este *rompo* é uma palavra-chave para a Escola, assim como a de *trabalho*. Quando, ao final deste parágrafo, Lacan fala *da própria indução a que visa [seu] ensino,* ele faz referência ao que chamará, na "Nota adjunta", *a transferência do trabalho*. Trata-se de um ensino não fechado em si mesmo, mas produzindo efeitos para além de si mesmo, induzindo os outros a fazer esse trabalho.

PSICANÁLISE APLICADA

Uma prudência matemática

Passemos agora à "Seção de Psicanálise Aplicada", a dos médicos. É uma espécie de gueto dos médicos, onde eles vão estudar a informação psiquiátrica e a prospecção médica. Isso deve corresponder a alguma coisa da época.

A terceira seção, a do "Recenseamento do Campo Freudiano", refere-se à inscrição da psicanálise no saber, trata-se da contribuição da psicanálise ao saber, e também do esclarecimento dos *princípios dos quais a práxis analítica deve receber, na ciência, seu estatuto*. Essa é a pretensão de Lacan em seu Seminário *Os quatro conceitos fundamentais da psicanálise*. Qual é a relação da psicanálise com a ciência? Como elucidar o estatuto do psicanalista e justificá-lo em relação à ciência?

A construção da Escola se faz diante de um tribunal da inquisição da ciência, como se os analistas, sentindo-se ameaçados e ultrapassados pelo discurso da ciência, fossem obrigados a justificar o que fazem. Lacan repete que o estatuto da psicanálise não pode ser o de uma experiência inefável, o que é seu ponto de vista desde "Função e campo da fala e da linguagem na psicanálise". Breve referência à sua nota sobre a práxis da teoria e sobre as afinidades das ciências que chamamos conjecturais. Desde 1953, Lacan sempre tentou vincular a psicanálise às ciências conjecturais, às ciências humanas, uma vez que estas não são exatas, pois levam em conta o fator humano ou o da contingência. Lacan chama de *ciências conjecturais* a versão científica da arte da prudência de Baltasar Gracián. A teoria matemática dos jogos é como uma arte matemática da prudência que visa, por exemplo, a melhor estratégia em tal jogo. É como uma ciência da prudência baseada num cálculo de probabilidades. Há todo um campo a explorar, desde a arte clássica da prudência até a teoria matemática dos jogos, uma prudência matemática.

Notemos que Lacan previu tudo, foi, a um só tempo, um grande realista e um grande organizador: *O fundo financeiro, inicialmente constituído pela contribuição dos membros da Escola, pelas subvenções que eventualmente obtiver, ou pelos serviços que prestar como Escola, será inteiramente reservado para seu esforço de publicação.* A importância do escrito, da contribuição da Escola para o saber é de um grande realismo. Podemos adivinhar a intenção de Lacan de obter, para sua Escola, um reconhecimento de utilidade pública, o que implica comunicação com os órgãos do Estado.

Modo de entrada

Do anuário, ele indica que este *reunirá os títulos e o resumo dos trabalhos, onde quer que tenham sido publicados.* Ele não considera que o anuário da Escola sirva para listar analistas. Ele o concebe como o da Escola de Altos Estudos, ou seja, um anuário científico de trabalho. A nova Escola poderia se perguntar se seria desejável fazer um anuário desse tipo, um anuário de trabalhos e não apenas de endereços e números de telefones para informar possíveis pacientes. Ele prossegue: *Entra-se na Escola mediante apresentação a ela num grupo de trabalho, constituído como dissemos.*

Enfatizemos, pois, que, em 1964, o ingresso na Escola se fazia em grupo, não a título pessoal, mas como membro de um conjunto. Em oposição a esse modo de entrada, podemos considerar a proposição de 1973, a "Nota italiana", texto endereçado ao grupo italiano em processo de constituição, no qual Lacan propõe a entrada na Escola pelo passe. É o contrário do texto de 1964. Um é pelo grupo, o outro é, no máximo, no esquema do *um por um*. Cabe dizer, em favor do texto de 1964, que ele funcionou, ao passo que este nunca foi o caso do texto de 1973. Lacan o teria proposto para que não funcionasse, para que não se formasse um grupo? Há uma tensão entre esses dois modos de entrada. Nenhum se realizou historicamente. Na Escola Freudiana de 1964, ninguém se apresentou sob a forma de um cartel, a não ser o da Escola Normal Superior. Fomos os únicos a ser disciplinados e a ler que Lacan queria que nos apresentássemos em cartéis. Nós o fizemos sob a forma de um grande cartel de doze pessoas.

Digamos rapidamente qual será o modo de entrada na nova Escola, sobre o qual teremos de opinar. Em função do que Lacan enuncia nesse texto, notemos uma certa diferença entre o que se diz e o que se faz. Não recuemos diante da diferença entre o que se diz e o que se faz, porque ela é inevitável. Mas o que se diz tem uma incidência sobre o que se faz. Embora a entrada em grupo não tenha acontecido, ela deu um certo tom geral à Escola, uma queda do narcisismo. Não era *eu sou membro*, mas alguma coisa mais coletiva. Hoje, o problema é diferente. Na época, Lacan tentava alongar um pouco a lista; vinte anos depois, a lista da Escola Europeia pode tornar-se um enorme anuário, se não tivermos o cuidado de lhe dar uma estrutura. São problemas de conjuntura.

DISPOSITIVO DE PASSE

Saída de transferência

O testemunho do analisante sobre sua análise, em geral, não tem nenhuma garantia de veracidade. Trata-se de um testemunho infiltrado pela transferência. Há exemplos de relatos de tratamento feitos por um analista, mas não há relatos de tratamento realmente feitos por analisantes. É um limite. Há relatos de tratamento feitos por analisantes, quando o analista é famoso, que falam do analista e não de seu próprio tratamento. Como Pierre Rey que, falando de sua análise, fala pouco de si e só se interessa por Lacan. Jean-Guy Godin também fala apenas de Lacan. Os analisantes de Freud fizeram o mesmo: Gardiner, Wortis. Era Freud que os interessava. Em certo registro, o testemunho do analisante sobre sua análise não tem nenhuma utilidade científica. Ao contrário, é do analista que se espera a clínica do caso, os momentos de análise. Mas, aqui, é diferente, pois se trata de um sujeito suposto ter saído da transferência ou tendo uma outra relação com a transferência.

Resta saber se é possível sair da transferência, se o passe, o fim da análise, é sair da transferência.[1] Minha opinião é que não. Não há grau zero da transferência, ainda que, ao final da análise, o sujeito tenha uma outra relação com a transferência e que, nessa outra relação, ele seja suscetível de dizer algo original e válido sobre sua experiência analítica. Não desenvolverei este assunto complexo: quando um testemunho é considerado válido na análise? É o testemunho do analista ou o do analisante? Isso se inverte no final da análise. Antes do final da análise, o testemunho válido é o do analista, não o do analisante, mas, ao final, algo escapa ao analista e só o analisante pode testemunhar sobre isso.

Passadores

Estamos aqui em uma universidade onde, normalmente, há um júri para um exame de avaliação de capacidades: os professores em um estrado, o candidato um pouco mais abaixo. O pequeno candidato apresenta o que pode fazer. Cada professor tem a tese, olha para ela com um certo desprezo misto de compreensão. Ele se lembra de sua própria tese e do que sofreu. É necessário fazer o candidato sofrer um pouco, ele espera por isso. Se não o fizermos sofrer, ele se sentirá desapontado, não se interessam por seu trabalho. É um sistema institucionalizado de tortura do qual não há como sair. No final, lhe dizem: *Você é um dos nossos. Não exatamente. Mas com a benevolência do júri, você também é doutor.* É um clássico, por parte do júri.

Lacan aceita a estrutura do exame de aptidão, de capacidade, mas o subverte ao interpor os passadores. Isso seria impossível em um exame universitário, onde não se imagina dois estudantes indo ver um terceiro... Pode-se imaginar: um estudante termina sua tese, dá seu testemunho à Universidade, que lhe envia dois estudantes que estão prestes a terminar sua tese, mas ainda não a terminaram, estando no passo de anterior. Eles encontram o candidato que terminou sua tese, retornam diante do júri para dizer o que pensam do que o candidato disse sobre seu trabalho. Talvez se aplique isso agora nas universidades...

Para Lacan, o passador é como o candidato que, não tendo terminado sua tese, ainda está a trabalho. Em primeiro lugar, Lacan postula que ele obterá um testemunho que um júri não poderá obter. Quando ele está no grande anfiteatro diante de um júri, o que um candidato pode fazer senão tentar demonstrar que é tão bom e tão digno quanto os outros, ou seja, conformar-se aos standards daqueles que estão um passo à frente?

A subversão de Lacan reside no fato, primeiro, de fazer os candidatos testemunharem diante daqueles que estão um passo atrás e, segundo, de fazer de modo que a causa do passante seja defendida por eles. Não é algo do tipo: *Você é um pequeno candidato, vou te pegar pela mão para levá-lo até os professores*. Aqui, trata-se do fato de que aqueles que ainda estão atrás impulsionam os candidatos para a frente. Mais precisamente, trata-se de um dispositivo que sanciona a capacidade dos que estão na frente, com a participação daqueles que o impulsionam de trás.

Terceiro, os passadores entram no dispositivo como ignorantes. Lacan indica que eles devem recolher o testemunho e também testemunhar sobre o que lhes tocou ao ouvi-lo. Isso pode ser compreendido como a situação em que um candidato que está terminando sua tese fale com alguém que já a terminou. O que é apaixonante para ele é ver o que é o passo à frente para ele mesmo. Ele pode, então, testemunhar se sente que é verdadeiramente um passo à frente. Um professor não se lembra mais dessas coisas, é preciso alguém muito perto do fim e, ao mesmo tempo, um passo atrás, para obter algo muito especial. É como uma *placa sensível*. O papel de placa sensível parece funcionar.

Do trágico à comédia

Em quarto lugar, Lacan acrescenta que o encanto do dispositivo é ter a mesma estrutura do *Witz*, do chiste. O passante conta sua história aos passadores e estes repetem essa história para o júri. Tem-se, aqui, uma estrutura de transmissão: a história trágica do passante — como a de todo mundo — se transforma em comédia. Quando falamos do passe, muitas vezes parece necessário usar um tom dramático, trágico. Este é o pior legado da EFP que pretendia que se deveria falar do passe com uma voz trêmula. Não é um drama. Se há tragédia, ela se situa antes do passe. O passe significa que se passou do trágico de sua história pessoal para seu aspecto de comédia. Lacan sempre disse que a comédia era muito mais profunda que a tragédia. Se alguém pretende continuar a tragédia no passe, é melhor não fazê-lo. O sujeito pode fazer o passe no momento em que se distanciou de sua experiência, o que lhe permite ver que sua vida trágica foi dominada por alguns significantes que jogavam uns com os outros, algumas palavras que faziam chistes entre si. Falar sobre isso não é tão terrível. O terrível foi, pelo contrário, antes. O passe significa que, com os impasses da existência, consegue-se fazer uma comédia. Com a infidelidade de sua esposa, com sua doença, Molière conseguiu fazer rir toda a França, e até mesmo o mundo inteiro, durante séculos. Considero que Molière fez o passe. Esta questão difícil de resolver é uma das mais interessantes.

Redução de significantes

Além disso, a análise parece antissocial, o sujeito se separa do resto das pessoas. O passe é como um retorno à comunidade. É fazer de sua história, contada confidencialmente a alguém, um bem comum. Como em *Hamlet*, os dois passadores são como Rosencrantz e Guildenstern, dois que representam toda a sociedade humana — o mesmo vale para Beckett —, dois, não muito inteligentes, para representar a sociedade humana. Os passadores podem ser inteligentes, mas, em função, eles são os representantes da sociedade, do comum. Eles são escolhidos por sorteio e não por méritos extraordinários. Na Escola de Lacan, é estabelecida uma lista de passadores pelos Analistas da Escola (AE). Em seguida, é a sorte.

Na ECF, o júri é constituído por analistas confirmados, e com frequência alguns de seus membros se lamentam que lhes sejam enviados apenas passadores estúpidos e ignorantes. No limite, eles gostariam de ver o passante diretamente e se queixam dos passadores que não sabem como fazê-lo. Considero isso um erro, assim como houve, creio eu, erro nos primeiros passes na Escola de Lacan. Foram muito breves, duas ou três entrevistas com os passadores, não mais que isso. Em seguida, houve uma tendência a alongar os passes, as entrevistas duravam horas com os passadores, por vezes um ano, um ano e meio, entre os passadores e o passante. Isso me parece uma perversão do processo: caso se queira reintroduzir a análise no passe, é preciso então analisar-se; caso se pretenda reviver completamente os sofrimentos da análise, é preciso, então, continuar a análise. O passe deveria ser alguma coisa mais rápida, de preferência uma redução dos significantes. Não se pode dar um modelo, pode-se aceitar tudo, muitas variantes. A experiência analítica é algo muito regulamentado, tem uma estrutura muito forte; o passe, nem tanto. Há espaço para invenção, ou melhor, reinvenção. Vinte e três anos se passaram desde 1967 e temos apenas uma escassa experiência sobre a questão.

Minha conclusão pessoal é que se deve conservar o caráter rápido e não dramático do passe. Isso é para evitar que os sujeitos que nele se apresentam o vivam como algo duro, difícil. Trata-se de uma verdadeira experiência onde se fala do mais íntimo a um quase desconhecido. Isto é o que fazemos. Portanto, precisamos de uma Escola grande o suficiente — é impossível fazer o passe em um grupo de vinte pessoas, ele deve ser o maior possível. Falar do mais íntimo com um desconhecido não é a mesma coisa que falar com um analista que se escolheu e a quem se paga por isso. Não conheço nenhum passante que considere o passe um artifício infundado, para cada um deles, ele tem seu peso.

DEBATE

JAM interveio nestes termos durante o debate (resumo).

Uma posição de fraqueza

Lacan recorreu aos althusserianos da época, contra o revisionismo da teoria freudiana, depois ele relativizou sua referência à verdade. Em um primeiro período de seu ensino, ele desenvolveu a verdade contra o saber, um tema clássico. Em seguida, há uma inversão onde ele considera a verdade, tal como na lógica matemática, como uma função, puro efeito de um sistema de saber, de um sistema significante. Assim, com certeza, podemos ver uma alusão à pergunta: *Quem te disse? Como você sabe disso?* Esta é a pergunta da Escola no passe: *Como você sabe que é um analista? Qual Outro te disse isso? De onde lhe vem essa certeza?* Essa é uma pergunta que o próprio Lacan pôde se fazer. Ele formula a questão da relação da fundação de sua Escola com o ensino que não deixa a decisão de seu ato sem garantia, e ele responde: *O que garante o que eu lhe digo, e eu lhe digo o que é o verdadeiro sentido de Freud, é o trabalho passo a passo que realizei durante dez anos.* Ele não chega dizendo: *Eu sou a verdade*, mas, sim, como um trabalhador que já apresentou por dez anos um trabalho fundamentado, considerando que sua enunciação não é sem garantia. É sempre conjuntural, sempre no a posteriori, *nachträglich*, que isso encontra sua garantia.

Nós, por exemplo, o que podemos responder à criação da Escola Europeia, que se apresenta em continuidade em relação a 1964? De certa forma, verificamos a posteriori o que Lacan disse em 1964. Para mim, esse texto continua operacional. A reunião de hoje também pertence à sua história. Poderíamos falar sobre isso de uma forma borgesiana: *Este texto foi escrito para esta ocasião e para outras que virão.* É um mito, certamente, mas um belo mito. Há algo de irredutível na mitificação, um resto irredutível de mitificação na fala humana, e trata-se precisamente de manobrar, de jogar com isso.

A Escola pode ter os traços de uma seita, segura de si e intolerante, segundo o que diz Lacan quando inicia sua reconquista. Quem dizia isso? Um homem de 63 anos que, depois de ter dedicado sua vida à psicanálise, depois de ter formado analistas, de ter realizado um Seminário para eles em uma sala não maior que esta — um Seminário lido hoje no mundo inteiro —, encontra-se com trinta fiéis e lhes diz: *Estamos aqui e vamos reconquistar*. Ele fez o que pôde para continuar. Ele não o formula a partir de uma posição de força — isso seria um discurso intolerante —, mas de uma posição de fraqueza objetiva.

Assim como Stalin perguntou — *E o papa, quantas divisões?*, poderíamos dizer: *A reconquista do campo freudiano, quantas divisões?* Lacan dizia que *não queria uma lista numerosa*, o que, aliás, ele não tinha — é uma forma enunciativa. Ele estava em uma posição de grande fraqueza material, mas, ao mesmo tempo, tinha uma grande confiança em si mesmo e em seu ensino, que continuou apenas à medida em que lhe foi permitido. Algumas frases que seriam insuportáveis vindas de um homem de poder ganham um volteio diferente quando se considera o contexto da posição efetiva de Lacan naquele momento. Ele poderia ter consentido em se calar, mas não o fez. O que abriu o espaço onde estamos agora.

Título permanente

Em 1980, Lacan decidiu que o título de AE seria um título transitório. Foi uma decisão fundamental? No dia 8 de outubro, propus à ECF reabrir a questão, porque isso produzia certo desequilíbrio na Escola. Os Analistas Membros da Escola (AME) são os analistas supostamente experientes. Os AE nomeados pelo passe atuam como um contrapeso, não um contrapeso permanente, mas um contrapeso transitório. Em 1967, era um título permanente para Lacan que, mais tarde, tornou-se um título transitório. Lacan traça dois caminhos de seleção interna dos analistas na Escola, dois caminhos de reconhecimento dos analistas: aquele em que eles se reconhecem em função de sua prática e aquele em que se reconhecem a partir de sua própria análise. São duas ordens diferentes, a dos anos, a da experiência e a do passe. Parece-me muito importante agora que os dois títulos sejam permanentes, mas, para a ECF, que já tem dez anos, mudar alguma coisa nisso exige um debate.

Profecias

O "Ato de fundação" é datado historicamente, uma vez que a conjuntura da ciência atualmente é muito diferente. O capitalismo transformou o mundo em que vivemos ainda mais profundamente. Pensem, por exemplo, na Espanha de 1964 e na Espanha de hoje. Quando a ECF mantém a oferta da psicanálise ao controle, ao debate científico, isso é um resquício dos anos 1960, nós o esperamos. Ora, a ciência é muito mais fragmentada e especializada do que naqueles anos em que a lógica matemática tinha, por exemplo, uma certa unidade. Quando a lógica matemática é verdadeiramente matematizada, ninguém a domina em seu conjunto, de modo que ela se torna uma frase pronta sem real encarnação. Hoje, seria muito perigoso esperar algo do Estado, convidá-lo a se intrometer, como fez Lacan. Mas a conjuntura pode mudar. Estamos em um momento também histórico e que não impede a direção epistêmica da psicanálise. Em 1964, Lacan via com otimismo a força da psicanálise e sua potencialidade diante do mal-estar na cultura. Em 1968, ele evocou seu fracasso de 1953: *Quando a psicanálise houver deposto as armas diante dos impasses crescentes de nossa civilização (mal-estar que Freud pressentia), é que serão retomadas — por quem? — as indicações de meus Escritos —*, anota ele com um tom que antecipa a derrota da psicanálise. Depois, em 1974, ele profere que *o discurso analítico vencerá*. Lacan fez profecias num e noutro sentido, como todo bom profeta. Assim, há sempre uma referência que pode lhe servir.

Uma base de operação

Lacan não diz que devemos abrir as portas do campo freudiano às forças do Estado, mesmo que haja algo disso nesse texto. Por quê? Qual é a situação? O campo freudiano é ocupado pelas forças da IPA. Apenas uma fortificação de Lacan, pela Escola, tenta impedir os invasores de concluírem a conquista do campo freudiano. Num tal contexto, faz sentido dizer: *Se você continuar assim, vou abrir as portas para os Casacos Azuis do Estado. Você conquistou o campo freudiano, mas o Estado pode vir e perguntar o que você está fazendo ali, se você tem o direito de ocupá-lo.*

Devemos também contar com o desejo. Seria muito cômodo para os analistas recusarem toda demanda de explicação do que fazem, porque a psicanálise não teria nada a fazer com as coisas deste mundo. Seria um domínio abstrato, sutil, uma ilha, um disco voador. *Estamos em um país freudiano, com total soberania, e não temos de prestar contas a ninguém.* Lacan, ao contrário, sempre insistiu na ideia de que temos contas a prestar.

Sublinhemos, por outro lado, que o Estado foi progressivamente captando as disciplinas do saber. Nos tempos gregos, as escolas não eram regulamentadas pelo Estado. Lacan faz referência às Escolas Antigas. Não sabemos exatamente como isso aconteceu, mas havia uma liberdade na distribuição do saber. Foi a partir do século XIII que se impôs a ideia de Universidade, ou seja, um esforço decidido do Estado para manter alguns privilégios de extraterritorialidade na Universidade, o que lhe permitiu produzir os elementos necessários à construção do Estado. Mais tarde, tratou-se de captar, por exemplo, a medicina. No século XVII, foram construídas as grandes Academias de Medicina, das Ciências, primeiro como Sociedades de Espíritos Sublimes, que aos poucos se transformaram em órgãos oficiais. Há espaço, aqui, para debates muito interessantes sobre a academização da medicina, uma questão completamente regularizada para nós, mas que não o era na época. Isolar o médico do barbeiro, do feiticeiro, isso representa um processo histórico complexo.

A psicanálise poderia, um dia, ser captada dessa maneira pelo Estado. Havia, depois da Segunda Guerra Mundial, vinte analistas na França, agora são milhares. Isso se torna um problema de massa. A regulamentação está sendo efetuada na Europa, justamente por causa desse sucesso. Não digo que o queiramos, mas esse processo tem raízes fundamentais sobre as quais precisamos refletir.

Construímos a Escola Europeia também para ter um poder de resposta e de pressão consistente, uma base de operações na Europa. Por que os gregos não puderam inventar a psicanálise? Eles não estavam tão longe. Quando se lê *O banquete*, de Platão, comentado por Lacan, temos uma ideia da transferência — Sócrates tratou da transferência —, mas isso permanece limitado.

Imaginemos uma máquina do tempo, que nos permitisse estar em Atenas no século v a.C. O que realmente poderíamos levar para os gregos? Poderíamos ensiná-los a construir um reator nuclear? Não. Poderíamos ensinar um grego de Atenas a dirigir um carro? E o que aconteceria se você pudesse retornar à pátria perdida dos gregos e ensinar-lhes psicanálise? Poder-se-ia inventar: um diálogo platônico onde não um sofista, mas um analista tentaria explicar a psicanálise a Sócrates. Penso que coisas fundamentais impediriam os gregos de aceitá-la. Poderíamos também experimentá-la depois de J. C., e tentar explicar a psicanálise, por exemplo, a São Tomás de Aquino.

O passe na entrada

> *Extraído de uma alocução pronunciada em 17 de novembro de 1990, em Madri, publicada em espanhol e depois traduzida sob o título "A questão de Madri" na revista* Recueil, Angers, n. 9, *maio de 1991, e reeditada em* La Cause Freudienne, n. 74, *abril de 2010.*

As duas lógicas do todo

Em Lacan, uma proposição universal só é possível se houver *um existencial negativo*, ou seja, um contraexemplo. Só é possível dizer *todo* de um ponto que está fora do *todo*, de um ponto que vai em direção a uma negação. É a lógica do líder, que torna possível o conjunto de todos, com a única condição da exceção para um ou para alguns. Tomemos o exemplo do cartel: ele responde à lógica do todo, de fazer um conjunto com um *mais-um*; ele se opõe também à lógica do todo. Há, aqui, uma intenção de antinomia do um por um com o todo. De fato, quando dizemos todos, não é necessário considerar as pessoas uma por uma. *Todos fora!* — não se vai pegar cada pessoa pela mão, nomeá-la e dizer-lhe: *Por favor, saia.* Dizemos *todos*, de tal forma que simplificamos muito a nossa vida quando nos dirigimos a todos. O *um por um* é necessário quando o todo não funciona, e o todo parece não funcionar quando há o infinito, quando não conseguimos terminar a coisa, quando há sempre mais e mais. Vocês sabem que Cantor, por exemplo, conseguiu falar de todos os números inteiros e inventar um significante para designar todos os números, a saber, o *todos* do *todo* dos números inteiros. Mas, uma vez realizada essa façanha, ele foi forçado a inventar cada vez mais significantes, pois a operação se reproduzia de maneira infernal.

A primeira lógica é, portanto, a do todo e do *mais-um* ou do *menos-um*. Mas há uma outra: em vez de fechar o todo, deixamos um ponto negativo, um ponto diferente; então o todo não se constitui e enunciamos não-todo, esses não todos respondendo ao predicado segundo o qual não podemos dizer todos.

Portanto, há duas maneiras de não poder de dizer todos. Por exemplo: *Todas as ovelhas são brancas*. Se, a qualquer momento, vemos uma ovelha negra, dizemos que *não todas as ovelhas são brancas*. Uma possibilidade é pegar a ovelha negra e colocá-la do lado de fora, porque não queremos mais vê-la. Desde então, podemos dizer: *Antes,* não todas *as ovelhas eram brancas, mas agora todas as ovelhas são brancas*.

Há uma outra maneira de compreender *não todas são brancas*. O fenômeno é curioso: elas são *todas brancas* — menos a que é negra. Peguemos a ovelha negra e a isolemos. Ora, eis que entre as ovelhas brancas há, agora, uma outra negra; então, nós a fazemos sair, e assim por diante.

A Escola paradoxal ou Não há ser do analista

Isso não é o que acontece em um conjunto não segregativo ou que, pelo menos, resista à segregação. Toda a dificuldade da *Escola paradoxal* — para retomar um título desta tarde — é que uma Escola de psicanálise funciona com um *não-todo*, de tal forma que em vez de introduzir no *todos* um transgressor negro passível de ser extraído, nunca se possa dizer todos, nem para os analistas, nem para um analista em particular, por falta de existir um "ser" do analista. Cada analista esconde algo de negro. Talvez os mais honestos sejam aqueles que se mostram negros. A consequência é que a ideia de segregação não é um princípio da Escola, embora esta seja seletiva. A seleção que ela pratica obedece a uma lógica que permite sempre à ovelha negra se reintroduzir. Ninguém sabe se foi a ovelha negra ou alguma outra que saiu pela porta e entrou pela janela. Dizer *um por um* significa que não funcionamos sob a égide de uma essência do analista.

Não se trata de verificar se temos a essência do analista, mas a essência do predicado. Não possuímos a máquina exata de critérios para examinar se ele atende aos critérios. Ao mesmo tempo, há um tipo de marca — a do passe, eventualmente —, que parece poder indicar que há algo do analista. De tal forma que o um por um funciona no modo do *não-todo-segregativo*, em outras palavras, do não-todo que não permite reconstituir um todo por exclusão de um elemento ou de alguns elementos.

Dizemos que o passe e o cartel são dois pilares da Escola: o cartel responde à lógica do todo, na medida em que ele constitui um pequeno grupo com a condição de ter um mais-um; o passe responde à lógica do não-todo. Aliás, isso também se articula com o que, segundo uma outra perspectiva, eu disse do cartel como *destotalizador*.

O *um por um* é necessário quando o todo não funciona. E o todo parece não funcionar quando há o infinito.

A entrada na Escola

Chego ao que me parece necessário discutir como questão, e não como decisão, a saber, a entrada na Escola.

Lacan, a rigor, não dá nenhum critério de entrada na Escola. Vamos constituir a Escola como fechada, e vamos situar o GEM (Grupo de Estudios Madrileño) como umbral da Escola. O GEM tem uma porta, guardada pelo Conselho, que trabalha, atualmente, para fazê-la ser ultrapassada. Qual é, então, a questão que decidirá a entrada na Escola? Lacan já teve uma fórmula: a do *trabalhador decidido*. Essa expressão, que ele usou apenas uma vez, nós a repetimos tanto que o dito trabalhador decidido acabou virando um personagem burlesco: *O que você faz da vida?* — *Sou um trabalhador decidido!* Não sei se o trabalhador decidido se apresenta dando acesso ao seu foro interior ou se ele promete maravilhas para o futuro... De todo modo, a pessoa entra, a máquina funciona e sai dela um *sim* ou um *não*. Podemos dizê-lo assim, já que é preciso ser reconhecido como trabalhador decidido para entrar no GEM. Alguém me perguntou se era preciso demonstrar duas vezes que se é um trabalhador decidido: na entrada, e depois demonstrá-lo de novo em seguida... Isso é um problema sério, não é? Portanto, podemos sempre invocar esse critério previsto por Lacan em 1964.

No entanto, em 1974, ele deu aos italianos um outro critério. Propôs-lhes que, para entrar na Escola, se demonstre que se foi analisado. Esta é a questão que Lacan lhes postulou. A proposição foi, ao que parece, tão terrível, tão horrível, que ninguém se apresentou, e todos fugiram por ocasião das reuniões, cada um correndo para sua catástrofe pessoal...

É um fato.

Em Granada, realcei esses critérios de entrada propostos por Lacan: o critério de 1964 e o de 1974. O que fazemos com eles? Pois as pessoas dizem: *JAM gasta muito tempo com questões institucionais, vamos nos voltar rapidamente para questões analíticas.* Nós estamos aí.

Em dois tempos diferentes, Lacan indica duas maneiras de entrar na Escola. A primeira é demonstrar que se é um trabalhador decidido, a segunda é demonstrar que se é analisado. Agora que estamos entrando na década de 1990, qual desses critérios deve ser mantido? Tive um vislumbre disso em Granada, há quinze dias.

Não creio que seja por acaso que Lacan tenha proposto dois tipos de entrada. Isso reflete plenamente os dois tipos de seleção de analista que ele havia previsto: a seleção como Analista Membro da Escola (AME), ou seja, a do analista que trabalha bem como analista, é uma seleção pelo trabalho; e a seleção pela análise, que produz o Analista da Escola (AE). A entrada na Escola procede também desse problema. Essa homologia entre os dois modos de entrada na Escola e os dois modos de seleção do analista no seio de sua Escola me parece extraordinária.

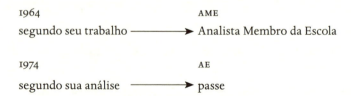

Então, eis aqui minha pergunta: não seria um alívio prever hoje dois modos de entrada na Escola em vez de apenas um? Não estou falando aqui de Grupos de Estudo. Prever dois modos de entrada na Escola, ou seja, deixar a cada um a liberdade de saber se ele demanda sua entrada a partir de seu trabalho pela causa analítica, ou se ele quer entrar como analisado, pelo passe, o argumento sendo o de que ele fez, ou está fazendo, uma análise.

Não me parece possível manter apenas a seleção de 1974 e dizer a todos: *Ninguém entra aqui se não tiver feito o passe*. Todos é também uma proposição universal: *todo membro da Escola foi analisado*. Isso é tão formidável que não há ninguém no conjunto! É um conjunto vazio, tal como o conjunto de unicórnios.

Como Delegado Geral da AMP, é importante para mim não impor coisas impossíveis nessa área, mas deixar cada um decidir se quer entrar na Escola argumentando o que ele fez ou quer fazer para a difusão da psicanálise assim como sobre seu trabalho como analista, ou argumentando seu trabalho, passado ou presente, como analisante. Analogamente à seleção do analista prevista por Lacan, trata-se de distinguir um passe na entrada, onde se tratará menos do fim da análise do que do seu início; e, para os não analistas, é o caminho do trabalho feito ou a ser feito. Esta é a minha questão. O que vocês acham? Eu nunca falei sobre isso com ninguém. O que vocês acham de dar a cada um a liberdade de entrar na Escola, de acordo com uma ou com a outra modalidade? Esta é uma verdadeira questão. As contribuições de vocês serão muito importantes para o futuro da Escola.

Arenga

> Lição de 21 de novembro de 1990 do curso "A orientação lacaniana. Arengas", cujas cinco primeiras lições foram publicadas em um fascículo da coleção Archives de psychanalyse, em janeiro de 1991.

NORMALMENTE, faço este curso com um afeto de trabalho: eu o preparo e, ao pronunciá-lo, sinto que estou trabalhando. Não é o caso de hoje, onde sinto um afeto de distração, ao modo de um *hors-d'oeuvre*, de um *hors-texto*,* pois, desde 21 de setembro, não desatrelei, e isso, como nunca, posso dizer. Então, hoje, é férias. O verdadeiro chique — *iki* em japonês — seria não dizer nada sobre tudo o que me ocupa, aliás, há dois meses. Tentarei, não tenho certeza se conseguirei. Como ocasionalmente utilizo esse curso para manter um pequeno diário, às vezes um diário de viagem, começarei por lhes dizer uma palavra sobre uma curta viagem ao Japão feita durante as férias.

Fiquei impressionado com a existência de pelo menos um ponto em comum entre os japoneses e os psicanalistas: nem

---

* *Hors-d'oeuvre* (aperitivo), cuja tradução literal é "fora da obra", e *hors-texte*, fora do texto. Optamos por manter os originais para não se perder o jogo de palavras de que Miller se vale. (N. T.)

uns nem outros sabem realmente quem são. Aí está a razão pela qual os japoneses e os psicanalistas só falam disso, só falam de si mesmos.

Quando você fala com japoneses no Japão, na maioria das vezes você não lhes fala em japonês (exceto Jean-Louis Gault, que talvez esteja presente aqui); você fala com eles em francês, inglês; eles mesmos se dirigem a você nessas línguas, ou então há um tradutor. E quando você lhes fala, é muito singular o fato de eles não lhe fazerem perguntas sobre a França, a Europa, o lugar de onde você vem; eles lhe fazem perguntas sobre eles mesmos. Eles lhe perguntam: *O que você acha do Japão? O que você acha dos japoneses?* Estas são claramente perguntas que eles fazem a eles mesmos através de você.

O estatuto japonês do sujeito

Esta questão não é sem algo patético. Sem dúvida, ela traduz o que Lacan notou a respeito de uma espécie de déficit da identificação próprio ao sujeito japonês — *ao sujeito japonês*, ou seja, ao sujeito como efeito da língua japonesa. Lacan faz pressentir que haveria um estatuto original do sujeito, que seria propriamente o estatuto japonês do sujeito.

Não é que o sujeito japonês não se identifique. A tese de Lacan é que seu apoio identificatório não é apenas S_1, o significante-mestre, mas também todo um enxame — uma constelação que decorre do fato de que, na língua japonesa, a letra é tornada coisa, é tornada referência. Seria como se faltasse, se assim posso dizer, o núcleo duro do eu, o *eu sou eu* [*Je suis moi*], onde o sujeito ocidental — ou *ocidentado* — se assegura de sua permanência, de sua autonomia, de sua independência, acredita ele, para com o Outro.

Todos os comentários sobre o Japão, e os dos próprios japoneses, consistem em ressaltar o quanto o japonês está inscrito no lugar do Outro e sabe disso, o quanto não lhe vem à mente esta tolice de ocidentado de pensar: *eu sou eu*. Ele nem sequer diz, com Rimbaud: *eu sou um outro* [*Je suis un autre*], ele diria: *eu sou os outros* [*Je suis les autres*]. Ele é levado a se identificar, a todo momento, a partir do outro ao qual ele se endereça. Pois sua língua o obriga a designar-se na fala, na escrita, no discurso, sempre em função do outro ao qual ele se dirige, em relação a ele. A própria língua o constrange, constrange sua posição subjetiva a ser uma posição relacional, não substancial, para retomar a oposição isolada pelo linguista Louis Hjelmslev. Se Lacan formula que o japonês é conduzido, pela língua que ele habita, a apoiar-se no *Tu* para sua identificação, isso significa que ele não pode apoiar-se no *eu* [*Je*].

O resultado é que, naquilo que ele se vê levado a formular em sua língua (é obviamente muito diferente quando ele se expressa em outra língua), ele geralmente insiste em lhe agradar.

Uma literatura bastante copiosa de manuais, notadamente americanos, tenta ensinar ao ocidental como vender, como fazer comércio com os japoneses. Como vocês sabem, não se chega a isso de modo algum. Esse é todo o desespero ocidental diante do estatuto japonês do sujeito. Tentem fazer um empresário do Middle West compreender que *sim* pode ser uma maneira de dizer *não*, que é a maneira elegante de dizer não, a modalidade elegante — qualquer asserção é brutal. Quando você assiste aos canais de televisão japoneses, sem entender nada, mas sendo sensível a um tom de conjunto, apaziguado, suave, requintado e, depois, quando você se depara com um canal americano, você diz para você mesmo: *Uauu! que brutos!* Os franceses se situam entre os dois: estênicos, porém educados.

Como diria o outro, isto é muito analítico, o culto do *kaiju*, da ambiguidade, possibilita a um japonês falar por muito tempo, sem que mesmo outros japoneses apreendam o que ele quer dizer. Isso se deve, muitas vezes, a um certo número de elementos que, como em alemão, são colocados no final da frase e podem permitir saber se ele lhe disse *sim* ou *merda*, ou até mesmo se ele lhe falou sobre um pequeno passeio pelo campo ou sobre a tabela de categorias de Immanuel Kant. Até o final, não temos certeza... Portanto, não se deve interromper um japonês, o que força uma certa polidez. Proferi uma conferência, uma palestra sobre Lacan na universidade Todai, de Tóquio. No final, eles me disseram: *Como você é claro!* Foi um elogio? Ainda não tenho certeza...

Isso foi o que eu achei de mais apaixonante no Japão. Eu me vi, se assim posso dizer, histérico o suficiente para querer aprender japonês. Então, tive uma longa conversa com um japonês — tratava-se de um contrato a ser assinado para uma tradução da obra de Lacan, pela qual cada vez mais japoneses têm um grande interesse. Começamos a falar da chuva e do bom tempo, depois continuamos a falar da chuva e do bom tempo e, até o fim, falamos da chuva e do bom tempo. Até que o japonês me disse: *Sr. Miller, responda-me com franqueza.* Fiquei muito contente, devo dizer. Mas, ali também, sem ter muita certeza, porque digo a mim mesmo que os japoneses também devem ter manuais para falar com estrangeiros. A situação em que o japonês se vê às voltas com o estrangeiro deve, sem dúvida, ser prevista — *neste ponto, você lhe diz: Responda-me com franqueza*. Pois bem, nessa refinada estratégia, já não sei mais se assinamos o contrato ou não! Isso deve ser retomado no capítulo sobre jogos de estratégia. Talvez este ano tenhamos a oportunidade de falar um pouco sobre isso.

Habitar a Coisa Japonesa

Uma literatura muito abundante, apresentada por quilômetros em livrarias, leva o nome de *nihonjinron*, que significa: discussões, teses sobre o japonês. Essa literatura japonesa, ou às vezes estrangeira, é dedicada a esquadrinhar o que constitui o próprio, a essência, *o verdadeiro do verdadeiro* do japonês.

Ora, como não sabemos qual é a essência japonesa, escrevemos sobre ela a perder de vista, com a ideia de que o japonês é único, não se parece com ninguém. Portanto, temos pelo menos essa semelhança com os japoneses — em algum nível, a essência japonesa que não existe, a Coisa Japonesa, é tão exótica para eles quanto para nós. Podem em vão habitar essa Coisa Japonesa, pois ela não cessa de lhes fazer perguntas. Fiquei encantado ao encontrar ali, como cenário, esta frase da *Estética*, de Hegel, que gosto muito de citar: *Os mistérios dos egípcios [no tempo das pirâmides] eram mistérios para os próprios egípcios*. Eu vi esses egípcios nos japoneses. A tese de Lacan de um déficit de identificação pode permitir apreender a mobilidade, a rapidez das mutações japonesas. Assim, o convite do imperador Meiji para se frequentar a escola dos ocidentais produziu uma mutação geral e em série — eles não se desatrelaram desde então. Talvez, no começo, eles tenham se enganado com os ocidentais. Eles fizeram como os alemães — a estrutura das línguas os une —, o que os levou a alguns excessos de 1940-1 a 1945. Em seguida, levaram outros em conta, os americanos; nas economias ocidentais, vivemos atualmente os efeitos das decisões do imperador Meiji — e isso ocupa cada vez mais nosso lado do mundo.

Nessa literatura, busca-se a palavra, a palavra própria para designar esse único. Em psicanálise, por exemplo, Doi Takéo propôs o conceito de *amae*, que seria o traço diferencial do sujeito tal como ele apareceria na experiência analítica. Em uma outra ordem de ideia, para o conde Kuki Shuzo, o nome próprio do ser japonês é *iki*, o chique. A ideia defendida por esse personagem completamente surpreendente, que foi a de se perder por um momento pelo lado de Marburg, encantou Martin Heidegger. Ele ficou bastante impressionado para escrever, em 1953-4, um diálogo — forma muito incomum nele, eu me pergunto se não é o único diálogo de sua obra escrita —, onde ele deveria conversar com um japonês em memória do conde Kuki Shuzo. Vocês encontram esse diálogo extraordinário na coletânea *Acheminement vers la parole*, tal como foi traduzida pela Gallimard. Apreciamos as precauções e o interesse com os quais Heidegger tenta apreender o *iki* do conde Kuki. *Iki* quer dizer algo como chique, a elegância, até mesmo o coquete, o dândi, o refinado.

Ora, em um livro do gênero *nihonjinron*, no qual uma corrente contesta esse culto da unicidade japonesa, li que, definitivamente, o *iki* havia se implantado na língua no bairro dos prazeres da cidade de Edo, então em seu apogeu, para qualificar a sofisticação no estilo demi-monde — um pouco como a palavra *dândi*. Que o conde Kuki tenha conseguido persuadir Heidegger de que em japonês o nome do ser é *iki*, que vem mais ou menos do bordel (para dizê-lo com franqueza), isso faz sonhar.

Com o registro *nihonjinron*, há sempre o medo de ter de lidar com subterfúgios. À medida que nos aproximamos, nos perguntamos: *o traço realçado é realmente tão específico?* Essa literatura, que constitui uma espécie de reação, de subproduto da era Meiji, é, obviamente, muito contestável; essa literatura do único surgiu precisamente quando o Japão abandonou seu modo de ser tradicional para se colocar na escola do Ocidente. A geração mais jovem, quando não é fascista, parece abominá-la. Não se deve insistir muito nos traços diferenciais atribuídos por Lacan aos japoneses por causa de sua língua, pois aqueles que estão em movimento, os japoneses de vanguarda, não têm simpatia por esse culto do único.

Visto sob um outro ângulo, *iki* tenta cernir o objeto *a* da língua japonesa, o objeto *a* como o que Lacan chamava de *efeito de linguagem maior* — maior a ponto de se tornar um produto objetivado, se assim posso dizer.

Para falar com propriedade, não se pode qualificar isso como o indizível. Michel Leiris, já falecido, dizia do indizível que ele *é um qualificativo um tanto tremeliquento.* O tremelique não é *iki*, isso é certo. Nomeá-lo como inapreensível é uma degradação daquilo de que se trata com o objeto *a*, isso apenas designa nossa impotência. Trata-se mais daquilo que apreendeu o sujeito, e como, a partir daí, os sujeitos *habitam uma maneira de ser,* para retomar a expressão empregada por Heidegger nesse diálogo.

Seria preciso saber cernir as maneiras de ser, os usos, os usos e os hábitos, os costumes, pois isso traduz sempre uma relação com o gozo. Os analistas também habitam uma certa maneira de ser.

Na medida em que ela posiciona o analisante na situação de ter que se apoiar no *Tu*, mais do que no *Eu*, e, por isso mesmo, na situação de ver suas identificações se desfazerem, poder-se-ia dizer que a análise *japoniza*, que ela japoniza o analisante. Aliviado de uma relação unívoca com o significante-mestre, o sujeito tem a possibilidade de jogar com uma gama muito maior de identificações — tal como é necessário na prática do analista, o analista um tanto arlequim.

Louis Althusser, outro grande falecido, havia lançado em público, na última vez que viu Lacan, que ele era um arlequim. Sim, na verdade, talvez haja algo do arlequim japonês no analista — além do fato de que ele tende, na experiência, a confundir-se com o objeto *a* do sujeito.

O asno-à-lista!

Segue-se uma dificuldade específica com o nome analista. De fato, o objeto *a* e o significante-mestre são polos opostos do discurso; o nome analista é um significante-mestre.

Nada apaixona tanto o analista efetivo ou o analista potencial quanto as questões de nomeação, de designação ou de reconhecimento, a ponto de Lacan ter podido decompor o nome do analista para fazer dele *o asno-à-lista*, palavra que traduz essa antinomia, que dilacera o psicanalista entre o nome de analista e seu estatuto de objeto *a* na experiência.

No mesmo movimento em que ele decide chamar, ainda que tripudiando, o S_1 como o nome de analista que viria redimir sua degradação, ele é habitado por um afeto de impostura que ele ou esconde ou exibe. É que o analista — o analista em seu estatuto de experiência — é sem essência.

De maneira que Lacan podia formular, em 1973, que o analista decorre do *não-todo*, que o predicado *ser analista* é paradoxal: não permite nem formar o conjunto de todos os analistas, nem que um analista seja e sinta-se *todo-analista*, nem formular um critério do analista, mas obriga, como já disse no ano passado, a tomá-los um por um para verificar o que está em jogo — o que não deixa de dificultar o universal do significante.

Quando os analistas são convocados pelo discurso universal a dizerem quem são, ficam muito entediados. Nos dias de hoje, o discurso universal é um tanto premente. Em quase todos os lugares, os poderes públicos se inquietam em saber o que é essa tribo, e eles são convocados — os analistas começam a experimentar o interesse de romper com a lógica que Lacan já havia preparado para eles, anunciando-lhes que teriam que responder por isso.

Não é ruim que, a esse respeito, o recreio tenha acabado. Um certo número, na França, por exemplo, começa a perceber que principiaram com o que era agradável. Isso impeliu a algumas novas camaradagens, com um pequeno efeito de coesão naqueles que sentiam que o recreio acabou. Já tive a oportunidade de dizê-lo, *sou a favor*. Sou a favor de os colegas que se referem ao ensino de Lacan se entenderem entre eles — se não querem se entender comigo e com meus amigos, que se deem bem entre eles. Eles estão se friccionando abundantemente, se desencardindo (um pouco, para fazer boa figura, porque o mestre os convocou) com um sabonete de plebeu [*savonnette à vilain*] — não sei se vocês sabem o que é *savonnette à vilain*, vocês descobrirão a expressão em uma nota nos *Escritos* [p. 506] de Lacan.

Vejamos o que Lacan nos anuncia e que me peguei comentando em um lugar muito preciso, em outra de minhas viagens. Há dez anos, eu mal cruzara duas ou três fronteiras europeias — conhecia um pouco a Espanha, um pouco a Suíça e um pouco a Inglaterra. É ao longo do Campo Freudiano que eu passeio.

Daquela vez, foi em Granada, no extremo sul da Espanha, que comentei, por razões muito precisas, a frase de Lacan: *Não sou eu quem vai ganhar, é o discurso ao qual eu sirvo* — frase notável que efetivamente contradiz, em 1972, as proposições sustentadas quatro anos antes. Em 1968, Lacan evocava *o momento em que a psicanálise houver deposto as armas diante dos crescentes impasses de nossa civilização*. É uma profecia do desaparecimento da psicanálise. Em 1972, ao contrário, trata-se de uma profecia (curiosa profecia) de vitória para o discurso analítico, introduzida por um *não fui eu, foi ele* — fórmula que costuma servir para exonerar o sujeito de uma agressão e que se pode suspeitar estar marcada, no canto de um imaginário especular, como: *ele é ele, eu sou eu*. De um lado o discurso analítico, do outro Jacques Lacan.

Nessa frase, devemos dar todo o seu valor à diferença entre o *eu* [moi] e o *eu* [Je]. Em outras palavras, não é o *eu* [moi] que está aqui em questão, mas precisamente o *eu* [Je] do sujeito na medida em que ele depende de um discurso que o determina. Sou apenas o que serve ao discurso. É preciso dizê-lo, esse é o estatuto como tal do sujeito. É pelo fato de o sujeito ser servo — em seu estatuto de sujeito do inconsciente — que há sempre uma causa para ele.

A questão é saber se é uma causa que está no horizonte ou se é uma causa que está para trás, se assim posso dizer. O sujeito é servo, por isso há sempre para ele uma causa que é a causa do desejo, da qual vimos certos *divinos detalhes* há dois anos.

Mal-estar na Causa Freudiana

Há uma espécie de causa do desejo de um tipo especial chamada de *Causa Freudiana*, sem a qual o próprio discurso analítico é impensável, apesar da inclinação que os analistas desviantes possam ter — fora da via analítica — para negar a Causa, para dizer: *Não! Para nós, não há nenhuma Causa.*

Obviamente, ainda é preciso encontrá-la, a Causa Freudiana, porque ela se apresenta primeiro seja como perdida, seja como falhada. Dessa forma, ela pode fazer acreditar que não há causa e, de saída, o analista pode tomar-se como causa de si — o que é realmente enorme. Eu não chamaria isso nem mesmo de cinismo. É um rebaixamento do cinismo, pois este é uma ética elevada, uma posição subjetiva que tem toda a sua dignidade, digamos, como exercício espiritual. O cinismo consiste, para o sujeito, em identificar-se com o objeto de rebotalho da cidade e, portanto, a remeter a sublimação ao rebotalho.

Mas é preciso reconhecer que há um mal-estar na Causa Freudiana.

Desde sempre se falou de causa em psicanálise. Freud se referia a alguma coisa que ele chamava de causa, *a Causa*. Talvez seja graças ao fato de os primeiros psicanalistas serem militantes da Causa de Freud que ela se difundiu para além de Viena. Evidentemente, essa Causa foi mais abordada no registro do Ideal.

O que é uma causa — esta é de fato a pergunta que explica o mal-estar na Causa Freudiana — que sabe não ser um Ideal?

É um *topos*, a serviço de Lacan. É inclusive um *topos* próprio ao cristianismo propor uma ética que não seja a dos mestres, mas a dos servidores de um maior. Com o cristianismo, o tema do servo, o nome Servidor, se assim posso dizer, tornou-se um significante-mestre.

Então, quando Lacan fala de uma vitória, trata-se de uma vitória de mestre? Toda vitória é vitória de mestre? Lacan evoca, aqui, alguma coisa que seria uma vitória de discurso.

Reconquista

Este vocabulário, o da vitória, supostamente não é o nosso: *Psicanálise, onde está tua vitória?*, como disse o outro. No entanto, é curioso que esse seja o vocabulário de Lacan, e isso não apenas uma vez! Especialmente quando fundou sua Escola em 1964. Releiam o "Ato de fundação", duas ou três páginas giram em torno de algo que é totalmente coerente com a noção de vitória — e, aliás, também de derrota. Na frase de 1968 que citei há pouco (também nos *Outros escritos*, p. 349), trata-se de uma psicanálise que deporia as armas, o que supõe que ela as tivesse. Se podemos temer que ela deponha as armas, talvez seja porque, antes, os psicanalistas estavam armados. Fiquem tranquilos, não intitularei o curso deste ano de "O psicanalista armado". Mas, de fato, é no "Ato de fundação" que se trata da reconquista do Campo Freudiano — de um *movimento de reconquista*, mais exatamente. Não sei se realmente se acredita nisso. Quando Lacan o disse, seus alunos acreditaram que se tratava da reconquista do Campo Freudiano? Que se tratava de saber se a psicanálise deporia as armas ou se o discurso analítico venceria?

Esta é a razão de eu ter ido comentar essa frase em Granada, precisamente a cidade da Reconquista, da reconquista da península Ibérica. Eu ali defendi até mesmo a tese — que defendo aqui também — de que Lacan estava pensando na cidade de Granada quando proclamou a cruzada da reconquista do Campo Freudiano. É pelo menos muito provável, se lembrarmos que o "Ato de fundação" data de junho de 1964, e que ele se inscreve precisamente entre a penúltima e a última lição do *Seminário Os quatro conceitos fundamentais da psicanálise*. Vocês lembram que, na segunda lição, Lacan cita elogiosamente um poema de Aragon, extraído de *Fou d'Elsa*. Alguns de vocês sabem que a volumosa compilação de *Fou d'Elsa* é dedicada à história de Granada e a uma de suas figuras mais marcantes, a do rei Boabdil — o último rei mouro de Granada, expulso de seu reino pelos reis católicos. Encontrar, ao longo deste ano, alguns meses depois, a palavra *reconquista* por meio da pluma de Lacan, autoriza a fazer, pelo menos, essa aproximação.

É certo que a conotação pode não agradar a todos — conceber o Campo Freudiano como invadido, ocupado, explorado pelos infiéis da *ego-psychology*, e lançar a operação de reconquista em nome da verdadeira fé... No entanto, é com essas conotações que Lacan joga em seu "Ato de Fundação".

Mas isso não retira em nada a dificuldade de articular a relação do inconsciente e do grupo. Resta a questão de saber se o grupo — o grupo analítico a quem concerne essa reconquista — é uma neoformação que cresceu no inconsciente. Tudo o que diz respeito ao grupo, especialmente ao analítico, está sempre sob a ameaça da suspeita de ser feito para extinguir o inconsciente, para se proteger do inconsciente.

A experiência analítica se assenta sobre um grupo, mas na extensão mínima — o que permite que a intensão seja máxima. Quando a extensão aumenta, pode-se dizer que, correlativamente, a intensão se torna cada vez mais pobre. Seria preciso, neste caso, seguir o conselho de Baltasar Gracián: *prefira sempre a intensão à extensão*.

Isso não impede que Lacan tenha dado origem a um tipo de grupo que ele chamou de Escola, do qual falamos no ano passado, a título de trabalhos práticos.

Contudo, vocês querem que eu lhes mostre até que ponto essa questão militar na psicanálise é um fio constante para Lacan? É justamente o fio antiespeculativo do ensino de Lacan.

Isso ganha um novo sentido ao se lembrar disto: quando Lacan tenta dar um exemplo de destituição subjetiva, como a que ocorre ao final da análise, o exemplo que ele escolhe entre todos é do *Guerreiro Aplicado*, aquele do romance em que Jean Paulhan narra fragmentos da guerra de 1914-8. Ele ali encontra com que ilustrar o que acontece no final de uma análise por meio do personagem do guerreiro aplicado: ele não é fanático, sem por isso ser um covarde; ele não pensa que a destituição subjetiva o autorize a desolidarizar-se, pelo contrário, ele se solidariza, e se faz até mesmo sólido, um tanto pedra; ele faz o que deve ser feito na ordem do discurso em que se encontra, sem sequer cogitar que poderia ter ódio do inimigo. Há algo disso em *Tempestades de aço*, de Ernst Jünger, exceto que Jünger não é o guerreiro aplicado, mas um guerreiro por vocação.

A guerra não é um epifenômeno na psicanálise, é preciso dizê-lo claramente. Primeiro, sob a forma de polêmica. Conheci Lacan quando ele estava começando sua guerra, depois de longas negociações com a International Psychoanalytical Association (IPA). Não me incomoda nem um pouco que se diga que a IPA é a Igreja e que a Escola de Lacan é o Exército. Aliás, Lacan o entende assim quando, em 1964, fala de sua Escola como de uma *base de operação* para, em seguida, se perguntar se a psicanálise vencerá ou se será vencida — quem não sabe do alívio que a guerra e a catástrofe propiciam ao neurótico? Este nunca está melhor do que nos períodos de guerra ou de catástrofe — Freud já apontava isso.

Desejo de passe

Podemos acompanhar — nós o fizemos no ano passado — a construção por Lacan de sua base de operações. Já distingui 1964 e 1967 como os dois tempos dessa construção. O primeiro tempo, em que entraram em sua Escola os trabalhadores decididos; o segundo, que propõe uma seleção interna a essa Escola e que ele chamou de *o passe*. Em 1964, ele apresentou um modo de seleção externa que define como se passa de fora para dentro. Em 1967, ele inovou, ao propor um modo de seleção interna que chamou de *o passe*, que consistia em examinar a psicanálise de alguém, mais precisamente em examinar o que esse alguém tinha a dizer sobre isso — ou seja, examinar os resultados da operação

Quando ele a propôs, ela causou escândalo — um linchamento. Ele só conseguiu passá-la dois anos depois e, nesse meio-tempo, houve Maio de 68. Uma vez passada essa proposição de passe, foram necessários ainda mais alguns anos para que ela começasse, aos tropeços, a ser implementada. É um triunfo de Lacan o fato de, 25 anos depois, haver um desejo de passe por todo o Campo Freudiano. A única perspectiva que se pode implementar nos grupos analíticos, esta pretensa máquina infernal, é uma grande esperança.

O que está em jogo é saber *se o analista quer ou não acreditar no inconsciente para se recrutar*, segundo a expressão de Lacan. Esse passe é obviamente um exame, uma prova de um tipo muito particular.

A psicanálise não é uma ciência, tampouco uma arte, ela deve ser situada entre as práticas. Como tal, a prática — se dermos a esta palavra todo o seu valor, distinguindo-a da ciência e da arte —, a prática humana não diz respeito ao necessário ou ao impossível, ela diz respeito ao que é da ordem do possível e do contingente, ou seja, o que poderia ser outro que não o que ele é, para falar como Aristóteles.

Bela ideia a de Kant em sua *Ética*! É a ideia de que a prática — a *razão prática*, como ele diz — seria redutível ao universal, pois é isso que seu imperativo categórico comporta: uma redução da prática ao significante. Lacan o opôs a Sade para distinguir o que, na prática, é irredutível ao universal. A aberração de Kant — uma redução da prática humana ao universal — é uma aberração da era da ciência. Como o observa Lacan, ela traduz, na ordem da ética, a ciência newtoniana.

Contingência da prudência

Os Antigos eram mais sábios. Eles haviam isolado alguma coisa sob o nome grego de σφόνησις (*frônese*) que deu, em latim, *prudentia*, a prudência.

As artes da prudência, o saber da prudência, constituem uma corrente, um fio da literatura ocidental. A prudência é o que ocupa essa zona de distância entre o que decorre da ordem da prática e o que decorre da ordem do universal. O que, na história, tem sido chamado de *prudência* — e que também se tenta ensinar — é um certo saber-fazer com o objeto *a*, um saber-fazer que escapa ao matema.

Assim, a excelência da prudência é conseguir apreender o καιρός (*káiros*), o momento oportuno, o instante propício que não é dedutível a priori, que se deve à contingência das coisas humanas. O que os antigos chamavam de *prudência* era a resposta adequada do sujeito à contingência. Por estar justamente sempre no nível do contingente e do particular, a prudência não pode ser definida por uma ideia universal. Ela tem algo de japonês e de psicanalítico a um só tempo. Ela se sustenta apenas pela própria existência do homem prudente — tudo o que se pode dizer é: *Olhe para este e para aquele, e para aquele novamente*; ela se sustenta pelos cautelosos, tomados um a um. Só podemos dar exemplos.

Em outras palavras, o prudente não é o intérprete de uma lei justa, nem o detentor de um saber separável dele. Nisto, a prudência introduz a noção, que parecia ao próprio Aristóteles totalmente limite, de *homem critério*: não há outro critério de prudência senão um homem prudente. *O prudente só se autoriza de si mesmo*, dizia ele de algum modo. O homem distinto, o homem *iki*, para retomar o termo do conde Kuki — deixo passar aqui muitas referências um tanto barrocas —, *é para si mesmo sua própria lei.*

Pierre Aubenque define assim este termo tão difícil de traduzir de Aristóteles, o σρουδαιος (*spoudaios*): não é o homem de bem, o bom, mas o *valoroso*. O σρουδαιος, para P. Aubenque, é o homem que inspira confiança por seus trabalhos, aquele junto ao qual nos sentimos em segurança, alguém que levamos a sério.

A prudência não é da ordem da ética, ela é uma qualidade ou uma virtude da inteligência, não científica, mas de uma inteligência propriamente da contingência. Aqui se move o que chamamos de *uma prática*, em um universo onde tudo pode ser outro que não o que ele é, ou seja, um mundo onde o acidente não se deixa reduzir à essência.

E é por isso que a psicanálise tem sua vertente de matema, mas ela também tem, na prática, sua vertente de prudência. As artes da prudência geralmente permanecem no nível das bagatelas, tentando precisar quando se deve ou não: é preciso fazer as coisas na hora exata, nem antes nem depois. Mas é também o que Píndaro, de quem falei no ano passado em outro lugar, considera como o que há de mais elevado na existência humana: apreender o que convém no instante presente.

A alfândega psicanalítica

Fiz um pequeno elogio do prudente. É certo que o passe de Lacan é uma tentativa de operar racionalmente na ordem do contingente. É verdade que, de todo modo, progredimos em relação aos gregos, no que concerne à prudência. A teoria dos jogos, por exemplo, é um esforço para matematizar a prudência. O passe é um esforço para tentar matematizar, tornar transmissível o que é precisamente da ordem do *não-todo*, a saber, o próprio psicanalista.

O passe, digamos, é uma espécie de alfândega psicanalítica. De certa forma, tendo atravessado todas as fronteiras, a psicanálise brinca com as alfândegas, ela não lhes é cativa. Mas sempre houve uma alfândega psicanalítica.

A alfândega psicanalítica que Lacan inventou consiste em declarar, na fronteira, seu fantasma. *O analista só se autoriza de si mesmo* — é preciso ver claramente que esse aforismo de Lacan é, em primeiro lugar, uma arma de guerra inventada, forjada contra a IPA. É uma arma de guerra da qual todo mundo pôde se apropriar — para fazer qualquer coisa ocasionalmente, é preciso dizer — mas, quando se tem apenas um pequeno exército, é preciso levantar supletivos onde se puder, e foi isso que Lacan fez. Com essa arma de guerra, ele desencadeou um movimento no mundo que tomou uma tal amplidão que a cidadela, aparentemente inexpugnável, se viu, e ainda se encontra, sitiada no mundo inteiro por um exército de incontáveis descalços. Mas, ao mesmo tempo e num mesmo movimento em que Lacan suprimia a *licencia analysandi* da IPA e *desautorizava* sua alfândega, ele construiu uma nova alfândega, o passe — sem que, contudo, houvesse obrigação de passar por ela. O formidável é que ele inspirou nas pessoas o desejo de se apresentarem elas mesmas na alfândega, e não de passar às escondidas.

Nesse sentido, Lacan chegou a propor, em 1973 — e isto poderia ter sido o terceiro tempo de sua vontade de construir sua Escola —, que se entrasse nela apenas passando pelo passe (proposição que nunca foi aplicada, e ele mesmo a guardava, convenhamos, com uma certa discrição).

A prudência não é o todo da condição analítica, é claro. Ela se encarna antes de tudo na deliberação. O homem prudente é o homem que delibera, é o καλω βουλεύσασθαι (*kalôs bouleusasthai*), aquele que *delibera bem*, como diz Aristóteles, ou seja, que passa o tempo *procurando os meios para realizar um fim previamente estabelecido*. Nisso, a prudência é um exercício e uma virtude da inteligência, mas ela não é de ordem ética, pois o exercício da prudência supõe um fim já estabelecido de antemão. Estabelecer os fins é da ordem da ética; procurar os meios para realizar os fins é da ordem da prudência. Aristóteles, por exemplo, se encanta em especificar todos os tempos, todos os momentos da deliberação como a meio caminho entre a ciência e a *doxa*, para desembocar no προαίρεσϊς (*proaíresis*), a escolha — só escolhemos o melhor, não o absoluto. Isso, claro, envolve uma ética, mas é o oposto da ética *Zen*, para retornar ao Japão.

O relâmpago

O zen conhece as Escolas, as Escolas sérias. Quando as visitamos, nos damos conta do que é uma Escola. Existem verdadeiras filiações de mestres e alunos nos templos *tsong*. Cada uma dessas Escolas que representa uma variedade de zen tem seus *kang-tsong*, seus princípios diretores. Esta extraordinária organização de Escola não impede que o zen seja o oposto da prudência aristotélica.

O zen concede o maior valor, o valor supremo, precisamente à não-deliberação. O zen é o *antiprudente*: trata-se justamente de suprimir, no sujeito, o momento da deliberação. Leiam as entrevistas dos grandes mestres zen, notadamente as *Entrevistas de Lin-Tsi*. Elas acontecem em um jogo de perguntas e respostas, mas não importa o que você responde às perguntas, o que importa é não hesitar. Se você hesita, vem o golpe do bastão, o golpe do bastão ou o significante sem significado do *khât*, simples eructação privada de significação, um golpe de bastão significante. O que se trata de suprimir no zen, no tipo de santo que é um monge zen — o homem prudente sendo outro tipo de santo —, é o que é chamado (pelo menos nos textos chineses sobre os quais o zen japonês foi construído) de *yi-yi*, ou seja, a um só tempo a deliberação, a premeditação e a hesitação. O ideal zen é que o homem saiba responder de forma *total, para não deixar o vento passar; instantânea, como o fogo de um isqueiro ou o clarão do relâmpago.* Assim, *a reação deve brotar diretamente das profundezas do homem verdadeiro.* Ao contrário do ideal aristotélico, o ideal zen é, de certo modo, expresso por estas palavras: enquanto não se tiver nenhum pensamento, seremos libertados onde quer que estejamos.

Essa adequação de si a si mesmo faz, ao mesmo tempo, sair de toda identidade. O homem zen é *o homem verdadeiro sem situação*, como se traduziu, e que define a si mesmo como *não sei com qual varinha secar as fezes* [*je ne sais quel bâtonnet à se sécher le bran*], eles se enxugavam com pedacinhos de pau. De resto, encontramos textos onde o buda é definido como um bastão merdoso. Em outras palavras, com isso, no zen, eles tinham, apesar de tudo, uma certa ideia — velada em Aristóteles — do estatuto de objeto *a* anal do sujeito. Digo isso para que vocês evitem pensar que a prudência e o homem prudente são a palavra final do estatuto do psicanalista.

O possível e a repetição

Tenho um pequeno desenvolvimento, que não poderei lhes dar, sobre o interesse crucial de saber se livrar de seus pensamentos, um desenvolvimento sobre o neurótico obsessivo, que tem a maior dificuldade do mundo em aceder ao registro da prudência, ou seja, da contingência.

O que o neurótico obsessivo ama é a modalidade do possível. Ele a ama tanto que chega a nadar nela. O possível, o exame dos possíveis, produz, aliás, uma verdadeira satisfação para o pensamento. A dúvida obsessiva é o pensamento gozando do possível, e gozando também da coação do necessário e do impossível experimentada pelo pensamento, ou seja, fascinado pelo que não pode ser de outra forma — ocasionalmente ali retornando indefinidamente para assegurar-se de que, de fato, isso não é possível, ou ainda o pensamento esmagado pelo impossível, carregando seu peso —, sendo o registro do contingente, que é o do amor, o mais difícil.

Não obstante, a contribuição do neurótico obsessivo, por isso mesmo, é eminente na descoberta do inconsciente. Não apenas as histéricas, as histéricas que verdadeiramente teriam levado Freud pela mão para conduzi-lo ali onde o pobre homem tropeçava. Felizmente elas ali estavam para lhe dizer a verdade! Certamente, e o próprio Freud observa isso, o neurótico obsessivo não é tão acessível à análise quanto a histérica, uma vez que ele está ocupado em um debate consigo mesmo. A obsessão é uma doença da intrasubjetividade, intrasubjetiva e não intersubjetiva, como na histeria. Pedir é difícil para o obsessivo, na medida em que seria confessar sua falta: como pedir uma análise, anulando o Outro a quem ele pede?

Foi claramente através do obsessivo que Freud isolou o *ser da repetição* do inconsciente. O mesmo vale para a memória inconsciente como *automatismo de repetição*. A memória histérica é da ordem da lembrança e do segredo do que aconteceu antes, ao passo que a obsessão evidencia a memória no sentido cibernético, uma memória que é um automatismo, e não uma lembrança.

Isso também é notado no que diz respeito ao isolamento do fantasma. Na histeria, o fantasma se transforma em pantomima; no perverso, ela se realiza, isto é, passa à realidade; ao passo que é propriamente no obsessivo que ela se isola com sua consistência própria.

Terceiro tempo

Estou guardando esse desenvolvimento para outra ocasião, porque preciso introduzir, para terminar — guardei o melhor para o final —, o terceiro tempo da construção da Escola por Lacan: 1964, a entrada dos trabalhadores decididos; 1967, no interior da Escola, propor uma seleção através do passe; 1973, propor que só entrem na Escola os que já passaram, pessoas que fizeram o passe. Esta proposição, a segunda proposição do passe, nunca foi considerada como tal. O próprio Lacan foi discreto sobre esse ponto, ele enviou sua carta a alguns italianos — e, novamente, podia-se pensar que ele queria impossibilitar-lhes a construção de uma Escola. Ademais, isso foi rejeitado pelos três italianos aos quais ele se endereçava, ele não conseguiu convencê-los e, assim, cada um partiu para o seu destino. Não foi encorajador para alguém que fez uma proposição, que tentou ver no que isso ia dar.

E então, em 1973, sem dúvida ele teve a ideia de que não tinha mais nenhuma chance de ter isso adotado por seus alunos. Nessa época, Lacan havia simplesmente tentado devolver um pouquinho de dignidade ao departamento de psicanálise onde estamos; não se tratava sequer de salvar sua vida, ele estava sendo esvaziado e caindo aos pedaços, às migalhas. Mas isso, que dizia respeito apenas a uma pequena porção do espaço, suscitou uma demonstração coletiva de oposição em sua Escola.

Talvez haja não apenas razões circunstanciais para isso, mas também duas objeções, aparentemente estruturais, para que se funcione assim. Em primeiro lugar, pode-se temer que o conjunto permaneça vazio, caso se trate de só aceitar sujeitos que concluíram sua análise. Em segundo lugar, há evidentemente uma contradição entre o projeto de 1964 de fazer entrar os trabalhadores decididos, ocasionalmente não-analistas, não-analisados, e o projeto de 1973 de uma hiperseleção de analisados.

Dezessete anos depois dessa proposição, penso que é hora de implementá-la. O que se apresenta na diacronia como a entrada definida em 1964 e a entrada definida em 1973 encontra, deve encontrar, sua colocação sincrônica. Do mesmo modo que a seleção interna de uma Escola distingue o Analista Membro da Escola (AME) e o Analista da Escola (AE) — seja uma seleção em função do trabalho (AME) ou então em função de experiência analítica (AE) —, em 1990 e logo em 1991, uma Escola que se refira a Lacan deve distinguir duas vias de entrada. Conservar a primeira fundamentada no trabalho, a de 1964, mas acrescentar a ela uma segunda via possível, um passe na entrada, homólogo — no que diz respeito à seleção externa — à seleção interna. Um passe na entrada que não verifica necessariamente o fim da análise, mas que seria capaz de verificar, e isso já seria muito, o curso da análise — verificar se há análise.

Há dezessete anos, a segunda proposição do passe, a de 1973, aguarda para ser levada a sério. A reverência que temos por esse texto, hoje comentado no mundo inteiro, não impede — é tão sagrado, tão formidável que não ousamos — tocá-lo para fazê-lo passar para a prática com a devida prudência.

Em primeiro lugar, convém não fazer um modo de entrada exclusivo — assim como não há uma seleção interna segundo um único critério. Em segundo lugar, a verificação que o passe comporta deve ela mesma ser modulada de tal forma que incida, não apenas no fim da análise, mas nas chances de que um dia haja um fim, porque houve um começo.

É bem isso que Lacan almejava em 1973, na medida em que forjava a arma de guerra que é *o analista só se autoriza de si mesmo*, o que efetivamente multiplicou por toda parte os praticantes da análise, apoiados em sua autoconfiança, se assim posso dizer. Ele foi obrigado a dizer: *eu não disse que qualquer um é o analista que pode se autorizar de si mesmo*. Em suma, anos depois, o fenômeno só foi aumentando, se não na França, em outros países.

A pertinência dessa proposição de Lacan é verificada pelo momento histórico: talvez sejamos japoneses dignos desse nome se, no modo de entrada pelo cartel previsto por Lacan, modo de entrada segundo a lógica do *todo* e do *mais-um* à qual o cartel obedece, saibamos acrescentar uma entrada segundo a lógica do *não-todo*, uma verdadeira entrada do *um por um*, conforme a prática do passe na entrada.

IV

Da brevidade

> *Introdução e intervenção de 21 de outubro de 1991, por ocasião de uma tarde de ensinamentos dos cartéis do passe da ECF sobre "As lições clínicas do passe". JAM era o mais-um do cartel B1 (1990-1992).*

OPTAMOS, este ano, pela fórmula de um sábado à tarde, com uma frequência aproximadamente bimestral, pensando que isso permitiria aos colegas da província ou do estrangeiro participarem desses trabalhos de modo mais cômodo.

Exporei, na introdução, a modalidade que escolhemos após uma concertação entre nós. Normalmente, os dois cartéis não se consultam, ou muito pouco. No entanto, eles o fizeram para esta tarde e fixaram essa fórmula dos sábados.

Nossa ideia era a seguinte: cada um dos membros dos cartéis do passe (dois cartéis de cinco, ou seja, dez membros no total), ou pelo menos o maior número deles, dirá alguma coisa, um ponto sensível para ele no que ele pôde aprender durante o ano passado. Nossa concertação não foi além disso, não sabemos o que uns ou outros dirão, se isso importará, se oporá, se repetirá — o que previmos é, portanto, um caráter aleatório.

Previmos também pedir a cada um para falar por cinco minutos. Se todos se ativerem a isso, serão cinquenta minutos, o que permitirá uma discussão depois, como o desejamos. Gostaríamos que se orientassem sobre os pontos de interesse que o público aqui presente possa ter em relação aos cartéis do passe. Sabendo como as coisas se desenvolvem, presumivelmente, mesmo que fixemos cinco minutos, corremos o risco de falar dez, o que seria cem minutos, quase uma hora e três quartos, e impediria qualquer discussão. Então, aqui está o sistema que inventamos, que nos parece coerente com o procedimento do passe: vocês sabem que existe um chapéu de onde sorteamos passadores e, eventualmente, os cartéis. Pois bem, em nosso chapéu simbólico, colocaremos os nomes dos membros dos cartéis e sortearemos a ordem em que eles se expressarão. As apresentações pararão ao final de cerca de uma hora, os que não tiverem sido sorteados terão prioridade para falar na próxima vez. [...] A pedido dos demais membros dos cartéis, também estabelecemos que os dois *mais-um* falariam no começo, sem serem sorteados. Intervirei logo depois de Serge Cottet, que é o mais-um do primeiro cartel.

(*Intervenção de Serge Cottet. Três observações.*)

Contração narrativa

Impecável! Seis-sete minutos! Ter aprendido tanto em tão pouco tempo! Portanto, é a brevidade que convém esta noite.

A primeira pergunta que me fiz, no momento de tomar meu lugar no júri (para manter seu antigo nome), foi saber se o *passe-procedimento*, o passe visto na perspectiva do júri, o passe como procedimento, existia, sim ou não.

De um ano de serviço, concluí que o passe-procedimento existe pelo menos no estado de possibilidade. De fato, pareceu-me, durante este ano — para mim foi uma experiência nova —, que o passe opera. O procedimento do passe opera submetendo o analisante que ali se apresenta ao *exercício de uma extrema contração narrativa*, própria para fazer aparecer as linhas de força do campo da linguagem em que o sujeito se deslocou ao longo dos anos de análise. Isso coincide amplamente, não é mesmo, com a intervenção de Serge Cottet: anamnese acelerada, avaliação da existência, *curriculum analysis*. Cada um dos analisantes na posição de passante *demonstra seu estilo e sua interpretação do passe* —, o que deve ser respeitado pelo júri.

Em todos os casos (mesmo nos piores), há um *efeito de resumo* que, nos melhores casos, vem precipitar o cristal do caso. O que me impressionou, e sobre o qual não tive nenhum pré-julgamento — por disciplina, por método —, é que o material recolhido é probatório na medida mesma de sua redução. De tal forma que o que vem fazer obstáculo a essa redução do material fica registrado na experiência. Em outras palavras, na medida em que um analisante na posição de passante não consegue cumprir essa disciplina de contração, isso também se registra na experiência. O efeito de resumo, que é constante, é levado a seu ápice e justificado.

Dessuposição de saber

Esse efeito de resumo ocorre quando a função do saber suposto na análise é substituída, no passe, pela do saber dessuposto. Aqui é o lugar eminente, essencial, do *elemento passador* nesse sistema, já que ele não é nada suposto saber — pelo menos é esse o sentido que darei agora à fórmula de Lacan: *O passe, ele o é*. Constatamos, inclusive — foi o caso do nosso cartel —, uma certa homogeneidade dos passadores, pelo menos em sua prática laboriosa de notas, de escritos, que parecem testemunhar a vontade de concretizar, de materializar, a posição de metalinguagem do passe.

Aquele a quem até então era preciso um analista para confiar seu caso — o analisante — testemunha no passe que pode, doravante, dizê-lo *a seja quem for* delegado pela instituição. O passante também não sabe nada do passador, ele não sabe, sobretudo, se este será advogado ou promotor — o que, na relação com o júri, muda alguma coisa. Ele não sabe se está falando com um advogado ou com um promotor; que o passador seja um ou outro vai depender do que lhe for dito — tal obviamente não é o caso na instituição jurídica. Segue-se que, infalivelmente, ele tende, creio eu, a querer conquistá-lo para a sua causa. A questão é saber até que ponto sua própria causa coincide com a causa analítica.

Na verdade, tudo gira em torno do seguinte ponto: *A quem, do júri ou do passante, se atribui o saber?* O passe é um *torneio*. A interposição dos passadores, cuja função eminente acabei de apontar, não pode esconder, a meu ver, que há rivalidade entre o júri e o passante.

Não é ruim que o júri lute bravamente antes de se ajoelhar e dizer ao passante: *Passe, agora, à posição dos passados, pois tu me ensinaste alguma coisa*. O passe só é possível com a condição de que o júri deponha toda a enfatuação (incluindo a dos distinguidos, dos melhores e dos piores) e esteja pronto para conceder ao passante a função do sujeito-suposto-saber.

Se ele acredita que sabe, se sua condição de *dessuposição* não for preenchida — ou pelo menos se a condição de disponibilidade à dessuposição não for preenchida —, o júri inibe o funcionamento da experiência e se destitui.

Outras questões estão surgindo, mas, já tendo ultrapassado o meu tempo, vou submeter-me à disciplina do jogo e sortearemos a próxima intervenção.

O que o passe ensina

Intervenção de 22 de fevereiro de 1992, por ocasião de uma tarde dos cartéis da ECF sobre "As lições clínicas do passe".

A DEPENDER DO JÚRI, o passante pode ou não ter chegado ao fim de sua análise. Ainda assim, a seu bom grado, o passante tem sua parte. Ele acha que fez o giro do que a psicanálise pôde fazer por ele como analisante. Há, portanto, na regra, alguma coisa que se pode chamar de sentimento do fim da análise, quando o analisante se apresenta ao passe.

O sentimento de fim de análise

Procuremos, assim, formular este sentimento de fim de análise, no momento em que o passante pode acreditar que a galinha pôs os ovos, que ele tem seu ovo ou, para dizê-lo em termos mais elevados, que a deusa o acolheu favoravelmente. Ele vem, então, no passe, para mostrar o que obteve dela e fazer com que essa joia seja avaliada. Os joalheiros colocam seus óculos, fazem cintilar a peça em todas as suas facetas, depois dizem a qualidade — *dez quilates, vinte quilates*, ou então, *é falso*. Qual é esse ovo? Qual é essa joia? É ele mesmo. Ele obteve

— pelo menos ele sempre o pretende — da deusa um outro estado de si mesmo, um *plus*, um melhor. Sem dúvida, esse melhor pode apresentar-se como um pior. Ele pode dizer que está pior, porque não tem mais as ilusões que lhe garantiam o seu conforto, mas, mesmo assim, esse pior eventual faz com que, segundo ele, esteja melhor. Por meio do passe, esse fato parece estar comprovado. Os analisantes pensam que mudaram ao longo da experiência analítica. Com efeito, os solteiros se casam, os cônjuges se divorciam, os loucos por seus corpos se ajeitam, os obcecados pensam em outra coisa, os angustiados gozam em paz. De todo modo, temos o testemunho disso. O que se deve à análise? O que se deve à idade? O mais claro, na realidade, é que os analisantes envelhecem, porque as análises duram — dez anos é uma duração média. Desnecessário dizer que a recomendação de Freud de suspender as escolhas vitais durante a análise é, doravante, obsoleta. Deixemos isso pra lá.

Nem sempre o passante vem dizer que a deusa psicanalítica acolheu favoravelmente seu almejo. Às vezes, ele chega a dizer o contrário: ela não acolheu absolutamente nada, ela se recusou em todas as suas instâncias e ele continua o pobre-diabo como antes. No entanto, se ele faz o passe, é porque está grato a ela por ter-lhe ensinado que seu próprio almejo era nada, ou seja, que a deusa não existe. Ele acabou se persuadindo de que não terá nada dela, que não há mais o que esperar. Eis o que constitui sua boa notícia, trazida por ele quentinha, ou às vezes um tanto fria, para o passe, a fim de que uma outra deusa que, ela existe, a deusa Escola, acolha favoravelmente seu desejo de ser contado como um de seus Analistas da Escola (AE). O incurável, o acesso do sujeito ao incurável, seu consentimento a esse incurável é, aqui, mérito para a nomeação.

Outros analisantes trazem um tipo diferente de testemunho — acolhidos favoravelmente, sim, eles o são; a deusa lhes deu um dom, eles são a sede de alguma coisa como um milagre. Eles testemunham, à sua maneira, com muitos graus e misturas, é claro, que a psicanálise os curou [*guéris*] da *falta-a-ser*.

Alguns, é por meio da identificação com o sintoma — são os sem-esperança, não esperam mais se livrar disso. Eles se o tornaram. Ali onde o sintoma era, eles o advieram, eles são seu sintoma. Freud, aliás, o havia notado a propósito da neurose obsessiva: ele não considerava que era o fim da análise, mas, ao contrário, o prolongamento da doença. Alguns finais de análise parecem ser nada mais do que o próprio prolongamento da doença, sob uma outra forma. Em *Inibição, sintoma e angústia*, Freud o diz assim: *As satisfações que zombam de qualquer tipo de defesa prevalecem. A formação do sintoma triunfa quando a proibição consegue se amalgamar com a satisfação.* O sentimento do fim da análise traduz, no caso, o desnudamento do gozo do sintoma. Parece ser o gozo do sintoma que põe fim à falta-a-ser.

Para os demais, o sentimento de fim da análise lhes vem do que chamamos de *travessia do fantasma*, ou seja, o desaparecimento dos efeitos de significação prevalentes na vida do sujeito. Enquanto para os primeiros um sentimento de necessidade passa a conotar seu acesso ao impossível, para os segundos há um afeto de liberdade, isto é, de possibilidade que lhes dá acesso à contingência. O que melhor traduz a travessia do fantasma do que falar precisamente da modificação clínica do abrandamento da condição de amor que rege as escolhas de objeto?

Compressão à maneira de César

Visto do lado do júri, o que o passe ensina, me parece, é a incidência da diferença sexual em relação ao fantasma, e a pregnância muito especial do fantasma para a sexuação masculina. Aqui, trata-se de frequência. Parece que, frequentemente, longe de o fantasma do sujeito de sexo masculino lhe facilitar uma travessia, muitas vezes observa-se, ao contrário, como resultado de uma análise, o que me ocorreu chamar de compressão do fantasma. Digo compressão à maneira de César. Como vocês sabem, o escultor César ficou conhecido por esculturas que consistem em compressões — por exemplo, carros são prensados, comprimidos até tomarem as formas regulares de um cubo. Os carros estão lá com todos os seus acessórios, simplesmente em um espaço reduzido, de forma compactada. Pois bem, observa-se com frequência, no que concerne ao fantasma do sujeito de sexo masculino, uma compressão, como se a psicanálise tivesse tido o efeito de intensificar as significações de um fantasma que parece, assim, ter se tornado definitiva. Essa compressão do fantasma, o esmagamento de seus estratos, o desaparecimento de seus moirés, é mesmo o que parece abrir a via, para o sujeito, da identificação com o sintoma.

Esta não é uma solução que se observa, me parece, quando o sujeito é do sexo feminino. O progresso da análise se nota aí, mais na sua maneira de fazer "ser" da falta-a-ser. O fantasma acaba sendo mais um fantasma do Outro. O sentimento de fim da análise se produz, de bom grado, por um desatamento da dependência da demanda; esse sentimento é obtido, aqui, mais frequentemente, pela queda da identificação viril da mulher e/ou pela extração do sujeito para fora do fantasma do Outro, a fim de alcançar o que se pode chamar de uma certa suficiência.

Clínica do Passe

Nomear um sujeito como AE é, sem dúvida, admitir que a psicanálise não pode fazer mais nada por ele. Isso ainda é um passe? Ou é o aval dado a um impasse definitivo? Devemos classificar a usura no mesmo nível da travessia? Talvez, por esse viés, possamos descobrir por que os únicos AE nomeados por quase dois anos foram mulheres.

A deusa Psicanálise fala pela voz da deusa Escola: *Vai, minha pequena, você me satisfez, vai tranquila, porque você não pode me dar mais nada.* No entanto, o que se trata de nomear são as esperanças, as esperanças da psicanálise, ou seja, sujeitos dos quais ainda há algo a esperar para a psicanálise como analistas.

Respostas às perguntas da plateia (resumo).

O passe na Escola está em um momento em que ele conhecerá uma certa deflação positiva. Vivemos durante muitos anos sob o regime do Ideal. Este tempo, em que o interesse pôde incidir sobre o passe como tendo que nos entregar o analista é, sem dúvida, um tempo necessário. Aqui, há uma deflação, simplesmente pela operação-verdade que fazemos trazendo de volta o passe para o que é seu lugar mais próprio, a clínica. É uma investigação clínica.

O fim da análise deveria ser um certo *para todos*. Talvez não seja assim. Se quisermos, à toda força, que seja assim, normalizaremos o fim da análise pela vertente *travessia do fantasma*. Mas digo a mim mesmo que, se Lacan trouxe alguma coisa que chamou de identificação com o sintoma, talvez seja por ter reconhecido que não era possível *para todo x* falar de travessia do fantasma, e que era preciso diferenciar esses modos de saída.

A invenção de Lacan

Acredito que a expressão *passe na entrada* já teve seu dia. Essa expressão que propus, depois de um certo número de agitações, passou muito tranquilamente aos fatos. Eu realmente a ofereci como um termo transitório. Proponho que o abordemos, pela seguinte razão: o passe na entrada, para mim pelo menos, veio sobretudo da consideração de que o passe não era apenas um momento da análise. É um procedimento, isto é, um método de investigação. A invenção própria de Lacan é a do passador. Minha ideia era que esse método de investigação por interposição de passadores era o bom, o método propriamente analítico para realizar investigações clínicas, o bom método de investigação para admitir novos membros na Escola. Esse método é, em todo caso, superior ao da entrevista com os membros do Conselho ou coisas assim, do qual eu tinha experiência, e que fornece informações extremamente limitadas; que a isso se acrescentem as opiniões de colegas mais velhos etc., não dá acesso a nenhuma certeza. A ideia era sobretudo utilizar o método ajustado por Lacan e dar-lhe o seu valor e o seu limite. Em outros termos, o passe como *método*. Nesse sentido, seria preferível dizer a *entrada pelo método do passe, a entrada pelo passe*, do que *o passe na entrada*.

Minha ideia — que só pode ser uma proposição a ser discutida — seria, portanto, que a entrada pelo passe, à diferença do passe final, fosse regulamentada, que a duração e o número de entrevistas fossem limitados, ou seja, que se obtivesse um certo efeito de precipitação, que se remeta essa entrada ao que ela deve ser: um modo de entrar na Escola. Em vez de encontrar os membros do júri, encontra-se os passadores, e temos de lidar com cartéis do passe e não com um Conselho.

Sobre a lembrança-fura-tela

Intervenção de 13 de junho de 1992, por ocasião da terceira (e última) sessão de ensino dos cartéis do passe na ECF sobre "As lições clínicas do passe".

SE CONSIDERARMOS QUE O INCONSCIENTE apareceu primeiro como uma memória, Funes, *el memorioso*, o homem que não esquecia nada, não podia — embora fosse argentino — fazer uma análise, porque ele não tinha inconsciente. Sem dúvida, devemos reconhecer, neste conto de Borges, a ficção de um analisante, como ele próprio era, agora o sabemos.

Imaginemos, porém, um Funes com um inconsciente, que se esquece o suficiente para fazer uma análise, mas tal como seu dom maldito se revela a propósito dessa mesma análise, ou seja, ele não esquece nada dela. Teríamos um sujeito que registrou tudo, que pode contar sua análise em todos os seus detalhes, exaustivamente. Poderia este *Funes do passe* fazer o passe?

De todo modo, seria um passante muito singular e muito sobrecarregado, porque a mola do passe é o esquecimento, o esquecimento de sua análise.

O que resta na memória do percurso de uma análise, uma vez que ela foi terminada? Em outras palavras, quais são exatamente os *memorabilia*, os memoráveis?

Seria necessário dar seu estatuto à *lembrança de análise* que, preservada do desastre do esquecimento, permanece eventualmente como indelével, por toda a vida.

A lembrança de análise não é sem relação com a *lembrança-encobridora*. Ela muitas vezes tem o seu brilho e é, como ela, muito preciosa para o sujeito que a ela se reporta de bom grado. Mas, sem dúvida, é uma lembrança que, pelo menos de bom grado do sujeito, não faz tela, uma lembrança mais do tipo *fura-tela* [*crève-écran*].

Parece-me que, no passe, do lado do júri, vemos emergir essas *lembranças-fura-tela* [*souvenirs-crève-écran*], emprestadas do texto do tratamento, tanto da parte do analista quanto da do analisante. Com frequência, é uma interpretação do analista, por vezes uma de suas intervenções, mas também um sonho, um pensamento, até mesmo uma experiência limite do analisante. Eles ali estão como monumentos de análise, mementos de momentos de superação.

Há, no entanto, uma diferença perceptível entre a lembrança-encobridora e a lembrança-fura-tela: pelo menos tal como acontece no passe, a lembrança-fura-tela não vem sozinha, isolada, mas com toda uma trama significante, onde está inscrita em seu lugar. Assim, ela toma, de algum modo, a significação de uma etapa em um progresso que culmina no passe. Não é dada como um enigma, porém mais como uma chave e selecionada como tal pelo sujeito no passe.

A partir dessas lembranças-fura-tela — que me apareceram na ocasião como os elementos que se trata no passe —, compõe-se um relato aparentemente sustentado do início ao fim por uma mesma intenção de significação. O relato do passe é muitas vezes uma narração discretamente triunfante, aliás, mais ou menos discreta, que não deve ser confundida com a lógica do tratamento.

Para dizer a verdade, pelo simples fato de o passe poupar ao júri o tempo de compreender e colapsar o instante inicial do tratamento e seu momento de concluir, ele sempre dá à luz, a fórceps, o tratamento de sua lógica, pelo menos de *uma* lógica. Mas a lógica do tratamento não é seu relato.

O passante, mesmo passado, não se torna por isso o analista de sua própria análise. A lembrança-fura-tela, da qual é feito o texto do passe, pode ser, por sua vez, uma tela. É só lembrar que os monumentos do tratamento só têm valor no passe como metonímia — eles indicam, mas não são a substância da coisa. São mais como destroços montados em relato. Pode acontecer, ocasionalmente, que a lógica reconstituída pelo júri, ou seja, pelos membros do júri, não se confunda com aquela que o passante acredita ter percebido.

Essa observação sobre a lembrança-fura-tela levaria a admitir que há, em cada passe, um elemento de ficção que é, por assim dizer, erigido a partir das lembranças-fura-tela. Esse elemento de ficção racionaliza, mais ou menos, em primeiro lugar, o fato de que o saldo é bom — como testemunha a cessação dos encontros regulares com o analista — e, em segundo lugar, o impossível de dizer, que o passe, sem dúvida, circunscreve o máximo possível, mas não o anula — se houver um impossível de dizer, pois bem, um elemento de ficção o circundará.

Nesse sentido, talvez devêssemos chegar a dizer, mas seríamos compreendidos de esguelha, que todo passe é fictício, mesmo o que é real. Da mesma forma que qualquer passante — já o observamos há muito tempo — peca pelo menos pelo fato de pescar um reconhecimento. Da mesma forma que Valéry encontrava em todo grande homem este defeito: *ele se fez conhecer.*

Diante de um auditório tão informado como este, sem dúvida é possível dizer que todo passe é ficção, pelo menos do lado do júri. Pois, deste lado, o que pode ele ser senão um efeito de verdade, que responde, portanto, a uma estrutura de ficção? Às vezes, é a ficção que o próprio júri constrói.

Disso decorre o elemento de aposta, inelimínável da nomeação. É uma aposta, evidentemente fresca — *para consumir antes de três anos.* Talvez só depois que seu tempo de frescor passar é que se verificará que aquele que terminava sua análise havia passado.

O passante deveria..., o passador deveria..., já ouvimos muito isso. E *o júri deveria...* O quê? Pois bem, parece-me que o júri não deveria se angustiar sobre as nomeações que faz.

Se todo passe é fictício e comporta um elemento de aposta, o importante é depois.

Sobre o desencadeamento da saída de análise: conjunturas freudianas

> *Intervenção em Milão, em setembro de 1992, publicada em duas partes na* Lettre Mensuelle, *n. 118 & 119, abril & maio de 1993.*

Propus no ano passado, ao Ateliê Milanês da Escola Europeia de Psicanálise, estudar as conjunturas do desencadeamento da saída de análise nos casos de Freud e fui a Milão, em setembro de 1992, para ouvir e discutir os trabalhos apresentados. Minhas intervenções foram reunidas e redigidas por Rosa Elena Manzetti, depois traduzidas para sua publicação em francês. — JAM

Introdução

Conjunturas de desencadeamento da saída de análise — dois conceitos estão em jogo nesta expressão original, até então nunca utilizada.

Primeiro, o conceito de *saída de análise*. Refletimos, mais frequentemente, sobre o fim da análise, entendendo com isso a conclusão do percurso analítico, de modo que era necessário situar um outro domínio a explorar ao lado daquele do fim, o da interrupção da análise. No entanto, qualquer análise inacabada não é necessariamente interrompida. Há análises que terminam com um certo *acabou*, sem que nem o analista, nem o analisante pensem que isso seja o *nec plus ultra*, sem que isso tome a forma de uma quebra. É necessário, portanto, formar um conceito mais amplo, indiferenciado, simétrico ao da entrada em análise: simplesmente, a saída de análise.

É impressionante que a perspectiva não tenha sido introduzida antes, a de refletir sobre a saída como tal, como se a diversidade e a variedade das saídas de análise obliterassem o conceito de saída como tal. É um autêntico trabalho de pesquisa, cujos resultados ainda não são conhecidos por ninguém.

O segundo conceito, o de *conjunturas de desencadeamento*, é utilizado por Lacan a propósito da psicose, especialmente em seu escrito "De uma questão preliminar a todo tratamento possível da psicose".

Este texto apresenta o seguinte esquema do desencadeamento da psicose: o sujeito psicótico não desencadeado encontra-se implicado em uma situação dual, de simetria, onde surge um terceiro que evidencia a falta do Nome-do-Pai, ou melhor, que ativa os efeitos de sua foraclusão. Lacan vê, nessa conjuntura, o fator desencadeante da psicose. Trata-se de um apelo ao simbólico feito em vão, a partir de uma relação imaginária simétrica na qual faz intrusão um terceiro elemento não simetrizável, objetivamente simbólico e, no entanto, subjetivamente não simbolizável. O que chama nossa atenção é a extrema simplicidade desse esquema e o esforço do qual ele testemunha para determinar uma única fórmula.

No que concerne à saída da análise, minha ideia, que ponho à prova, é determinar uma ou muitas conjunturas de saída.

Cada caso de Freud é inteiramente particular. Tentemos encontrar uma fórmula interessante em cada um deles e comparemos as fórmulas para ver se encontramos ou não uma fórmula única.

Se pensarmos — como propõe Maria Teresa Maiocchi — que a saída de Hans da análise se deu através da construção de um fantasma, poderíamos comparar as saídas pelo fantasma e as saídas pela construção do sintoma. No que diz respeito à psicose, diz-se de bom grado que a saída da relação é com frequência facilitada pela construção de um sintoma, elaborado graças à análise. Trabalhos foram escritos na Escola a esse respeito. É para ser estudado.

Tomemos o caso do Homem dos Lobos. Sua análise é marcada pela vontade de Freud de fazê-lo sair. O Homem dos Lobos não mostra vontade de sair. Acontece, muitas vezes, ser o analista que quer sair da análise, e não o seu paciente. Freud é frequentemente animado por um desejo muito preciso de sair. Em contrapartida, o Homem dos Lobos é animado mais por um desejo de ficar, a ponto de ter permanecido em análise até o fim de seus dias. Os analistas iam encontrá-lo como a um verdadeiro monumento.

Em cada um dos casos de Freud, encontramos o que se nomeou como *contratransferência*, ou seja, a particularidade do desejo do analista. Qual é a particularidade do desejo do analista em Freud? Ele é marcado por um desejo de saber que se caracteriza por estar situado no discurso da ciência, o que inflete um certo número de coisas. Através de seus casos, assiste-se à emergência progressiva do desejo do analista, em Freud. No caso Dora, por exemplo, o desejo do analista não está completamente ajustado.

Quero relembrar mais um aspecto.

O esquema lacaniano do desencadeamento da psicose pode ser lido no esquema L inicial.

Enquanto o sujeito se vê preso em uma tensão entre dois termos imaginários, intervém um apelo ao significante faltante do pai simbólico. Lacan dá exemplos clínicos dessa conjuntura, em que a relação simbólica, traçada a partir da relação imaginária, não chega a se concluir.

A saída de Dora

Façamos a supervisão de Freud no caso Dora, como cada um tentou fazer.

Freud considera a saída de Dora da análise como definitivamente uma saída feliz. Nem tudo está resolvido do ponto de vista do saber, mas finalmente ela consegue se desprender de seu pai e é *reconquistada pela vida*. Esta é a última frase do texto. Freud considerava que a análise estava terminada e não podia ser retomada. Dora retornou a ele, em vão, quinze meses depois, mas ele considerou que não havia nada ali que pudesse fazer com que a análise fosse retomada.

Podemos supervisionar Freud, porque sabemos mais ou menos o que aconteceu com Dora. Sabemos quem é Dora: a irmã de Otto Bauer, o líder socialista vienense, que era o garotinho cuja orelha ela puxava. Ela morreu em Nova York em péssimas condições, e o analista americano que a conhecia a definia como *uma das histéricas mais repugnantes* que ele já conhecera. Podemos, portanto, duvidar da saída feliz que Freud imaginou, e também de que a análise tenha sido terminada. Não nos deixemos fascinar pela famosa problemática de por que Dora partiu, mas perguntemo-nos, por exemplo, o que Freud poderia ter feito para que ela ficasse.

Freud nos dá uma indicação parcial disso quando escreve: *Teria eu conseguido reter a jovem se eu tivesse desempenhado um papel? Se eu tivesse exagerado no valor que coloquei em seu retorno? Se eu tivesse demonstrado um interesse caloroso por ela [...]? Não sei.* Freud percebe, então, que se ele não tivesse permanecido um pesquisador objetivo, científico, se não tivesse permanecido apenas o intermediário do pai, se tivesse pago um pouco mais com sua pessoa, se tivesse dito: *Fique, temos coisas para encontrar juntos. Eu, Freud, lhe peço que fique*, isso, talvez, tivesse impedido Dora de sair. Ao contrário, Dora, toda sorridente, foi ao encontro de Freud e lhe disse: *Decidi ir embora. — Como você quiser, faremos a última sessão*, responde Freud. Na verdade, ele lhe disse: *Pouco me importa*.

Em certos momentos do tratamento, Freud é interpelado por Dora, ela pede para se expressar, e não há ninguém para responder a esse apelo, Freud desaparece.

Ele pode me perder? é a pergunta que Dora faz ao Outro. Quando ela a faz? Logo após a sessão de análise do segundo sonho, com o qual Freud estava tão contente, e ela lhe disse: *Não é muita coisa*. Ao sair, ou melhor, dizendo que vai embora, Dora demonstrou a Freud que o que ele achava importante, na verdade, *não era muita coisa*. Freud ficou completamente surpreso com a transferência, ele foi rastreado pelo desejo de Dora.

A análise, por Lacan, das reviravoltas dialéticas do tratamento gira em torno do fato de Freud não reconhecer o objeto de desejo de Dora. Freud acredita que esse desejo é dirigido ao sr. K., ao passo que a pergunta de Dora diz respeito à sra. K. como a encarnação da feminilidade. Lacan escreve que Freud *desaparece pelo mesmo alçapão que o sr. K.* Esta é certamente a frase mais importante de todo o texto. O que ela está dizendo exatamente? A pergunta de Dora diz respeito à mulher como Outro do mistério e, para fazer essa pergunta, ela precisa da intermediação do sr. K. Ela só está interessada no sr. K. como meio para formular sua pergunta sobre a feminilidade. Seu eu [*moi*] é apoiado pelo sr. K. para sustentar sua questão fundamental. É por isso que, como Lacan dirá no texto "A direção do tratamento e os princípios de seu poder", publicado nos *Escritos*, devemos distinguir o objeto de identificação, que é o sr. K., e a causa do desejo de Dora. Com efeito, o que sustenta o lugar do Outro na análise de Dora é, abaixo do Outro, o objeto *a*:

$$\frac{A}{a}$$

Uma vez que Freud se identifica com o sr. K., basta que o sr. K. perca seu lugar junto a Dora para que, a um só tempo, Freud perca o seu — *desaparecendo pelo mesmo alçapão*, como escreve Lacan. Encontramos, aqui, da maneira mais precisa, o rebatimento da posição simbólica sobre o imaginário.

É o que acontece com a análise do segundo sonho. A sessão de análise desse sonho dura duas horas. É uma sessão muito longa. Ela dura porque Freud elabora um saber e deixa de lado a questão da transferência. Depois dessa sessão de duas horas, na sessão seguinte, Dora anuncia que decidiu parar. Freud lhe pergunta: *Desde quando você tomou essa decisão?* — *Há quinze dias,* responde ela. Freud se apega a essa duração, considerando que são os quinze dias que se dá a uma governanta, a uma faxineira que se dispensa. O importante não é isso.

Na sessão anterior, Dora contou que o sr. K. lhe disse: *Minha mulher não é nada para mim.* Ela o esbofeteou, depois disso seu interesse pelo sr. K. desapareceu. É então que Freud lhe diz que seu amor pelo sr. K. ainda dura. Este foi o erro cometido por ele.

Retomemos o texto da sessão do sonho. Qual é o ponto crucial do segundo sonho? É o momento em que o pai adoece e a mãe escreve para Dora: *Agora que ele está morto, você pode vir, se quiser.* O que Dora associa com o *se quiser* do sonho, com o *se você quiser, você pode vir*? Estes são os termos mesmos da carta da sra. K. convidando Dora para ir à beira do lago. Nessa carta, depois das palavras *se você quiser vir,* há, coisa muito curiosa, um ponto de interrogação bem no meio da frase. No sonho há, portanto, uma decifração da frase enigmática: o obstáculo constituído pelo pai desaparece, dando assim acesso à mãe ou à sra. K. A interpretação de Freud vai na contracorrente: *Seu amor pelo sr. K. não termina com a cena do lago, e esse amor dura ainda, mesmo que de forma inconsciente.* Nesse exato momento em que Freud expressa o quanto ele está contente com essa sessão, Dora responde com desprezo: *Não é muita coisa.*

Partir daí situa melhor a causa da saída da análise de Dora. Seu sonho mostra como a eliminação do pai permitia ir ao encontro do objeto de desejo, ao passo que Freud tomou uma direção exatamente oposta ao querer trazê-la de volta ao objeto de identificação. *Se for assim, vou embora*, respondeu Dora imediatamente. O que está em jogo, então, é, de certa forma, uma segunda entrada em análise de Dora, e Freud a perde.

A posição do Outro não se sustenta pelo significante-mestre, mas por um ponto de interrogação incidindo sobre a causa do desejo, ao passo que a atitude de Freud foi: *Compreendi tudo*. Vale mais fazer sessões breves e deixar claro que não compreendemos nada! É manter um ponto de interrogação sobre a causa do desejo. Eis o que não deve ser sufocado por infinitas cadeias associativas:

$$\frac{A}{?}$$

Vemos os limites da técnica de Freud. Na realidade, a coisa mais preciosa, o *agalma* que retém o paciente junto ao analista, é o ponto de interrogação, a falta no Outro. Freud não soube dizer a Dora que ela podia lhe faltar, que, ao partir, ela escavava uma falta no Outro. No entanto, é claro que ela escavou essa falta, basta ver como Freud começou a pensar em Dora, a escrever sobre ela, a ponto de torná-la imortal, de fazer dela uma nova Gioconda. *Dora*, diz Lacan, *vai embora com o sorriso da Gioconda*, ou seja, com seu ponto de interrogação.

Talvez possamos, aqui, relacionar a conjuntura da saída ao eclipse da falta no Outro. Quando se apela à falta no Outro (que não é um apelo ao Nome-do-Pai) e que essa falta vem a faltar, produz-se, então, uma conjuntura de saída de análise.

A saída do pequeno Hans

Em vez de se perguntar se a análise do pequeno Hans é uma análise ou não, é mais interessante considerá-la como tal.

Freud considera, então, que uma saída de análise é correta, se houver cura [*guérison*]. Há, aqui, o desaparecimento do sintoma, um sintoma fóbico caracterizado e incapacitante, acompanhado da elaboração de uma resposta à pergunta do sujeito. É o que Lacan recolhe na fórmula *resolução curativa do caso*. Só que a resolução terapêutica não é tudo.

A fobia tem a vantagem de apresentar um sintoma objetivo, comportamental, que não existe apenas para o sujeito, mas que é constituído no mundo. A resolução é obtida através dos últimos fantasmas do sujeito: o encanador, o casamento com a mãe, a fantasma de ter filhos. Aqui, há, portanto, uma espécie de cura [*guérison*] do sintoma pelo fantasma.

Qual é a questão de Hans? Como formulá-la?

É uma questão sobre o gozo próprio do órgão fálico. Como assinala Lacan, o que operou uma mudança nas relações libidinais mantidas por Hans com sua mãe foi a intrusão de um elemento *real* no jogo, o gozo do órgão. O falo, que até então era um elemento imaginário que circulava entre a mãe e a criança como num jogo de esconde-esconde, torna-se real, e não há lugar para isso.

Esta é a questão de Lenin: *O que fazer?* — *O que fazer com o gozo fálico?* A resposta de Lenin é o Partido Comunista. A do pequeno Hans é um apelo ao pai para dar lugar ao gozo fálico. Esse apelo atravessa toda a observação. Não encontrando em seu pai um suporte adequado para simbolizar o falo, Hans se empenha em encenar uma extração de gozo na dimensão do imaginário. Ele não deixa de provocar seu pai para sustentar o papel que lhe cabe. *Por que você está zangado?*, lhe pergunta. *Mas isso não é verdade*, responde o pai, se eximindo. — *Sim, é verdade, você está muito zangado, é preciso*, insiste Hans. O que ele quer obter de seu pai? Que ele alivie o excesso de gozo, que ele legalize o falo dando-lhe seu lugar simbólico. É interessante notar o seguinte: a pergunta sobre o pai se origina da pergunta sobre o gozo. É o que se chama castração, uma conjunção operada entre o gozo e o pai. Há sempre um elemento excessivo no gozo, que apela por uma subtração. Aqui se opera a ligação entre o lugar do Outro e o objeto como *mais-de-gozar*.

O impasse de Hans é o circuito que religa seu papel imaginário, a figura da mãe que lhe responde e o falo que circula entre os dois. A introdução do elemento real de gozo, ou seja, o mexer no pênis que produz um certo número de sensações novas, suscita um apelo à função paterna. Aqui se concentra a questão de Hans. A resposta vem sob a forma do sintoma fóbico, que desempenha o papel do pai. O sintoma fóbico é uma elaboração subjetiva do pai. Isso permitirá que Lacan diga finalmente que *o pai nada mais é do que um sintoma*. Hans encena uma castração dramática. O sintoma vem no lugar do Outro, ali onde se espera a manifestação no mundo de um poder terrível. A fobia ordena o mundo, estabelece seus limites, diz que, daqui, não se irá mais longe.

Aproximemos, agora, Dora e Hans. Dora faz sua pergunta por intermédio do sr. K. Ela se pergunta: *O que é uma mulher? O que um homem encontra em uma mulher?* Para fazer essa pergunta, ela se dirige ao sr. K. e se identifica com ele. É o princípio da identificação viril da histérica, que levará Lacan a dizer que a *histérica banca o homem*, ela faz semblante de homem.

Acho interessante perguntar se Hans também não faria sua pergunta por meio de um certo *x*.

Lacan não acredita na cura [*guérison*] de Hans. Se por cura entendemos o desaparecimento do sintoma, tudo bem, mas distinguimos o sintoma e a questão que se expressa por meio dele. Temos razões para duvidar que esta questão encontre aqui uma resolução otimizada.

Riccardo Scognamiglio, em sua intervenção, retomou uma importante citação, que esclarece a questão que estou levantando: por meio de quem Hans faz sua pergunta sobre o pai? É a passagem em que o pai pergunta a Hans: *Então você pensou que era a mamãe?* — *Eu era a mamãe de verdade*, responde a criança que, assim, nos informa sobre o objeto de sua identificação, a saber, a mãe.

Façamos a hipótese de que é por intermédio da mãe que Hans formula sua pergunta sobre o pai. O que diz Freud? Ele diz que, no final, há um fantasma formidável, e tudo termina para melhor. Em 30 de abril, Hans declara: *Antes eu era a mamãe, agora sou o papai*. Para ter certeza de que Hans está no caminho certo, o pai lhe pergunta quem é a mãe dos dois filhos: *É a mamãe e você é meu avô*, responde Hans. O pai e Freud consideram, então, que tudo está bem quando acaba bem. Cito: *Tudo acabou bem, o pequeno Édipo encontrou uma solução mais feliz do que aquela que o destino prescreveu. Em vez de matar o pai, ele o promoveu a avô*. E assim por diante. Para Freud, isso assinala a cura do pequeno Hans.

Ora, o que precede essa frase do pequeno Hans? Ele insiste que quer ser a mamãe de seus filhos. Seu pai intervém decretando: *Não, não é possível*. Todo o diálogo de 22 a 30 de abril é ocupado por Hans que declara: *Eu sou a mamãe*, seu papai lhe explicando que não é possível. Hans tenta convencê-lo por todos os meios: *Mas sim, os meninos podem ser mamães; eu sei que os meninos não podem ser mamães, mas, mesmo assim, eu acredito nisso.* Em vez de decifrar esses enunciados, o pai lhe inventa fantasmas, por exemplo: *Se papai morresse, eu seria papai,* e outras da mesma farinha. Em 26 de abril, Hans disse: *Eu sou realmente a mãe deles, eu os coloco para dormir comigo, os meninos e as meninas. Você sabe muito bem que um menino não pode ter filhos,* repetiu o pai. — *Sim, sim, mesmo assim ainda acredito nisso,* replica Hans. É somente no dia 30 de abril que ele chega a dizer: *Antes eu era a mamãe, agora eu sou o papai.* A partir dessa frase, todo mundo está contente, tudo está bem quando termina bem, *happy end!* Mas a coisa não termina tão bem assim.

O que significa o fato de Hans continuar, por dias, a formular a questão do pai por meio da identificação com a mãe? Isso significa que sua resposta à pergunta do pai é a reprodução. O pai é aquele que faz os filhos. Não é desonroso. Sabemos o que ele se tornará, um diretor de teatro, pondo em cena as crianças de sua imaginação. Ele será um artista, ele irá sublimar, povoando o mundo com seus filhos imaginários. Quando ele diz ao pai: *Antes eu era mamãe, agora sou o papai,* ele responde ao desejo do Outro.

O que Hans encontra no Outro nada mais é do que o falo imaginário.

Hans não se sustenta apenas pela identificação com a mãe, mas também pela função da irmã. A identificação com uma personagem feminina lhe permite superar a angústia de castração. De certa forma, ele resolve a castração como uma menina o faria. Aliás, a história do encanador incide sobre o traseiro, não sobre o órgão masculino. Hans encontra sua solução através da procriação, como uma forma de solução feminina imaginária para uma espécie de inveja do pênis. A ideia de Lacan é que toda a vida de Hans permanecerá infletida por sua identificação feminina.

Para Hans, o objeto *a* continua sendo o falo imaginário. Sua saída de análise o põe no caminho de uma produção que, de alguma forma, contorna o simbólico do falo.

O fator temporal

No caso da Jovem Homossexual, trata-se verdadeiramente de uma interrupção, da qual é preciso identificar o ponto preciso em que ela se produz. Sob certos aspectos, reencontramos a mesma questão que no caso Dora, exceto que a corrente ginecofílica é manifesta. Redescobrimos a dificuldade de Freud diante da *segunda entrada em análise* (expressão de Gérard Miller). É como se ele fosse um pouco derrotista quando um paciente vem até ele impelido de fora, como se ele pensasse que uma demanda "autônoma" não pudesse emergir da própria relação. No próximo relatório da Escola Europeia de Psicanálise, poderíamos nos perguntar se não há sempre, em certo sentido, uma segunda entrada na análise. O sujeito sempre entra em análise antes de saber o que efetivamente é a psicanálise, ou pelo menos qual será sua relação prática com a análise, e uma confirmação dessa opção deve sempre intervir.

Um fator é evidente, se compararmos o Homem dos Ratos e o Homem dos Lobos: uma certa impaciência por parte de Freud. Ele tem pressa de terminar. Ele só pode receber um número limitado de pacientes. Quando ele extraiu o essencial sobre o que lhe interessa do ponto de vista científico, seu interesse diminui e ele tende a dispensar o paciente para dar lugar a um novo caso. No caso do Homem dos Lobos, é explícito; no do Homem dos Ratos, pode-se pensar que também há um componente desse tipo.

Em ambos os casos, o que importa para Freud é dar a razão dos fenômenos psíquicos. No caso do Homem dos Ratos, trata-se de uma obsessão, uma coisa bizarra, estranha, não se sabe de onde vem. Freud põe-se a trabalhar para descobrir de onde isso vem, como se construiu, de que maneira se instalou. Ele achava que bastaria uma explicação para que o fenômeno desaparecesse. Ele acreditava na cura [*guérison*] pelo saber, na cura epistêmica. O elemento transferencial propriamente dito, distinto da repetição, lhe é pouco evidente; ele lhe aparecerá mais tarde sob a forma da reação terapêutica negativa, que é a recusa da cura [*guérison*] como epistêmica.

O caso da Jovem Homossexual é muito estruturado por Lacan. Com base nessa estruturação, podemos tratar os outros casos de Freud. No caso do Homem dos Ratos assim como no do Homem dos Lobos, uma passagem é essencial. Para o Homem dos Lobos, é uma passagem do primeiro capítulo, onde Freud expõe seu método para concluir o tratamento, o método da antecipação do final. A razão que motiva esse método extraordinário está bem descrita: *O paciente refugiou-se longamente atrás de uma atitude de dócil indiferença: ele escutava, compreendia, mas permanecia inalcançável.* Aqui está uma descrição muito precisa da relação do sujeito com a fala, com sua própria fala e com a de Freud. O método de Freud, aqui, é jogar com o tempo e, assim, realizar um forçamento. Isso domina o caso. Por outro lado, pode-se perguntar se Freud nem sempre precipitava a saída da análise. Pode-se perguntar se estamos confrontados com uma exceção, ou se não se revela, em Freud, um certo *autômaton*, que consistiria em forçar o momento de concluir.

A passagem essencial no caso do Homem dos Ratos, para o que nos interessa aqui, está na parte E, onde Freud expõe seu método. Essas obsessões parecem absurdas, trata-se de dar-lhes um sentido, de tentar traduzi-las, mesmo que pareçam insolúveis. Ele explica precisamente como ele procede. *Para chegar à solução, é preciso colocá-las em uma relação temporal com as experiências do paciente, ou seja, buscar o momento no qual uma ideia obsessiva apareceu pela primeira vez e as circunstâncias externas nas quais ela reaparece comumente.* [...] *Podemos facilmente nos convencer de que, uma vez descoberta a relação entre a ideia obsessiva e a experiência do doente, todos os aspectos enigmáticos e marcantes da estrutura patológica se tornam facilmente compreensíveis: sua significação, seu mecanismo genético, em que ela deriva as forças psíquicas pulsionais que a determinaram.* Esta é a ideia de uma cura através do saber. Assim, quando Freud pensa ter traduzido metodicamente todas as obsessões do paciente, ele lhe diz adeus. É como pegar um livro, traduzi-lo e, no final, acabou. O efeito terapêutico é indubitável. O Homem dos Ratos chega em um estado de pânico, o pânico cede, um certo número de aspectos de sua vida encontra uma solução.

Amelia Barbui tinha razão ao introduzir o termo *momento de concluir* e evocar uma *precipitação do tempo para compreender*. Com efeito, o método de Freud com o Homem dos Lobos evidencia o tempo lógico. É uma aposta no tempo lógico. Toda a observação do Homem dos Lobos valoriza o fator temporal. Freud ali desenvolve a função do a posteriori, da qual Lacan o extrairá. Constatando os remanejamentos da significação por escansões sucessivas, Freud aplica esse método ao tratamento como tal. Ele espera que, fixando o final por antecipação, ele fará surgir uma nova significação. Do que Freud tentou fazer suplência fixando antecipadamente o ponto de conclusão? Da falta de um ponto de basta. De fato, no tratamento, há uma espécie de movimento ao infinito — a propósito do presidente Schreber, Freud usa o termo *assintótico*, que inspirará em Lacan seu esquema hiperbólico. Diante do *autômaton* infinito do caso, que sem dúvida ultrapassa a neurose, Freud busca produzir artificialmente um ponto de basta, com o resultado de que o Homem dos Lobos será ocupado, em seguida, pelo delírio de operar o nariz, ou seja, de realizar uma castração no real. Cada caso de Freud mostra a importância, o peso, a densidade do fator temporal em psicanálise. Lacan mostrará que a sessão psicanalítica joga essencialmente com seu manejo: ao lado do fator epistêmico, há o fator temporal.

O sintoma do Homem dos Ratos, pelo menos sob o aspecto intenso do início, recebe uma certa solução; mas, aqui também, devemos distinguir o sintoma e a questão que ele expressa. Lacan pensava que, no caso do Homem dos Ratos, a questão não havia sido resolvida de modo eficaz. Consequentemente, ele levou a sério a nota final sobre a morte do paciente durante a guerra. No decorrer de sua análise, ocorreu o casamento do sujeito com a morte. Em seu encontro na escada com Anna Freud tendo dois excrementos no lugar dos olhos, Lacan o vê como o emblema do caso. Dora e o Homem dos Ratos: de um lado, o sorriso da Gioconda; do outro, a moça dos olhos de betume.

Por que Lacan valoriza esse encontro na escada? Porque a questão fundamental do obsessivo é, para ele: *estou vivo ou morto?* Lacan, assim, dá a entender que o Homem dos Ratos não saiu das garras da morte, mas, ao contrário, que ele, em análise, fez um pacto com ela.

Chegamos ao ponto de formular que as interrupções se produzem inesperadamente, quando o analista passa da posição simbólica para a posição imaginária. Encontramos isso no caso do Homem dos Ratos? Não. Não houve, estritamente falando, nenhuma interrupção. Freud considera que se trata de uma conclusão. Ele considera, aliás, que o mesmo ocorre com o Homem dos Lobos. O caso do presidente Schreber é um caso-limite, já que não há tratamento.

No caso Dora, notamos que Freud sustenta a análise enquanto está no trabalho de decifração. Quando se trata de ele pagar um pouco com sua pessoa, de sustentar a causa do desejo, não há mais ninguém. Poder-se-ia perguntar se Freud também não estava um tanto casado com a morte. Claro, ele é também *um homem de desejo*, lembra Lacan, de um desejo que ainda nos conduz a todos, o que torna o desaparecimento desse desejo ainda mais surpreendente em certos momentos. É porque seu desejo é um desejo de saber marcado pela ciência, que se eclipsa quando o *mais-de-saber* se desata.

Há sempre manifestações residuais

Havíamos combinado que Marco Focchi comentaria a frase de Freud: *Quase sempre há manifestações residuais*, que figura no capítulo III de "Análise terminável e interminável". Preferindo decifrá-la na particularidade do texto, ele não cedeu à vontade de generalizá-la. Eu me permito traduzi-la em nosso jargão: *Sempre existe o objeto* a.

Nunca há um sistema significante sem o objeto *a*. É uma espécie de axioma freudiano. Na psicanálise, ou na ordem do sujeito, nada é tudo. Nada é tudo, é uma forma de abordar o significante do Outro barrado, S(A̸).

De um outro ponto de vista, isso se inscreve no antiprogressismo característico do final do século xix, e contrasta com o progressismo do século xviii, a confiança na capacidade da humanidade de eliminar o Antigo Regime. No século xix, houve um colapso da ideologia progressista, da qual Nietzsche é, aliás, uma das expressões. A frase de Freud também expressa isso. Ela diz que o novo homem é impossível. A Revolução de Outubro afirmará o contrário.

No final do século xx, estamos em condições de confirmar a precisão da frase de Freud sobre as manifestações residuais. É impressionante constatar um certo *retorno a 1914*, além da bomba atômica. Seria necessário completar a frase de Freud da seguinte maneira: *Sempre há manifestações residuais, e ainda felizes quando são apenas residuais.*

Generalizando a frase de Freud, chega-se a dizer que *o sujeito é sempre dividido.*

O capítulo iii é dedicado ao enigmático *fator quantitativo* e ao que Freud chama de *seu poder irresistível*. Quando Freud diz ter negligenciado o fator econômico, está se referindo ao que constatamos nos relatos de casos. Não basta uma elucidação significante para operar, resta uma certa resistência, não a do paciente, mas a da própria coisa, uma resistência do isso, da libido, de sua viscosidade, de sua fixação. O encantamento provocado pela leitura dos casos de Freud está ligado ao mito de uma libido fluida, que estaria toda na decifração, como se pudéssemos inscrever a operação e seu resultado na lousa e depois mostrá-la ao paciente que, então, se levanta, como Lázaro, e vai embora, livre do sintoma. Quando Freud reconhece ter *negligenciado o fator econômico*, ele tira a conclusão de suas dificuldades com seus pacientes. Ele o descobre no modo pessimista testemunhado no texto "Análise terminável e interminável".

Diante dessa constatação, Lacan postula que, uma vez que sempre há manifestações residuais, que sempre há um resto, estudemos, então, o que podemos fazer com esse resto. Eu chamo esse resto de objeto *a*. Freudianamente, é um resto de libido presente de modo paradoxal em um conjunto significante ao qual ele é desarmônico.

A grande ideia de Lacan é que: é melhor, para o analista, identificar-se com o objeto *a* como causa do desejo mais do que com o pequeno *a* da relação imaginária. A manifestação residual da análise é o analista. Sair da análise é tentar deixar para trás de si essa manifestação residual. O analista é, todavia, uma manifestação residual muito resistente. *Talvez não se possa levar a pátria na sola dos seus sapatos,* como dizia Danton, mas corre-se o risco de levar o analista. Muitas vezes, tornamo-nos professor para não deixar a escola. Da mesma forma, tornar-se analista é permanecer na análise. Podemos pensar que os melhores são aqueles que saem completamente da psicanálise, Lacan disse isso.

Tudo o que Freud analisou do lapso e do ato falho como revelação de uma verdade se traduz, do ponto de vista econômico, como a presença de um mais-de-gozar.

Aquele que costuma transbordar de bondade se deixa levar a um ato de hostilidade... Esta frase de Freud me evoca um episódio, já relatado em meu curso e que me ficou inesquecível.

Ele concerne ao meu filho, que tinha, então, três anos. Ele era apaixonado pelas galinhas do galinheiro Guitrancourt. Ele se levantava de manhã cedo para lhes levar comida. Vestido da cabeça aos pés como se deve, com botas, um balde muito pesado para ser carregado por um menininho tão pequeno, virando e revirando os grãos, ele entrava aventurosamente no galinheiro e distribuía a comida a todos os franguinhos que vinham correndo até ele. Era um modelo de generosidade, oblatividade, caridade. Eu o observava. E eis que, em certo momento, de repente, ele chuta as galinhas, que se espalham! Foi como um trovão num céu sereno.

A frase de Freud sobre as manifestações residuais implica uma libido inerte, não móvel. Muitas passagens de Freud inspiraram em Lacan o seu objeto *a*, mas o capítulo III de "Análise terminável e interminável" é certamente uma de suas fontes fundamentais. Enquanto o significante é metáfora e metonímia, mobilidade, a manifestação residual é fixação. Há sujeitos que, mesmo tendo acesso ao outro sexo através do coito, jamais serão persuadidos de obter deste tanto prazer quanto da masturbação. Este é um exemplo de manifestação residual.

Sobre a originalidade do final de análise

Intervenção de 25 de outubro de 1992 no colóquio "A Escola de Lacan", em São Paulo, no Brasil, revisada pelo autor e publicada na revista Opção Lacaniana, *depois traduzida do espanhol com o título "Réponse à Bernardino Horne" em* Letterina, *n. 15, janeiro de 1997.*

Como falar da travessia do fantasma antes do final da análise? — esta é a primeira pergunta de Bernardino Horne. *É possível verificar algo da relação do sujeito com a causa analítica?* Esta é a sua segunda pergunta. A terceira diz respeito à *possibilidade de verificar algo sobre a emergência do desejo de saber.* Darei uma resposta provisória à primeira pergunta, fundamentada na minha experiência de dois anos em um cartel do passe.

Primeira pergunta. Eu levantava a hipótese de uma antecipação da travessia do fantasma antes do fim. Não posso dizer que isso tenha sido confirmado. No entanto, encontramos essa travessia fulgurante uma vez, dentre os 29 passes estudados durante esses dois anos. Daquela vez, apenas uma vez, nós, os cinco membros do cartel, concluímos, de forma igualmente fulgurante, que houve uma travessia do fantasma convincente. Outros casos ocasionaram uma discussão elaborada, com argumentos *a favor* e argumentos *contra*, antes de se concluir *a favor*. No entanto, nada do que ouvimos dos passadores durante esses dois anos deu consistência à hipótese da antecipação.

Há muitas ultrapassagens que um passante pode testemunhar. Em uma análise, há escansões, um *antes* e um *depois*. Depende de cada um: alguns vivem sua análise como um processo contínuo, ao passo que outros situam nela descontinuidades, rupturas, momentos de desidentificação. Todavia, em minha opinião, nenhuma escansão tomou a forma de antecipação da travessia do fantasma. Quando isso acontece, é muito especial, raro.

Segunda pergunta. É possível verificar alguma coisa da relação do sujeito com a causa analítica? Esta era a minha hipótese, e ela foi verificada com precisão. Através do procedimento indireto de confissão — se assim podemos dizer — de um analisante a outros analisantes passadores, pode-se assegurar a autenticidade da relação do sujeito com a análise. O engajamento do sujeito em sua análise pode ser verificado, e a certeza que ele tem da existência do inconsciente pode ser afirmada. Esse era o critério de Freud nos primeiros tempos. Ele dizia que não se pode participar da causa analítica sem estar convencido da existência do inconsciente. A entrada pelo passe confere a esse critério sua operatividade.

Um exemplo recente. Estudamos o relato de passe de uma pessoa que não fora formada na Escola da Causa Freudiana. Sua formação e sua análise se efetuaram em outro país, com um analista que não pertencia ao Campo Freudiano, mas que estava em suas margens. Concluímos que essa pessoa poderia ser um membro da Escola. Esta é uma vantagem do passe — podemos, com discernimento, oferecer entrar não só aos analisantes de nossos colegas, mas também a alguém formado em outro lugar. Por que o fizemos? Não foi pelo admirável da análise, pois, na realidade, o sujeito não falou tanto sobre o que lhe aconteceu em seu tratamento, mesmo que tenha ocorrido uma autêntica mudança de sua posição — de uma posição bastante "agitada", de grande sofrimento, a uma resolução terapêutica notável — permitindo-lhe trabalhar regularmente. Se ele passou por essa prova, foi muito mais devido à acuidade de sua neurose tão complexa. Por essa razão, pareceu-nos que a pessoa tinha uma experiência autêntica do inconsciente. Ela entrou, assim, pelo mérito de sua neurose, pela certeza que tinha da existência do inconsciente a partir de sua neurose.

No entanto, essa certeza é discutível. Alguns sujeitos têm a certeza do inconsciente a partir do corpo; por exemplo, movimentos incontroláveis do corpo, no caso da histeria, podem levar os sujeitos à certeza de que não são senhores de si mesmos. Outros, obsessivos graves, são levados a ela a partir do pensamento: experimentam a impossibilidade de controlar e dirigir seus pensamentos como gostariam. Às vezes, depois de se precipitarem em verificar as bases médicas da coisa, chegam à certeza indubitável da existência do inconsciente. Isso não é suficiente. É preciso ter a certeza autêntica da estrutura de linguagem do inconsciente. Não basta pensar pelo viés do corpo, mesmo que essa via possa ser como uma "porta de entrada". Trata-se de ter a experiência da estrutura da linguagem do inconsciente e dos poderes da fala. Isso não pode ser alcançado sem análise, onde se pode adquirir a certeza da conexão entre esses fenômenos e a estrutura da linguagem.

Pode ocorrer que os sujeitos que praticam a psicanálise não tenham atingido claramente esse grau de certeza. Teoricamente, o inconsciente é uma hipótese, mas isso causa uma dificuldade na prática, para alguns analistas, por não terem a certeza viva da existência do inconsciente, a certeza de que a Coisa responde aos efeitos da fala. O mais autêntico da relação com a causa analítica é a relação com a Coisa Freudiana, na medida em que responde aos efeitos da fala. Isso pode efetivamente ser ouvido nas entradas pelo passe.

A instauração da entrada pelo passe foi um grande alívio para mim. Durante alguns anos, fui membro do Conselho da Escola, que era responsável pelas admissões. Funcionar como júri nessa posição não me agradava, porque admitíamos membros com base nas impressões, nas necessidades, nas recomendações, como se faz habitualmente. Mas fazê-lo a partir do passe, a partir do exame das formações do inconsciente, significa um alívio. É um trabalho difícil. Durante dois anos, todas as quartas-feiras à noite, dedicávamos duas ou três horas a isso. A entrada pelo passe foi, no entanto, um grande alívio nesta questão fundamental. Não conheço nenhum grupo que tenha praticado a entrada pelo passe, que é alguma coisa de específico do discurso analítico.

Terceira pergunta. Ela incide na emergência do desejo de saber. Aqui, não há mais nenhuma antecipação, nem grau. Ocasionalmente, ele é confundido com o desejo de ensinar que, na verdade, nada tem a ver. Um desejo de ensinar pode surgir com o levantamento das inibições. O desejo de saber é uma função clínica. Ele se fundamenta em uma renúncia autêntica ao desejo de poder. Em algum momento, o desejo de desejar algo para o outro, e no lugar do outro, cai. É alguma coisa muito especial, inimitável.

Pode-se verificar, na entrada pelo passe, que o sujeito não é mais uma *bela alma*, termo emprestado de Hegel. É assim que Lacan considera Dora quando ela encontra Freud, como uma bela alma, pensando que os outros são os responsáveis pela desordem do mundo e se apresenta como uma vítima. Em certo nível, todo mundo é vítima, mas, ao mesmo tempo, cada um é responsável por sua posição. Na entrada pelo passe, trata-se de verificar se o sujeito tem a noção da responsabilidade de sua própria posição subjetiva. Sem essa noção, não há desejo de saber.

Fiquei encantado com a citação de Antonio Di Ciaccia — devemos elevar esta frase à noção de "dito de Di Ciaccia", a exemplo do "dito de Anaximandro". Eis o que disse Di Ciaccia: *O mais importante, presentemente, não é a passagem de psicanalisante a psicanalista, mas a de psicanalista a psicanalisante.* Isso me pareceu luminoso. É coerente com a concepção de Lacan, segundo a qual o ápice do analista é a posição de analisante. É um paradoxo. O analisante, segundo Lacan, caminha para a posição do analista, a qual não deve ser considerada como de *suficiência*, de *beatitude*. O ápice da posição do analista é voltar a ser analisante em sua relação com o sujeito-suposto-saber.

O passe 3

> *Nota endereçada aos Analistas da Escola em 9 de fevereiro de 1993, publicada em anexo em* Spartam nactus, *uma brochura interna reunindo as intervenções orais de JAM no decorrer das oito reuniões do Colegiado do Passe, 1996-7, AMP, agosto de 1997.*

1

Poder-se-ia acreditar que a atenção da Escola foi conquistada pelos Analistas da Escola (AE). Experiência feita, não é nada disso. Conclusão pragmática: é preciso conquistá-la. Mas também, é preciso saber por que é assim.

2

O AE, segundo Lacan, é duas coisas:

1 — um autêntico analisante, cujo final de análise tenha sido devidamente homologado por um procedimento ad hoc;

2 — um analista de quem se pode esperar que faça progredir a psicanálise.

O que está em questão é a equivalência postulada por Lacan entre o fim da análise e o ensino da psicanálise.

3

Esta equivalência não é evidente.

Assegurar-se de que o passante foi um analisante autêntico é uma coisa; que ele tenha satisfeito o passe, é outra coisa; que ele trará uma contribuição para o avanço da análise, mais uma, e, aqui, isso não é senão uma possibilidade. Essa é a aposta do júri.

4

O segredo do passe é este: o passe não é apenas o momento de ultrapassagem, que é interno à experiência analítica; também não é falar com os passadores; é também e sobretudo o tempo a posteriori, o do ensino da psicanálise.

Aqui, o júri é julgado. Aqui, na verdade, o AE decide.

Certa vez causei sensação na Escola Freudiana ao distinguir Passe 1 e Passe 2 (o momento e o procedimento). Mas, no fundo, o que conta para a Escola é o Passe 3.

O Passe 3 é a invenção, o *melhor-dizer*, é o Juízo Final, a *vox populi, o respeito à posteridade* (cf. a correspondência entre Diderot e Étienne Falconet).

5

A Escola não acredita no Passe 3. É triste, mas é assim. Temos que partir daí.

Seria preciso pelo menos que o AE cresse nisso, que ele cresse de verdade que aquilo que ele dirá — ou alguma coisa do que ele dirá — fará uma diferença para a Escola, para o Campo Freudiano, para a psicanálise.

Ele crê nisso? Se o crê, ele deixará tudo por isso — pelo menos ele lhe dará a prioridade. O semblante não aguentará.

6

No que estou me intrometendo? É que eu gostaria que os AE me dessem razão — ou seja, que seu sucesso comprovasse o bem fundamentado do relançamento que se operou depois da crise, como o das decisões particulares para as quais contribuí.

Cabe aos AE assumirem a responsabilidade.

É certo que a atenção da Escola não foi conquistada por eles — a Escola, que é o júri atual do que se transmite ou não.

O passe perfeito

> *Intervenção pronunciada em 23 de junho de 1993, por ocasião de uma tarde dos cartéis do passe da ECF, retocada em junho de 1997 para publicação em* Tabula, *boletim da Association de la Cause freudienne — Voie domitienne, n. 1, outubro de 1997.*

1. IDEIA

O passe perfeito existe? Se existe, é excessivamente raro. Nem todos os casos se prestam a isso. A estrutura de passe pode muito bem ser necessária, o acontecimento de passe é contingente.

2. DEFINIÇÃO

O que é o passe perfeito? Chamo assim o caso em que se observa, no final da análise, um desinvestimento súbito e radical da relação com o analista, a expulsão prática do sujeito para fora do discurso analítico. Não é apenas o fato de o sujeito deixar de ser o analisante de tal analista, é também porque ele deixa de poder ser analisante; os próprios recursos que lhe permitiram sê-lo, secam; a *falta-a-ser* que a alienava do simbólico, e que o discurso analítico mantinha e explorava, é eclipsada: a falta passa.

3. A CONJECTURA DE PASSE

Para que este eclipse intervenha, é necessário — condição sine qua non — que o simbólico tenha entregue ao sujeito o equivalente a um teorema de impossibilidade. Isso supõe toda uma elaboração prévia. Caso contrário, seria apenas uma *passagem ao ato*, e não o *passe-ao-ato-analítico*.

Um teorema pode ser válido mesmo disjunto de sua demonstração. Observamos o fenômeno na matemática — o teorema de Fermat aguardou sua demonstração por 350 anos; nesse ínterim, ele subsistiu em estado de conjectura.

O teorema de passe, ele também, existe apenas em estado de conjectura. De fato, um passe não é senão uma conjectura de impossibilidade. Esta é precisamente a razão que justifica o apelo feito a um procedimento de verificação.

Todo passe que se considera terminal apresenta-se como uma conjectura de impossibilidade, mas esta só dá lugar a um passe perfeito se ela incidir sobre o próprio discurso analítico, como modo de gozar do inconsciente.

4. HOMOLOGIA

Reportemo-nos aos termos estruturais que Lacan apontou concernentes ao desencadeamento psicótico. Esta ocorreria no momento em que o termo simbólico foracluído, o significante do pai, seria invocado no lugar do Outro, em oposição simbólica ao sujeito; o apelo em questão se daria pelo surgimento, nesse lugar, de um termo real, correlato ao termo simbólico.

O passe perfeito

Por que não dizer, de modo homólogo, que a expulsão subjetiva de que se trata no passe perfeito ocorreria quando o termo foracluído, aqui o do gozo, primordialmente cortado, fosse colocado *em oposição* ao sujeito?

Consequentemente, modifico o quadrado de Lacan: situo $\cancel{S}$ em oposição diagonal ao pequeno a, ao passo que inscrevo S_1 e S_2 sobre os dois outros vértices.

5. DO SEMBLANTE AO REAL

Admitamos que o objeto a venha nesse lugar de oposição. Isso supõe que ele tenha deixado o lugar que tinha no fantasma, perdendo assim sua função de *causa do desejo* do analisante.

Há passe perfeito quando o objeto, deixando de ser semblante, torna-se "verdadeiramente real" para o sujeito. É então o conjunto do simbólico que, correlativamente, se torna semblante, devido à sua inconsistência percebida ($\cancel{A}$). Ao mesmo tempo, a elaboração perde toda consistência.

O $(-\phi)$ da castração surgindo no lugar do sujeito torna-se o canal mesmo por onde se evacua o *mais-de-gozar*, que desemboca no real onde o sujeito o segue, para aí encontrar o ser que ele é, como o resultado necessário das contingências que o determinaram assim ou assim.

6. FORMAS ENFRAQUECIDAS

Essa ocorrência é rara. Na maioria das vezes, a estrutura de expulsão é encontrada apenas sob formas enfraquecidas.

É um significante-mestre (S_1) que vem em oposição ao sujeito: há, então, um simples *efeito de verdade*. A esse efeito de verdade, o sujeito pode decidir dar um valor conclusivo — *Este é o bom*, diz ele a si mesmo. Ele se vale de seu benefício e sai da análise. Esse efeito de verdade procede de uma fórmula que vem ao pensamento (*Einfall*, de Freud), de um sonho, de uma interpretação do analista, de um significante que dá um clique...

Pode ser no saber acumulado na experiência (S_2) cedido pelo desejo do sujeito. Ele se satisfaz em verificar a exaustão do caso por sua própria lassidão, com frequência multiplicada por aquela que vem afetar o desejo do analista.

A decisão de abreviar, assim como a satisfação da impotência, não poderiam ser confundidas com a mola imparável que ejeta o sujeito do discurso analítico, quando ele deixa de gozar da significação do inconsciente e da transferência.

Quando isso se produz, isso não se confunde com mais nada.

7. INTIMAÇÃO

Todo passe comporta passação, no sentido de *passação de poder*. O passante é, de fato, um analisante que passa a endereçar-se à Escola. Essa passação é feita de maneiras que são muito bem distinguidas pelo crivo do procedimento.

Há passação analisante quando o que é esperado do passe é avivar os poderes obsoletos do tratamento. Observa-se, então, a continuação ou a retomada da análise no passe.

Há passação de blefe quando, por falta de ter encontrado o impossível, é o saber de uma impotência (de ir mais longe) que procura se fazer endossar no passe.

Finalmente, o passe perfeito. A Escola é intimada a responder a isso, e em sua própria inconsistência. Ela é exigida a desistir de seu próprio semblante de saber (sua impostura) para se curvar diante da conjectura subjetiva que lhe é submetida. Confessando sua ignorância mais do que uma demonstração erudita, a Escola deverá pôr-se a trabalho.

8. A SUPOSIÇÃO VAZIA

O passe perfeito pode ser ouvido no procedimento? Eu respondo sim. Penso que isso se ouve. Eu posso dizer por quê.

Do endereçamento do passante ao passador, uma significação necessariamente se deposita; o sujeito suposto ali está e, portanto, a transferência; mas há passe quando essa suposição permanece vazia.

Disso decorre esta modificação muito simples do algoritmo de transferência:

$$\frac{S}{s(\ldots)} \longrightarrow Sq$$

S, o significante do passante

Sq, o significante do passador

s(…), a significação vazia

Em S, o significante do passante. No lugar do *significante qualquer*, os passadores, que são o que, do qualquer, mais pode fazer, já que são sorteados ao acaso. Dessa articulação depõe-se uma significação; quando há passe, é como se esta ficasse vazia. A suposição de saber não ocorrendo, o que os passadores transmitem de mais precioso, e sem que eles o saibam, é o grau de sua própria destituição. Disso se explica, talvez, sua fadiga rápida.

A suposição é vazia *para o passante*. Para os passadores, em compensação, é o passante que passa ao valor de *sujeito-suposto-saber*. E é isso que o júri ratifica (no ideal).

9. NESCIO

Falar sem supor o saber, ou com uma suposição = zero, sem dúvida não se pode fazer semblante disso. Ainda assim, para reconhecê-lo, é preciso um cartel sem enfatuação, ou seja, pronto para confessar seu *Eu não sei*.

V

As anotações do passador

Intervenção pronunciada em 26 de março de 1994, por ocasião de uma tarde dos cartéis do passe da ECF.

NÃO É QUE NÃO HAJA, aqui, nada a ser mudado, nada a ser melhorado. Não tenho proposições a fazer. No entanto, nesses três anos em que faço parte do cartel do passe, a questão das anotações do passador me envenena, ou melhor, isso envenena, em minha opinião, o passe. Não posso dizer como fazer para resolver a dificuldade, mas ela aí está, de fato.

Túmulo

Quando ouvi pela primeira vez um passador tomar a palavra diante do cartel, só pensei em admirá-lo e em maravilhar-me com esse procedimento que permitia comprimir, em algumas dezenas de minutos, as coordenadas de um caso e os resultados de uma operação que levara uns dez anos para ser concluída. Eu estava encantado com o passe. Para essa profunda satisfação contava, sem dúvida, o fato de que me parecia que a experiência, mais uma vez, dava razão ao dr. Lacan.

Essa compressão do enunciado, essa viragem da enunciação, nunca vi sua eficácia ser desmentida. O procedimento obtém seus efeitos todas as vezes. Deve-se acreditar que, também no passe, triunfa o princípio de Parkinson — dizer em trinta minutos o que você levou dez anos para elaborar.

Claro, não é o mesmo *você* que está em jogo ali. Reservamos um patamar para o passante. Algumas sessões de passe com um passador para dizer centenas, milhares de sessões de análise. Em seguida, esse passador traz o resumo disso, o que foi comprimido, de uma só vez. Uma segunda chance é dada, por um segundo passador, também de uma só vez. Sem dúvida, nada mostra melhor do que o procedimento do passe a deflação sofrida pelo desejo na operação analítica, pois sua apreensão, como diz Lacan, não é senão a de um *des-ser*. Algo foi consumido, foi consumado. Resta apenas um monte de cinzas, um pequeno monte de ossos, com os instrumentos do gozo dispostos em torno. Evoco, aqui, a imagem da sepultura.

O passante vai falar de alguém que foi e que não é mais. O que aprendemos com o sr. X já diz respeito a alguém que, em princípio, não é mais o mesmo, é o sr. X' — como se a vaidade das vaidades envelopasse esse saber. O que provém do passador é uma espécie de túmulo, tal como se designa um texto literário que faz o elogio retrospectivo de um grande falecido.

O suporte do escrito

Essa referência à literatura não é em vão, pois, de fato, há no passe *um* texto, *algo do* texto, do texto escrito. O procedimento

As anotações do passador

do passe, cuja eficiência eu elogiava, só pode ser sustentado pelo escrito, pelo menos ao nível do passador.

Durante três anos, nunca vi um passador chegar sem suas anotações. Esse fato merece ser questionado. Por que essas anotações? De onde elas vêm? O que é este pequeno feixe de folhas coberto de signos?

Anotações, há de todo tipo. Estamos sentados ao redor de uma mesa e, regularmente, olho de soslaio as do passador do lugar onde estou. Às vezes, ali reina a desordem, o passador mergulha nela, se perde, retorna, vira as folhas de sua reserva de papel. Às vezes, a ordem, ali, é impecável e números escandem esse texto. Por vezes, elas parecem ser as anotações tomadas durante as entrevistas com o passante. Por vezes, parecem ter sido recopiadas, ordenadas, formatadas, até mesmo datilografadas. Algumas vezes, elas foram retomadas, constituindo a matéria de uma verdadeira apresentação do caso. O passador dispõe, a um só tempo, de seu texto e de suas anotações, onde ele, eventualmente, irá buscar uma precisão, uma confirmação.

Esse escrito nunca falta, ele se deposita durante as sessões de passe. O passante, às vezes, se preocupa com esse registro e pede então ao passador para anotar *muito bem isto*. O passador traz esse escrito perante o júri e, eventualmente, o lê como o texto de um verdadeiro depoimento.

Sem dúvida, é uma questão de memória. Se pedíssemos ao passador para não escrever, não ler, atrairíamos a resposta: *Tenho medo de esquecer alguma coisa*. O medo do esquecimento, assim, aureola as tardes do cartel do passe. Quão justificado é esse medo do esquecimento! É que o saber em questão é precioso. Está todo nos detalhes, muitas vezes extravagantes, não possíveis de se inventar.

Sem dúvida, o passador sente pesar sobre ele a demanda do cartel, mandatário da Escola, demanda de saber que ele talvez sinta como um apetite insaciável. Essas pequenas folhas de escrita estão ali para tentar satisfazer a fera. Esse pequeno amontoado de escritas é a face visível, palpável, da demanda que toma forma no procedimento do passe.

Se o próprio passante se apresentasse perante o júri, sem dúvida este poderia lhe pedir para vir sem anotações, falar ex abrupto, sobretudo porque supomos que ele conhece esse amontoado, já que ele o é. Mas podemos pedir isso a um passador, que ele venha sem anotações? Que ele venha com suas anotações, quem o censurará? Já é muito difícil lembrar-se do percurso de sua própria análise. O que dela sobrenada é raro, precioso e fugaz. Quem não gostaria, ao ouvi-lo, de imediatamente fixá-lo? Disso decorre o valor dessas anotações e os atos falhos que contornam esse objeto *agalmático*: anotações misturadas, anotações inencontráveis, anotações perdidas. Nenhuma reclamação a fazer.

Veneno

No entanto, o escrito tem sua lógica. Passo a passo, ele ganha seus entornos, guinda o passe. Onde ele irá parar? Já o passador, muitas vezes, não é senão o leitor de suas anotações. O que ele dirá, ele elaborou entre ele e seus papéis, por meio de uma redação meticulosa que o protege das más surpresas. Quando ele se apresenta diante do júri, ele já sabe o que tem a dizer, faz para si uma questão de honra ser exato e ausentar-se o máximo possível de seu relatório. Interrogado pelo cartel, ele relê, confirma. Solicitado a dar sua opinião, muitas vezes se esquiva, acredita que não é de sua competência.

Pode ocorrer que essa dinâmica do escrito conquiste o próprio passante. E ei-lo que, por si mesmo, redige um memorando para o passador, para o júri, a fim de que os dados sejam registrados com uma exatidão controlada. Ultimamente, essa dinâmica parece ter se difundido: o passante lê suas anotações para o passador, que as anota e as devolve aos membros do cartel.

E estes, o que fazem durante as tardes dedicadas a ouvir a dupla de passadores ler suas anotações? Vocês o adivinharam, é claro, eles tomam notas. Cada um alimenta seu dossiê, seu caderno, rabisca a todo vapor para não perder nem uma, entrando em acordo com o ritmo da dicção do passador, ora lento, ora hesitante. Acontece também de o passador ditar exatamente como deve, para que o júri anote à sua vontade.

Assim, a fala parece, pouco a pouco, evacuar-se do passe. O escrito expulsa a fala, como se o esforço de se lembrar do inconsciente, tal como aparecia na análise enquanto experiência de fala, apelasse irresistivelmente ao uso do escrito como sumário.

Mais um pouco, ainda, e o passante, munido de suas anotações, as ditará francamente ao passador, que as ditará ao júri.

O veneno ali está. Cada um dos parceiros do passe se vê animado pelo medo de não deixar perder nada. Ora, poderia ocorrer de o passe definhar esse medo da perda, que tende a exilar a fala do passe. Cabe acreditar, às vezes, que o túmulo do passante atraia invencivelmente todos aqueles que se ocupam em torno daquele que não é mais. Tal como a maldição do faraó, a mortificação toca, sucessivamente, aqueles que perturbaram o sono da múmia.

A antinomia do saber e da verdade não poupa o passe. O que a Escola espera do passe? Um saber clínico. Mas se tudo é assim consignado, então é o efeito de verdade, que também se pode esperar do passe, que se extingue. No passe, o reino do escrito traduz, sem dúvida, o esforço do procedimento para fazer o saber suposto, operando na análise, passar ao estado de saber exposto. Simultaneamente, a fala se curva, vacila, se reabsorve e cede ao imperialismo do escrito.

É por isso que o veneno já está no passe.

Respostas ao auditório (resumo)

Contra-experiência

Há uma lógica que necessita a passagem para o escrito. Esse é justamente todo o problema. A transmissão indireta, que constitui o próprio procedimento do passe, sua essência, comporta um *empuxo ao escrito*.

Nas audiências públicas dos tribunais, concede-se muita importância ao que as testemunhas e o acusado testemunham sem anotações e respondem ex abrupto às questões que lhes são formuladas. Especula-se sobre a surpresa e obtém-se efeitos de verdade.

Acho perturbador tudo o que milita contra a surpresa no passe. Até onde se deve deixar ir essa maneira de se precaver contra as surpresas? Se aceitarmos esses pequenos escritos que são as anotações, isso deve ser estendido até o desaparecimento elocutório do passador?

As anotações do passador

O que se espera do passador, da sua tomada de posição? No começo, Lacan o via como membro do júri. Em uma das versões da "Proposição de 9 de outubro de 1967 sobre o psicanalista da Escola", os passadores formavam o júri. Depois, introduziu-se os analistas não passadores e se preservou um passador ad hoc, um antigo passador. Essa tendência a excluir-se faz parte do passe?

O inconsciente também é uma memória. É preciso um auxiliar de memória para essa memória? Como articular a memória inconsciente e esse auxiliar de memória?

Mesmo que o passante tenha de criar o Outro a quem ele se endereça, mais do que se conformar com isso, ele se endereça à Escola. O Outro a quem se endereça no procedimento do passe, atualmente, não exige o saber de modo tão ganancioso a ponto de, definitivamente, produzir-se um contra-efeito que poderia ser de tamponamento? Tudo pelo saber! E pela verdade?

Eu me preocupo sobre a maneira como o próprio passe possa secretar um veneno que anule um certo número de seus efeitos.

Não estaríamos começando a precisar da contra-experiência do passe?

Retratos de família

Intervenção pronunciada em 26 de março de 1994, por ocasião de uma tarde dos cartéis do passe da ECF, publicada na revista La Cause Freudienne, n. 42, maio de 1999.

ESTE TÍTULO, "Retratos de família", me foi dado por meus colegas, quando, juntos, tentávamos inventar um programa, nos livrarmos um pouco da cola do cartel onde, semana após semana, nos pusemos de acordo sobre não sabemos bem o quê: definir nossos interesses, buscar centrar nossas intervenções do dia, dar-lhes títulos. Quando chegou a minha vez, deixei meus colegas darem meu título.

O peso dos personagens familiares

Este título veio em resposta a uma observação que fiz, entre as que trocamos com muita simplicidade, sobre o peso dos personagens familiares na história dos passantes — isso não vai muito longe —, sobre o fato de que esse peso chegava a tornar-se perceptível através da transmissão, ainda que indireta. Até mesmo a carga afetiva parecia poder ser transmitida, através do passador, para um certo número desses personagens, especialmente a presença do desejo da mãe, a incidência de sua relação com o gozo, mas também a determinação insistente recebida da posição do pai na ordem de valores. No acúmulo desses testemunhos, verificava-se, inclusive, essa dissimetria entre, por um lado, o desejo da mãe e sua relação com o gozo e, por outro, a posição do pai na ordem dos valores.

Com frequência, é assim que um passe se enuncia, que ele chega ao cartel, como a história de uma família, como uma série de retratos de família — por vezes complementada por uma galeria de ancestrais. Quando um segredo habita a família — e todas as famílias são habitadas por um segredo —, quando a relação de filiação é obscura, ou disfarçada, ou quando, segundo o próprio passante, é desviada, um pouco fora dos eixos, essa torção do entorno simbólico não deixa de ressoar muito longe na vida e na análise do passante. Isso é verificado regularmente.

Dado que o passante vem testemunhar uma solução de seu desejo, ele necessariamente traz o problema veiculado por esse desejo. Quando ele postula a entrada na Escola pelo passe, ele não diz que terminou, ele traz o problema tal como está formulado presentemente, sem a solução. A análise não suscita o enunciado de um problema, ela suscita a demanda sob a forma de queixa. O passe suscita o enunciado de um problema, e se pode dizer que ele suscita a demanda de passe. A demanda suscitada pelo passe assume a forma de um problema e, eventualmente, de uma solução.

Se admitirmos que o passe suscita o enunciado de um problema, e se compararmos os passes — infelizmente, uma parte do que se chama de clínica do passe é feita de comparações, é um limite, apesar de tudo —, constata-se que esse problema é formulado de bom grado nos termos dos "Complexos familiares na formação do indivíduo", retomados nos *Outros escritos*. Descobre-se que o substrato que nos é apresentado é, com muita regularidade, a relação dos pais, relação essa que quase sempre pode ser escrita, e que Lacan inscreve sob a forma típica da metáfora paterna. O passe suscita um enunciado do problema do desejo nos termos dos "Complexos familiares..."

Verifica-se, sempre, que qualquer modificação da relação típica enunciada por Lacan sob a forma da metáfora paterna se traduz pelo sintoma, a ponto de a metáfora paterna, tal como Lacan a enunciou, ser a fórmula de um sujeito sem sintoma. Isso é especialmente perceptível, apesar da transmissão indireta — talvez seja devido ao acaso das séries —, quando o desejo da mãe transborda a dominância do significante *pai*. Isso não quer dizer que não haja outras modificações na relação típica. Foi o que deu a ideia desses retratos de família. Falávamos de mães que, na transmissão que nos chega pelo passe, parecem ser sua própria caricatura — mães insaciadas, descritas em seu gozo, ora poderosamente vital, gozo bestial, animal, ora gozo mortificado, gozo nostálgico, comprimido, apegado a adorar a falta, a perda, a desgraça.

Comparativamente a essa potência, isto é um fato — falo sob o controle de meus colegas —, os retratos dos pais parecem, de todo modo, muito pálidos, muitos parecem longínquos, marcados pela distância, eventualmente pelo respeito, e alguns marcados com o selo da impotência. E quando eles resplandecem, como pode acontecer, temos sempre a sensação de que é, segundo a teoria, via mãe, é preciso que ela o consinta. Pode acontecer de ela, então, retirar seu gozo para um jardim secreto onde ela o cultiva tentando, às vezes, reter a criança com ela.

Irmãos e irmãs também estão presentes nessas histórias familiares; quase sempre, as funções lhes são distribuídas com muita precisão, formando um sistema, preferência e negligência por esta ou aquela criança, que marcam a história do sujeito — uma votada ao intelectual, outra ao manual, uma à força, outra ao espírito, uma à beleza, outra ao trabalho ingrato.

É como se o passe fosse essa olhadela retrospectiva, essa visão de esguelha que tenderia a dar ao fantasma do sujeito o aspecto de um verdadeiro fantasma familiar, de um sistema familiar, tão articulado que às vezes se pode até mesmo identificar o que faz furo no discurso do passante — o irmão de quem ele não fala, a avó que fica nas sombras, às vezes o pai de quem ele não tem nada a dizer.

Qual é o próprio da clínica do passe?

É um material rico. Ele é distinto daquele coletado na análise? A pergunta é difícil. Sem dúvida ele o é, porque o analisante pode ter evocado esse material familiar, logo de início, a fim de deixá-lo para trás de si, ao passo que ao entrar no dispositivo do passe, que é uma incitação a formatar seu problema, ele é conduzido a retornar a esse fundamento familiar de sua existência. Ele é levado, de certa forma, a recontextualizar o problema de seu desejo e, portanto, a retornar à família que ele pode, eventualmente, em sua análise, ter deixado para trás.

Esse retorno à família — não o retorno a Freud, o retorno à família — é certamente induzido pelo procedimento do passe, que talvez funcione como um verdadeiro *empuxo-à-biografia*. Muitas vezes, aliás, os passadores exigem a biografia do passante e uma certa completude biográfica — não ponhamos a culpa nos passadores, porque eles podem muito bem ser pressionados a fazê-lo pelo júri — fatos, datas, uma genealogia.

De um modo geral, uma segunda história completa a história familiar, é a história da análise — o encontro com a própria análise, com o analista, cujas circunstâncias são articuladas à vida do sujeito. Então, sua vida durante a análise e os acontecimentos da própria análise se conjugam e se misturam. E quando o passante alega a solução que ele teria encontrado, não lhe é pedido para trazer como prova disso as transformações em sua vida? Se acontecer de ele faltar com isso, então os passadores ou o júri não deixam de se perguntar, de procurar saber se a lógica do tratamento passou para a vida do sujeito e como, e a quais transformação ela induziu.

Muito bem, muito bem, mas isso é o próprio da clínica do passe? Devemos nos encantar com esse *empuxo-à-biografia* e com essa *refamiliarização* do fantasma que é induzida por nossa própria demanda de saber? Além disso, pelo fato de que muitos passes não pretendem ser mais do que passes para a entrada, toda uma parte do material clínico coletado não é tão diferente do que a análise ensina. E se tivéssemos que entender por clínica do passe aquela do momento do passe, admitamos que não haveria tanto material assim.

Façamos um esforço suplementar. O que abunda, ao contrário, é o material que concerne a uma clínica dos obstáculos ao passe. Temos muito, muito material sobre isso. Por exemplo, em casos não menos interessantes, observamos saídas de análise sob o golpe da primeira ou da segunda revelação na análise. Vemos sujeitos declarando-se quites ante o primeiro choque que perfura a tela de sua cogitação. O sujeito acha que recebeu o que lhe cabe, depois de ter percorrido o primeiro, o segundo ciclo de sua análise. Por exemplo, estupefato por uma revelação sobre a pulsão anal, vislumbrando a equivalência S e pequeno *a* nesse plano, eis o sujeito que, num mesmo movimento, se evacua da análise, reportando a elaboração analítica que falha neste momento ao próprio procedimento do passe. Mais de uma vez, observamos essa procura da análise por outros meios, pelos meios do passe. Quando a elaboração analítica busca ser prosseguida no passe, remetamos isso aos passadores que, via de regra, eles o sentem, eles que são analisantes. Vemos também, em alguns desses casos, o saber a ser extraído da experiência — o qual, afinal, se espera que o passante o extraia — permanecer totalmente ao encargo do Outro, o passante acreditando que, a esse respeito, basta testemunhar uma surpresa que, às vezes, nada mais é do que a surpresa de um *acting out*.

Com todos os embaraços que trago nesta apresentação, o que seria o próprio da clínica do passe? Não pretendo dizer tudo sobre esse *próprio*, mas dizer, sim, uma coisinha sobre ele.

Um aparelho incomparável

O passe é um aparelho incomparável, quando se trata de verificar a permanência do fantasma à revelia do sujeito. Constatamos que, no passe, o passante demonstra, de bom grado, o fantasma que ele garante ter atravessado. O mais demonstrativo talvez seja a maneira como o sujeito se posiciona em relação ao procedimento, em relação aos passadores, em relação ao júri, que ele não vê, e em relação à Escola.

Para tentar me fazer compreender, vou dar exemplos, dos quais não costumo ser pródigo.

Este é o *Alfa*, o *filhinho de mamãe que virou mulherengo*. Embalado em sua infância pelos gritos da mãe dirigidos ao pai, e partidário da mãe, ele era bastante impaciente para mostrar que os maridos são insuficientes para satisfazer as esposas. Ele saiu disso, disse ele. Já não basta que Fulana abra a boca para criticar o marido para que ele imediatamente se mobilize. Ele se empenha para satisfazer a sua, como esposa. Está tudo bem. Ele faz o passe. Está tudo bem, devemos acreditar nisso? E por que ele se esforça, no passe, para seduzir a Escola? E por que, invencivelmente, nasce o sentimento, no cartel, de que ele trata a Escola como uma mulher da zona [*Marie-couche-toi-là*]? Não é nesse passe brutamonte que se denuncia o fantasma que o anima, do qual ele não se extraiu?

Beta é uma outra, que conta a história de sua mortificação devida à sua identificação com um irmão morto, embalsamado na lembrança dos pais, especialmente da mãe. Sua análise é seu renascimento. É preciso, passo a passo, que ela se livre do íncubo fraterno e, portanto, a um só tempo, da virilidade de empréstimo que inibe sua vida amorosa, e da morte que corrompe incessantemente seu gozo. Tudo vai bem. Ela vive. Ela é mulher. Ela faz o passe. Mas, se tudo vai bem, por que, então, ela chega ao passe tão triste, tão deprimida a ponto de seus passadores temerem por ela? A marca foi apagada, ou apenas camuflada?

Gama fala há 26 anos. Para fazê-lo, ele teve o suporte de três analistas. Ele não se entediou nem por um segundo. Os jogos do significante não têm segredos para ele. Quando começa a falar, os significantes se condensam e se substituem desafiando-se. O significante o representa incessantemente para outro significante. Por fim, ei-lo que se detém. Ele se surpreende com isso. Quer que isso seja sabido. Ele demanda o passe. Ele o faz. Acabou, sim, mas eis que ele demanda aos passadores novas entrevistas. Ele lhes telefona. Ele ainda encontrou alguma coisa. Eles o anotaram bem?

Delta só amava seu pai, seus irmãos. Falava da mãe, das irmãs, com repugnância. Em sua vida, ela valoriza apenas o homem, não suporta as mulheres. No entanto, ela é mulher, ela sabe disso. Como ela poderia lidar com isso facilmente? Sua divisão a leva à análise. Ela isola sua recusa da feminilidade, que está diminuindo aos pouquinhos. Ela passou para o outro lado. Ela demanda fazer o passe. E ela faz o passe. O acaso faz com que ela tenha de se encontrar com um passador homem e uma passadora mulher. Cada um apresenta seu relatório ao júri. Ela aparece muito diferente num e no outro. Percebe-se, então, que ela gostava de seu passador homem e detestava sua passadora mulher.

Épsilon tem sua vida marcada pelo segredo. Sua família teve que se esconder para escapar das perseguições. A vida escandalosa de uma tia, talvez da mãe, é motivo de um constrangimento diário. Seu desejo permanece marcado por esse traço de clandestinidade, que acreditamos, de bom grado, ser mais feminino. O que ele tem que fazer em plena luz do dia lhe é de pouco interesse. Isso o incomoda. Ele vai até o analista respaldando-se nos muros. O manto de sombra com o qual se recobre progressivamente se desgasta, se esgarça, cai em pedaços, o morcego não tem mais medo da luz. Ele relata no passe esse caminho em direção à luz. É muito convincente. Mas por que essa imprecisão, esse vago, esse estilo de reticência que os dois passadores ressaltam, esse estilo de reticência que marca todas as suas observações, a ponto de fazer pensar que ele gostaria de passar sem pagar, nas sombras?

Finalmente, *Ômega*. Ela sempre pensou que queriam se livrar dela, e tinha muito boas razões para isso. Ela fez disso seu fantasma, impondo o espartilho de suas significações a todos os elementos de sua vida. Ela se exila em todos os lugares. O sofrimento a fixa com dificuldade junto a um analista, que ela escolhe justamente por ele ter um traço de exílio. Ela reencontra uma pátria, acostumou-se com seu marido, aceita os filhos. Ela está contente, ela faz o passe. Mas por que ela precisa dizer que espera encontrar uma nova família na Escola da Causa Freudiana? Ela busca, ainda, o Outro que a adotará. Ela continua sendo órfã.

A ingenuidade do passe

Essa é a ingenuidade do passe. O próprio desenrolar do passe é suscetível de repetir o fantasma de uma forma que a revela. O holofote, aqui, incide sobre o passante, mas o passador também é avaliado no procedimento — o passador que, estando na linha de frente, é aquele a quem o passante se endereça. Só tem valor, no procedimento, se ele próprio, o passador — na medida em que é a ele que o passante se endereça — se fizer uma pergunta, a pergunta do seu próprio passe, se o passador estiver bem animado pela questão do passe. Ele saberá, então, suscitar o dito do passante e trazê-lo como uma resposta possível ao problema. Se o passador for animado pela questão do passe, do seu passe, que normalmente justifica o fato de ele ter sido escolhido, ele, então, poderá dizer se essa resposta do passante é válida. Isso supõe também que aquele a quem o passador se endereça, o próprio júri, seja habitado pela questão do passe. Se esse júri acredita tudo saber, ele tampona a enunciação. E isso, não somente se ele crê tudo saber, algo do qual o júri se protege bem, acredita-se, mas até mesmo que ele queira tudo saber. Ademais, por trás do júri, há a Escola. O que quer a Escola? A Escola quer saber. É o que ela consuma. Talvez seja a ela, à Escola, que se poderia dizer estas palavras de Lacan a propósito do livro: Come teu Dasein [Mange ton Dasein].

DEBATE

JAM respondeu nestes termos às questões do auditório (resumo).

O lado cômico

Realcei o lado cômico. Não gostaria de passar por alguém que ri da desgraça alheia. Aliás, só falei de pessoas que estavam indo muito bem, muitos passantes testemunhando justamente que não estavam mais sofrendo. Para eles, o *pathos* da desgraça foi suficientemente apagado pela análise, a ponto de eles se proporem ao passe. Repete-se que a estrutura do passe é a do chiste, ou seja, da terceira pessoa — alguém lhe conta uma história, e ela é tão boa que é preciso imediatamente contá-la a um terceiro para que este, por sua vez, compartilhe o riso. É por isso que não prodigalizo relatos clínicos, porque, levados às suas raízes significantes, todo caso clínico é cômico. Se ainda estivermos no patético [*pathétique*], é porque não chegamos às raízes significantes do caso, que são sempre cômicas, no sentido em que Lacan dizia também que o *significante é estúpido*, ou seja, sempre se tem matéria para se esbaldar. Deparamo-nos sempre com equívocos, chistes, mal-entendidos.

Experiência subjetiva do passe e captura no fantasma

Ressaltei aqui a distância entre o que esse sujeito que vai bem — em suas palavras — afirma de si mesmo e o que ele mostra. Notou-se, em várias ocasiões, essa distância perceptível. Afinal, eu não disse se esses sujeitos foram reprovados ou aceitos. Não cheguei a dizer qual foi o destino de cada um. Em primeiro lugar, mantive-me a uma forma puramente interrogativa; em segundo, um resto de fantasma não é desqualificante.

Mesmo assim, discutamos. Pode-se dizer que os analistas também têm seus fantasmas; aliás, poderíamos percebê-lo; de certa forma, não podemos nos sustentar sem essas coordenadas. Eu, eu penso que se a travessia do fantasma tem um sentido, é que o fantasma se torna, de todo modo, muito menos decifrável. Se em seguida o sujeito a reendossa, a adota novamente, supõe-se que ele o faz com conhecimento de causa. Isso é exigível na prática. O que foi apreendido no procedimento do desenrolar do passe é que isso não era visivelmente com conhecimento de causa. O sujeito proclamava ter-se desprendido daquilo de que testemunhava, no mesmo momento, estar preso. Isso é obviamente suscetível de moderação, de atenuação. Isso não impede de, assim, se restituir ao passe seu caráter de experiência subjetiva. Até agora, trouxemos como prova de que o passe é uma experiência subjetiva o fato de o passante dizer: *Isso me faz o efeito de fazer o passe.* É somente por esse viés do passante que o passe é uma experiência subjetiva? Não, na medida em que é interpretável. Dei um pequeno exemplo do fato de que a verdade, precisamente, não se encontra nos ditos do passante — a fala se demonstra não idêntica àquilo de que ela fala.

Fantasma esclarecido ou atravessado?

É preciso poder fazer uma diferença entre o fantasma esclarecido e o fantasma atravessado. O sujeito testemunha sobre um momento em que os refletores se acenderam para ele no teatro de sombras, e isso fez desaparecer um certo número de sombras. É platônico. É correlativo ao que se fala em termos de *queda das identificações*. Uma vez extintas as sombras, pode-se ser entusiasta, vê-se outra coisa: tudo o que estava tamponado por essa tela. Compreende-se que isso suscite entusiasmo e não essa reticência, em Platão, do sujeito que não quer retornar à caverna. Os testemunhos são, antes, lucidezes sóbrias, algo lavado: mais a lucidez e a sobriedade do que o entusiasmo.

O problema do pai não encetado

A clínica comparativa é uma ferida dos relatórios dos cartéis desde o começo. Uma vez que vemos desfilar passes, súmulas de análise, somos compelidos a comparar. É certo que um dos problemas na psicanálise é o pai não encetado. É o que o próprio Lacan disse quando começou a encetar a figura de Freud. A pergunta que ele faz no início dos *Quatro conceitos fundamentais...* é: *Como se vai encetar este pai?* Ele conseguiu formidavelmente encetar esse pai, mas, ele, ele é um pedaço danado. Por mais que se tenha encetado sua leitura, sob todos os ângulos, é verdade que se está sob o regime do *como Lacan o disse*. No próprio passe, fazemos isso sob a égide de Lacan, porque ele o prescreveu, a fim de verificar o que ele disse etc.

Sobre os fundamentos neuróticos do desejo do analista

Intervenção pronunciada em 11 de junho de 1994, por ocasião de uma tarde dos cartéis do passe da ECF, publicada na Lettre Mensuelle, *n. 132, setembro de 1994.*

Um

Se me pergunto para que serve o passe do ponto de vista institucional, respondo que ele tem a vantagem de afastar o analista de tudo o que diz respeito à promoção de seu paciente. Antes do passe, no grupo analítico, os analistas que estavam em condições de fazê-lo vigiavam de muito perto a promoção de alguns de seus pacientes, como tradicionalmente é feito na medicina, por exemplo. Do ponto de vista institucional, o passe certamente tem a vantagem de afastar o analista do debate relativo à promoção institucional de seu paciente. O analista não tem voz e não tem nada para negociar com ninguém. Isso significa dizer que não se exercem influências subterrâneas, cálculos de promoção de muitas bandas, que a identidade do analista não tem nenhum peso? Seria dizer demais. Confusamente, percebo a existência de uma zona um tanto dissimulada, mas vejo claramente que o passe, tal como agora ele é praticado em nossa Escola, contribui, à sua maneira, de forma surpreendente, para a paz da instituição, quando se pensava, pelo contrário, que ele poderia ser um fermento de discórdia, um abalo etc. Isso não é o essencial.

Se me pergunto agora qual é a contribuição do passe para o saber inicialmente esperado dele por seu inventor, fico mais perplexo. Do ponto de vista institucional, o ganho é evidente. Do ponto de vista epistêmico, é mais duvidoso. Do passe, foi dito que ele *verifica*. Sim. Pode-se dizer com alguma ironia que ele verifica, sobretudo, os termos nos quais Lacan o conduziu — e verifica também, sobretudo, alguns desses termos, aqueles que furaram a tela. Mas, sobre a questão central que motivou o passe, sobre a passagem da posição de analisante à de analista, sobre o desejo do analista, sobre sua emergência, o que o passe nos ensinou? Ter-se-ia vontade de responder *absolutamente nada*, que o desejo do analista está verdadeiramente ausente do passe. Parece não haver questão mais eludida do que essa nos passes e que nada, ou quase, aparece dela nos testemunhos. Se fôssemos concluir a partir dessa evidência empírica, poderíamos deduzir, já que isto não se diz: *Aqui, há algo de indizível.* Em outras palavras: *se eles não dizem nada sobre isso, é pelo fato de ser impossível dizê-lo.* Aliás, Lacan sobrepunha à sigla AE o matema $S(\cancel{A})$.

Dois

Mas eu exagero. De todo modo, não posso dizer que o passe é apenas um artifício antididático, um instrumento institucional. Posso dizer isso? Não.

Aprende-se muito sobre a prática da análise pelo viés do passe. Curiosamente, aprendemos muito sobre os efeitos terapêuticos da análise. Pode-se dizer que o essencial do que se aprende são os sucessos terapêuticos da análise. Aprendemos, com efeito, que o sujeito pode sair da repetição, ou pelo menos ter esse sentimento e dar seu testemunho. Na maioria dos casos, verifica-se que o encontro com o analista é um bom encontro, mesmo que algumas vezes leve o sujeito a retomar a análise com outro analista.

Aprendemos muito sobre o início do tratamento, talvez muito mais do que sobre o seu fim. Ele informa muito mais sobre os *empuxo-à-análise*, se assim posso dizer, do que sobre os *empuxo-à-saída* da análise. Aqui, não há nada que possa nos surpreender. Quanto ao número, é normal que se concentre nesses pontos. Se quisermos satisfazer a expectativa epistêmica, não é do lado do número que se deve buscar.

Por que não dizer que o passe é feito principalmente para que se verifique a demanda de passe? E que ela incide sobretudo na trajetória que vai da demanda de análise à demanda de passe? São duas demandas diferentes. A primeira, a demanda de análise, é demanda feita a um elemento do conjunto dos analistas, ao passo que a segunda é demanda feita ao conjunto dos analistas, ou a um conjunto de analistas. Isso permite estudar, em todos os casos, esse deslocamento de transferência e a maneira como o sujeito interpreta esse conjunto ao qual ele se dirige ao fazer sua demanda de passe.

Três

Eu disse que o desejo do analista parecia estar ausente do passe. Mas, justamente, de que forma você esperava que o desejo do analista aparecesse? Se ele aparecesse em pessoa, cru, esse desejo inspiraria confiança? Ele não demanda, como qualquer desejo, ser interpretado? Não deveríamos procurá-lo em seu lugar, sob a demanda? E, aqui, sob a demanda de passe, quando essa demanda sabe tomar o aspecto raro de endereçar-se a um Outro desfalecido. Temos um diálogo paradoxal: *Tu não existes,* diz um; *Tu o disseste,* diz o Outro.

O desejo do analista, ao menos sob a forma do desejo de ser analista, nós o vemos emergir, sem dúvida, da patologia neurótica e da terapêutica dessa patologia. Os fundamentos do desejo de ser analista são observados na neurose. A forma mais simples e a mais frequente dessa emergência advém pela transformação de uma vocação curativa. Sujeitos cuja primeira vocação era a de ser médico ou psicólogo, uma vocação para curar [*guérir*] ou para compreender o outro, elucidam essa vocação na análise, até o ponto em que esta a modifique: a dita modificação que tende ao desejo do analista é uma modificação que, no entanto, preserva essa orientação para o Outro. Pode-se balizar qual era a atração no fundamento da primeira vocação, a qual se vê, em seguida, modificada e como que fisgada rumo ao desejo do analista.

Um grande lugar deve ser dado, aqui, aos mistérios da morte: a esses mistérios como tais, ou aos efeitos da morte num ente querido, ao lugar que a morte pode ter tido no desejo do Outro. Mas também aos mistérios do corpo: um grau notável de *desconformidade* com o sexo, até mesmo de desconforto com a sexualidade é evocado com bastante frequência pelos sujeitos. Esses são alguns dos fundamentos do desejo do analista, tais como aparecem na neurose, e são intermediados, primeiro, pela vocação médica ou pela de psicólogo.

Um traço, ainda. O desejo do analista é muitas vezes percebido, se não assumido pelo sujeito, a partir de uma posição de excepcionalidade, a partir de um traço de exceção. Diversas formas de *posto-à-parte* são encontradas com muita frequência. Os sujeitos que acabam se propondo ao passe parecem ter uma relação eletiva com o apartheid — seja pelo fato de eles mesmos o terem sofrido, seja por sua filiação ser marcada por ele. Se o apartheid parece felizmente ter desaparecido a título de prática política, seu significante, porém, permanece bastante favorável à emergência do desejo do analista. Isso é verdade para os judeus, não direi *collabos* [colaboracionistas], mas para os filhos de colaboracionistas, para os alsacianos recrutados à força pelo exército alemão, assim como sujeitos femininos, muitas vezes também recrutados à força. Em cada um encontra-se acusado o traço de exceção: o único, o preferido, o odiado, o excluído, o extraordinário, tanto em sua versão enaltecida quanto na de *pária*.

O passe, fato ou ficção

> *Prefácio do livro publicado em 1994 sob o título, dado por JAM, Como terminam as análises, volume preparatório para o VIII Encontro Internacional do Campo Freudiano em Paris, julho de 1994, Paris, Seuil.*

ATÉ LACAN, fazia-se uma distinção entre análise terapêutica e análise didática. A primeira, motivada pelo sofrimento do sintoma: tratava-se de curar [*guérir*]; a segunda, pela ambição de ser analista: aprendia-se análise às próprias custas, analisando-se a si mesmo. A própria demanda de análise se repartia, de saída, entre essas duas vertentes.

A partir de Lacan, a análise é *uma*:

1 — Ela começa pelo sintoma, ou pelo que faz sintoma. O enigma que ele representa para o sujeito o leva a buscar sua solução junto a um analista. Assim, o significante da transferência se articula com um analista entre outros, como significante qualquer; tudo o que for dito a partir de então tomará significação de inconsciente (o *sujeito-suposto-saber*). Essa relação inédita entre o significante e o significado constitui um verdadeiro algoritmo.

2 — Ela pode ser interrompida por uma resolução curativa, se o sujeito estiver satisfeito com ela, se o analista concordar, ou por mil razões que são contingentes.

3 — Pode ocorrer que ela seja conduzida ao seu final autêntico, ao seu termo lógico, pois o algoritmo tem um princípio de parada. O que acontece está para além da ordem terapêutica, é uma mutação que muda o sujeito no que ele tem de mais "profundo", e que está em relação com o gozo. Essa relação, na medida em que ela se revela condicionando tudo o que, para um sujeito, faz sentido e significação, é chamada de *fantasma fundamental*. Seu desvelamento, sua *travessia*, não deixa de ter incidências na própria pulsão. A posição que disso resulta, a de um ser que não é mais tolo de sua fantasma — que, tal como o iniciado, é como se tivesse passado por trás de um véu, por trás da tela de sua própria *Weltanschauung*, que vê seu próprio ponto cego —, é a posição exigível do analista.

Esta é a hipótese de Lacan. Ela é inseparável do aparelho destinado a testá-la, o procedimento do passe, onde o *novo homem* é convidado a fazer com que seus congêneres reconheçam o que lhe adveio. Ei-lo que, da longa confidência que fez a um só, faz matéria de um relato a dois *passadores*, escolhidos ao acaso e interessados na experiência em seu ser, pois se trata de analisantes que apenas se aproximam do cabo que ele pensa ter ultrapassado. Estes, por sua vez, reportam esse relato a um júri, que avalia e decide. Assim, o *passante* fez da história de sua vida e de sua análise "uma boa história", que se propaga de boca em boca, em conformidade com a estrutura do chiste trazido à luz por Freud.

É fato ou ficção? A pergunta merece ser formulada, uma vez que cada passe, como o próprio conceito de passe, comporta um elemento de incrível. Ele só se verifica no inverossímil. Se ele não forçar as normas da crença racional, a garantia do déjà-vu, a trama da experiência comum, ele não tem interesse.

O passante é um Marco Polo que retorna para dizer: É assim. Sem dúvida, muitas vezes mistura-se nele um pouco de romance. Mas se a surpresa ali está, podemos então prever que o passante irá querer explicá-la, e que ele se verá conduzido a abrir novas vias para a psicanálise.

Trazido por Lacan em 1967, o passe foi posto à prova em sua Escola. Retomado, depois da dissolução desta, na Escola da Causa Freudiana, ele hoje está a ponto de ser introduzido em outras Escolas, na Europa e na América Latina, sob a égide da Associação Mundial de Psicanálise. É notável que as resistências e os temores que outrora o acolheram tenham dado lugar a um entusiasmo que ultrapassa a barreira das línguas. A experiência aparece nova, ainda. É que ela é devida a um precursor.

O que você encontrou que você nem sequer podia imaginar?

Intervenção pronunciada em 10 de dezembro de 1994, por ocasião de uma tarde dos cartéis do passe da ECF.

ESTE FOI O ENUNCIADO da pergunta que nos foi formulada: *O que você encontrou no desempenho dessa função que você nem sequer podia imaginar?* Em outras palavras, que surpresa? Quis tentar me surpreender para responder a essa pergunta.

À diferença das outras vezes — tive, durante quatro anos, a oportunidade de fazer pequenas prestações a partir de textos escritos, um tanto lambidos —, a partir dessa pergunta, comecei a anotar as ideias à medida que me vinham à cabeça. Vou entregar a vocês alguma coisa que ainda está num terreno baldio.

Cotovia

É um desafio. O que eu não podia imaginar? Esses quatro anos se passaram, para mim, sob o signo da surpresa? Isso me lembra o patê de cotovia, em cuja composição entram um elefante e uma cotovia. Isso é chamado de *patê de cotovia*. A surpresa, mesmo assim, é a cotovia.

Na maioria das vezes, não é a surpresa de modo algum. O que eu não podia imaginar há quatro anos? Difícil de lembrar. Eu não imagino tanto, ou, quando imagino, isso toma mais a forma do cálculo, do cálculo imaginativo. Para muitos, eu assim imaginei a composição dos cartéis por volta de 1981-2. Defendi a ideia de dois cartéis, evocada por Lacan em uma carta manuscrita. Imaginei, defendi, promovi a permutação a cada dois anos. Imaginei situar o secretariado fora do cartel. Tudo isso com outros, ao longo das reuniões.

Não houve a menor surpresa. Foi bem pensado e, assim, funciona. Tal como concebido, funciona agora com pessoas muito diferentes e se mantém por mais de dez anos.

A surpresa, a esse respeito, é, antes, até que ponto não houve surpresa — pelo menos no nível do funcionamento do aparelho. Essa ausência de surpresa é um lamento, mas ela também traduz o sucesso da instituição que é o de conseguir acolher, conter e tamponar os afetos.

Constato a força do dispositivo. É uma surpresa? Para mim, verdadeiramente, não. Conheço a força dos dispositivos. Para muitas coisas, especulo sobre a força dos dispositivos mais do que sobre as pessoas.

O efeito de formação que senti durante esses quatro anos, é uma surpresa? O que é esse efeito de formação? É, de algum modo, a aquisição de um saber-fazer com a questão do passe, uma orientação mais rápida nos dados produzidos no passe, uma forma de se orientar melhor no passe, tal como definido pelo próprio júri que formamos. Eu o constato, mas também digo a mim mesmo que isso poderia ser ilusório.

Só isso!

A surpresa, não em termos de *princípio*, mas de *grau*, poderia ser a adequação desse processo de verificação com a natureza da análise. Não se obteria isso questionando o analista do passante. Eu não o ignorava, mas não havia apreendido uma parte da lógica que Lacan havia disposto. A surpresa pode ser o grau ao qual essa adequação advém, ela se deve ao fato de o percurso do tratamento ser assim redutível a dois discursos relativamente breves — em geral, não ultrapassam uma hora. Há, aqui, um modo de enunciação singular, que se elabora entre passante e passadores.

O essencial não é, me parece, o percurso do tratamento — que, por vezes, falta. É o resultado do tratamento que se tenta avaliar. Isso dá, sobre o tratamento, uma perspectiva completamente desoxidante, o que é um verdadeiro ensino. Isso não deixou de ter efeito na minha prática de analista, um efeito de concentração.

Considerar o curso de uma análise que dura anos, às vezes mais de dez, a partir de seu resultado, de seu resto, a partir do fato de que pode ser reduzida a dois discursos que não ocupam uma hora ao todo, é uma lição na prática da análise. Há algo da ordem de um: *É só isso*. Mas, em francês, esse enunciado também é empregado como antífrase. Pode-se dizer: *É só isso* de forma pejorativa, mas também para dizer de alguém que não lhe falta coragem, que aquilo que ele pretende é enorme: *Só isso!*

Eu tinha a noção disso de diferentes maneiras, mas ver a coisa se repetir, por quatro anos...

Talvez haja toda uma parte do que se aprende como júri no passe que só se pode transmitir pelo lado, pelas margens, de viés. É um modo de enunciação entre outros. No conjunto, é uma lição de sobriedade — até onde vai a deflação do desejo.

Quanto às interpretações, são bem poucas as que marcam, que são memoráveis e cujo caráter operativo pode ser isolado pelo próprio enunciado. É uma surpresa? Pois bem, não. É assim. Para fazer a teoria da interpretação, se não se quiser contar histórias, é preciso dar conta desse efeito de desproporção. Essa é a única coisa realmente interessante, verdadeiramente analítica.

As surpresas estão no particular, neste ou naquele passe. Não é apenas a surpresa, por vezes foi um verdadeiro sobressalto.

A verdadeira surpresa no passe foi, para mim, a *nomeação-clarão*, aquela que estoura, aquela que surpreende aqueles mesmos que decidem, estremecendo um pouco no momento de fazê-lo, aquela em que há uma decisão coletiva imediata, um choque. Evidentemente, pode-se sempre diluir isso, jogar água em cima imediatamente, ter receios e dúvidas etc. Mas, quando uma certeza coletiva finalmente prevalece sobre todas as considerações, ainda assim é muito bonito. É a um só tempo a surpresa experimentada pelos membros do cartel e a surpresa com o fato de esse tipo de decisão se produzir. É difícil imaginar, embora haja momentos como este na vida. Nesse tipo de coletividade, estamos mais no estudo, na reflexão, numa certa retenção, dignidade do comportamento e, aí, alguma coisa decide. As bases dessa certeza — a surpresa pode ser a posteriori — são tênues e não standard. Eu não fundamentaria essa certeza nos enunciados. É antes uma posição de enunciação, firme o bastante para transitar pelo passador, às vezes sem que ele o saiba.

Um silêncio

Em compensação, uma surpresa bastante geral foi o silêncio sobre o desejo de ser analista. Isso não é para lhes dizer que vocês têm que começar a falar disso. Porque alguma coisa se calou neles, os sujeitos, os passantes, sentem-se capazes de escutar os outros, de abrir espaço para suas declarações. Eles estão, portanto, *em condições de*... Entretanto, a capacidade não é o desejo. Eles se sentem capazes de implementar sua posição. Frequentemente, o que aparece de modo mais claro é uma nova edição de um desejo neurótico. A escolha deles de uma profissão já havia sido determinada por uma forma de neurose — ser psicólogo, psiquiatra etc. —, e eles dão uma nova edição à coisa. Pelo fato de serem muitas vezes já praticantes, ocorre uma imperceptível introdução. Mas, sobre esse ponto, que foi a motivação de Lacan para o passe, tem-se a impressão de um desejo um tanto encharcado. Eu pensava que haveria mais coisas a esse respeito, embora Lacan tenha dito que não viu isso se produzir. Isso se deve à minha própria história. Não comecei pela psicologia e pela psiquiatria, mas, sim, pela filosofia, ou seja, uma atração pelo saber universal. Essa passagem do interesse situado no universal ao interesse situado no particular, na Coisa que fala, é um salto. Sente-se isso. Um deslocamento é operado.

Em vez de surpresa, eu teria uma suspeita: devemos falar disso em termos de desejo ou em termos de satisfação? Pelo fato de muitos já serem praticantes, eu me pergunto justamente se eles não são habitados por uma satisfação da qual nada dizem, e que essa é a razão pela qual não ouvimos declarações sobre o desejo de ser analista.

Essa satisfação da qual o praticante não diz uma palavra, o que é? As práticas inspiradas na psicanálise têm o efeito de unilateralizar a *falta-a-ser*, de situá-la do outro lado, ao passo que o praticante se situa do lado do ser. Vemos por que no horizonte está a beatitude — posição que Lacan designa em termos de satisfação. Gostaríamos de conseguir apreender a questão antes disso. Só que essa satisfação começa muito cedo e infiltra, corrompe muitas vezes os testemunhos.

Há anos, venho tentando banir de nosso uso a expressão *fazer semblante de objeto*. Como não consigo, digo a mim mesmo que deve haver uma razão para que se a empregue. Dediquei não sei quantas declarações, cursos, para dizer que essa expressão estava malformada, mas há doze ou treze anos ela resiste. Entrou em nosso uso. Se essa expressão viciosa se impôs, digo a mim mesmo, é porque deve haver uma razão para ter feito passar para o capítulo da mascarada tudo o que antes era trazido para o capítulo da técnica.

Não há, aqui, um problema que decorre da posição do analista, entre a mascarada e beatitude?

Algumas reflexões

1 — Eu me inquietava quanto à entrada pelo passe. Tenho a impressão de que isso foi regulado. No começo, tinha-se a impressão de que as entradas pelo passe duravam muito, mas, nos últimos dois anos, isso parece ter entrado em ordem por si mesmo.

2 — O passador é um capítulo muito importante. Antes, eu estava persuadido de que a crítica dos passadores não levava a

nada. Isso não impede que, espontaneamente, os cartéis pensem que há *bons* passadores e passadores *menos bons* —, o que não dizem sobre os passantes. Isso me permitiu compreender por que Lacan praticava uma segunda seleção. Os Analistas da Escola (AE) da época lhe enviavam sua seleção de passadores, após o que apenas alguns asseguravam a função. Podia-se dizer que não era democrático, mas eu compreendo o seu fundamento. Há passadores que ajudam e outros que não ajudam um júri.

3 — Após dois anos, o cartel, acredito eu, é vencido pela homeostase. Todo mundo adquiriu mais saber-fazer. A permutação é uma boa coisa. Em dois anos, ao termo de seis anos, ocorrerá uma escansão. Seria bom se essa escansão fosse verdadeiramente uma, tal como a anterior era uma verdadeira escansão. Não para *dizer a missa*. Mas, se pudéssemos parar por um ano e repensar a coisa, reconsiderá-la, talvez houvesse elementos que não deixariam de ter interesse.

4 — O equívoco da nomeação de AE. Duas propriedades são reivindicadas deles. Ora, eles podem ter uma qualidade, mas não a outra... Alguns são "reprovados" por faltar uma e não a outra. Em primeiro lugar, essa nomeação consagra uma espécie de resultado honorável da análise, no sentido do que Lacan diz sobre o ponto de basta: ele é *o ponto em que toda cadeia significante se honra ao fechar sua significação*. Pois bem, há resultados honráveis que podem ser consagrados pelo título de AE, mas é preciso, ainda, em segundo lugar, que o sujeito assim qualificado seja aproveitável para os fins da Escola. Nem sempre isso se sobrepõe exatamente. O sujeito deve suportar ser propulsado a uma exigência a qual seu passe mostra que ele não poderia atender, por uma razão ou por outra.

Por isso, no momento em que saímos dessa função, é preciso dar-se conta de tudo o que há de conjectura na nomeação de um AE. Os AE que nomeamos durante esses dois anos eram colegas que não conhecíamos de modo algum. Estas são nomeações profundamente conjecturais. Isso quer dizer que, através dos AE, que têm de mostrar e que mostram o que sabem fazer e o que podem dizer, a Escola julgará nosso cartel. Agora, somos nós que passamos em julgamento perante o júri da Escola, a partir das nomeações que fizemos, incluindo aquelas que não fizemos, de acordo com as performances dos AE.

Simplesmente, para reduzir um pouquinho, toda a questão é saber quem vai julgar a Escola, quem não é o Juízo Final. Os passantes são julgados pelos cartéis, os cartéis serão julgados pela Escola, e a Escola será julgada por cada um daqueles que tiverem a coragem de se colocar nesse lugar.

(Um ponto acrescentado durante a discussão.)

Para alguém que pratica a análise, é impressionante que, no passe, se distribua um saber do analisante, ou seja, alguma coisa que o analista não pode saber. Por que o analista não pode saber isso? Como analisante, o passante é suposto tudo dizer ao analista, e ele eventualmente tenta fazê-lo. Mas é como se houvesse, mesmo assim, uma barreira invisível: o que o analisante lhe diz, o analista não poderia dizê-lo sobre seu analisante. É um outro regime de enunciação, e o regime de enunciação condiciona os enunciados.

O que isso quer dizer? Que saio dessa situação com uma grande curiosidade de saber como os analisantes, dos quais sou ou fui analista, fizeram o passe, como se apresentaram ao passe, se foram nomeados — o que aconteceu com alguns —, ou se não o foram —, o que aconteceu com os outros.

Eles então operaram com coisas que eu não sei. Já não se trata tanto de surpresa. Saio sob o signo da curiosidade.

Obviamente, aqueles que não precisam mais de mim não vêm me contar. E mesmo que viessem me contar, não seria a mesma coisa.

Depois de quatro anos de bons e leais serviços no júri do passe, se pudéssemos formular um almejo, seria que pudéssemos assistir ao passe de nossos próprios analisantes. Isso se fazia na Escola Freudiana de Paris. Havia apenas um júri, então, os analistas dos passantes, eventualmente, estavam presentes, Lacan, em particular, estava lá. Há toda uma parte de saber que sinto que me foi subtraída. Talvez possamos imaginá-la como uma presença que não vota, silenciosa. Aqui, há um véu.

O silêncio dos passadores

> Texto publicado em Dépêche, correspondência da Associação
> Mundial de Psicanálise, n. 6, 24 de outubro de 1995.

O PASSE É UMA EXPERIÊNCIA de saber. Esse saber, onde ele está? Quem o recolhe? Quem o elabora? Convém não se enganar sobre essa economia.

O saber do passe, é o júri que o elabora, pois é ele quem recolhe os testemunhos, avalia-os e compara-os. O regulamento do passe estipula que cada cartel tem a obrigação de informar sobre sua atividade de seleção. Este relatório é feito, em princípio, durante o mandato, após um ano de funcionamento efetivo. Findo esse mandato, o cartel dispõe de um ano para redigir um relatório e transmiti-lo ao Conselho, responsável por assegurar sua difusão que convém.

O Analista da Escola (AE) também elabora. Ele não tem que apresentar à Escola um *testemunho*, que é reservado ao procedimento, mas, sim, uma elaboração dos *pontos vivos*, sob a forma de um ensino.

Assim, o passante *testemunha*, o cartel *presta contas*, o AE *ensina*. Quanto ao passador, ele *transmite*.

Se o passador, peça essencial do dispositivo, não é chamado a falar fora do procedimento, mas a se calar, é precisamente porque ele é o passe. Presume-se, devido à sua própria análise, que ele está em um momento em que sua escuta é utilizável no procedimento. Ele não tem nada de geral para elucubrar, ele dedica-se ao particular, que ele deve acolher sem preconceitos e, sobretudo, sem preconceito de uma teoria a verificar.

O passador se endereça ao cartel, isso é tudo. De resto, ele é o mudo do procedimento. As consequências de sua experiência, se houver alguma para ele, ele não as revela ao público, mas ao seu analista. Elas podem conduzi-lo, por sua vez, a demandar o passe — é uma questão dele.

Fazer o passador falar fora do procedimento, incitá-lo a testemunhar, a dar conta, a ensinar, distorceria tudo. Do mesmo modo, é inconcebível que os passadores se reúnam, formem um coletivo.

A esse respeito, pode-se perguntar se a tendência dos AE a agirem em grupo — tal como se pôde observar na Escola da Causa Freudiana — deve ser encorajada. Há alguns anos, o grande número de AE simultaneamente em função justificava certamente uma concertação, uma repartição do tempo de uso da palavra. Mas o ensino dos AE provavelmente teria mais ressonância se cada um desempenhasse sua parte sozinho diante do público, em vez de se enovelarem em grupo. O risco seria sem dúvida maior, mas não vale a pena o esforço?

Para retornar ao silêncio dos passadores, convém cuidar, muito particularmente, de protegê-lo, de mantê-lo. Se encorajei alguns passadores da ECF, assim como da Escola Europeia de Psicanálise, a explicarem suas funções ao público da Escuela de la Orientación Lacaniana, foi porque se tratava de fornecer um mínimo de informações por ocasião da introdução do procedimento na Argentina. Esse tempo acabou.

VI

Um real para a psicanálise

> Comentário improvisado durante o "Seminário das sete sessões", que reuniu, em setembro-outubro de 1996, o corpo docente das Seções clínicas de Paris e os coordenadores das Seções francófonas. Publicado em Lettre Mensuelle, n. 161, julho de 1997. O texto de referência era "Introdução à edição alemã de um primeiro volume dos Escritos".

A lógica, ciência do real — do que se trata?

Com exceção do lógico, quem então se ocupa com a linguagem com fins de verdade? O retórico, o orador, o advogado. O que ele faz com a linguagem? Ele a torce num certo sentido, a fim de chegar a uma probabilidade convincente para um determinado público. Um crime é cometido, um suspeito é apresentado — é o assassino, o culpado, o verdadeiro culpado? Se é o assassino, a vítima não seria tão (ou mais) culpada do que ele? Discute-se, delibera-se, há os *pró*, há os *contra*, o Tribunal chega à decisão. Há, então, um Tribunal de Recurso, depois de Cassação. Depois da cassação, pode até haver uma outra instância, a opinião pública, o presidente da República que perdoa...

Em outras palavras, na dimensão retórica, com a linguagem, só se chega a fazer o provável. O privilégio da abordagem lógica é conseguir, com a linguagem, fazer o certo, o invariável, o impossível de transformar, válido para qualquer público, que sempre retorna ao mesmo lugar.

O privilégio lógico é fazer surgir da linguagem um real — um real com o qual ter uma relação de demonstração dando a certeza. Com o simbólico, a lógica faz algo do real. [...]

Os dois reais

Nada é mais importante — tem sido meu hobby desde a última vez — do que apreciar por seu justo valor a exigência de certeza que Lacan introduziu na clínica. É uma coisa incrível, que parece deslocada.

Lacan não se satisfaz com o fato de se poder classificar os sintomas, reconhecer famílias, espécies de sintomas. No entanto, a clínica é, por excelência, uma repartição, uma classificação, que pode ter valor de previsão. Esta é uma definição que Lacan lembra em outro lugar: *o saber como previsão*. Por que não se satisfazer com a tipologia dos sintomas, até mesmo das estruturas, e exigir a certeza a todo custo?

Ora, diz Lacan: *Nós precisamos da certeza*. Verdadeiramente, *quem precisa de certeza? Levante a mão!* O que é esse *nós* que precisa da certeza? A prática satisfaz-se perfeitamente, em todo o seu leque, com a opinião, e, se esta for verdadeira, tanto melhor.

O que é essa certeza? Lacan dá duas características dela: *demonstração* e *transmissão*. Só podemos constatar o quanto somos insuficientes em relação a essa exigência.

Tudo isso deve ser lido de outra maneira.

O aguilhão desse texto não é confrontar de modo algum a psicanálise com uma exigência irrealizável. À semelhança do

Um real para a psicanálise

discurso científico, Lacan exige certeza em psicanálise. De fato, ele liga certeza e real, mas é para distinguir *dois* reais: há um real para a ciência e há *um outro real* para a psicanálise, que é o real do inconsciente.

Não acreditemos que esse escrito tem por objetivo fazer pesar todas as exigências do discurso científico sobre a psicanálise, neste caso, temos que partir, podemos dizer boa-noite imediatamente. Lacan apenas lembra a exigência de certeza para afirmar um real que só pode ser abordado pela psicanálise, para elaborar um tipo de certeza próprio à psicanálise. Longe de nos fazer correr, com a língua de fora, atrás da ciência que galopa adiante, longe de nos incitar à flagelação — *Somos palhaços da ciência, tudo isso é fictício, não conseguimos* —, Lacan faz um gesto exatamente contrário: fundar um real que seja próprio ao inconsciente. O real em questão é muito preciso.

Lacan define o real próprio à ciência primeiro como o real do número, enraizando-se na linguagem. Mas, ao mesmo tempo, ele elabora um outro real, aparelhado com outro tipo de certeza, de demonstração e de transmissão.

Ao acaso...

Quando se lê o texto com esses óculos, eis o que encontramos nele.

A demonstração. De fato, acedemos ao real pelo impossível — pelo impossível de que seja de outra forma. Na ciência, é a lógica que o realça. Pois bem, também na psicanálise acedemos ao real pelo impossível, mas por um impossível muito singular, que se enraíza na contingência e não na necessidade.

A transmissão. Se há uma demonstração em psicanálise, como se transmite a certeza que se obtém dela? Não se a transmite pela escrita, pela fórmula no quadro, na página. As choradeiras de vocês — *Não conseguimos, isso não é ciência* —, nós as conhecemos. Lacan acolhe os argumentos derrotistas de vocês, mas os revira, os coloca nas costas como tartarugas, mostra que é o avesso da inelutável positividade da psicanálise. Operação impressionante, indispensável, caso contrário só ouviremos nossos vagidos. A transmissão analítica se faz pela *fuga do sentido*, pelo que foge, pelo que flui, e não pelo que não se move, que permanece ali em seu lugar, que não pode ser diferente. Isso significa dizer que ela não atende aos critérios aristotélicos da *episteme*.

Não há senão o contingente, isso muda o tempo todo, é arriscado: *O que a nossa prática tem de arriscado*, diz Lacan. *Ao feliz acaso* [Au *petit bonheur de la chance*]. Isso deveria proibir toda certeza. Ademais, isso cai fora o tempo todo, não há nada substancial, de intangível, nenhum assentamento, exceto aquele propiciado por uma transferência, sempre aleatória em seu nascimento. Lacan isola esses dois traços negativos — *ao feliz acaso* e *cai fora* — para dizer: *É isso! Este é o campo da nossa certeza*. Nossa certeza aí está, na medida em que *a contingência é suscetível de demonstrar o impossível*.

É inteiramente fiel a Freud. Isso é o que é formidável! É absolutamente clássico e, ao mesmo tempo, totalmente original. A noção de dedução do inconsciente, que foi realçada aqui, é encontrada em Freud em diversos locais. Penso particularmente na passagem do Witz assinalada por mim no ano passado. Freud o diz com todas as letras. Como ele inventou a *Penisneid*?

Pela convergência de um certo número de dados coletados por ele, que o conduzem a postular, digamos, um impossível determinando uma insatisfação radical. Uma vez postulada a fórmula, esta ordena os fatos, com o efeito de a posteriori que foi assinalado.

Assim, a transmissão pela fuga, não há outro sentido a lhe dar senão este: é a transmissão que se realiza na experiência analítica, e não no ensino. A ciência pode transmitir a certeza por meio do ensino, a psicanálise não. A psicanálise só pode transmitir o que é da ordem de sua certeza na própria experiência analítica.

Este é o sentido da tentativa de Lacan. Podemos agora começar a jogar ácido nessa tese, corroê-la, mostrar que ela é exagerada. Comecemos por ver que a lembrança da exigência científica não é feita para nos achatar sob um supereu feroz, mas para afirmar um real próprio ao inconsciente e um modo de acesso à certeza próprio à psicanálise.

O judô de Lacan

Isso caminha de mãos dadas com a solidão da psicanálise.

Essa solidão tem um efeito libertador. A psicanálise não deve ser deitada na cama (ou no divã) de Procusto, obrigada a se alinhar com outras práticas. A via de Lacan é, ao contrário, positivar os traços que, na análise, parecem negativos em relação à ciência, para construir o aparelho adequado ao real que nos compete — o real que é o osso do sintoma, aquele que o afeto disfarça, aquele em que se sustenta a existência da psicanálise no mundo...

Em qual real Lacan está pensando? No único real próprio ao inconsciente, aquele que responde à fórmula: *não há relação sexual*.

O impossível demonstrado pela contingência é o impossível da relação sexual demonstrado pela contingência inescapável das relações sexuais, os encontros, sempre malvindos, os traumatismos, sempre no encontro marcado etc. É esse real que se transmite pela fuga do discurso.

Esta é a única maneira de compreender o fato de Lacan dizer: *não há relação sexual, não se pode escrevê-la*. Com efeito, Lacan toma por referência a lógica como ciência do real. Ora, a lógica se escreve, ela não é pensável sem o escrito. Na psicanálise, há o real, sim, mas o real que não se escreve: de um lado, é imitar a ciência, mas, de outro, é disjuntar a psicanálise do modelo científico da certeza. Este texto é libertador. Ele mostra a vaidade de nossos gemidos quando nos comparamos com as disciplinas científicas ou mesmo universitárias. Devemos partir do fato de que, na experiência do inconsciente, há algo do real. Cabe a nós manejarmos para construir o aparelho que lhe convém. Pode ocorrer que isso passe por servos indignos, como nós o somos, por meio de experiências que abortam ou se eternizam — cedo demais, tarde demais... Com tudo isso, no entanto, fazemos uma demonstração e uma transmissão. Esta é a orientação.

De que real se trata em psicanálise? Isso se esclarece dizendo assim: é um real que não cessa de não se escrever. A relação sexual é isso. Em outras palavras, aqui, *não há saber no real*, à diferença da ciência.

Então, posto que a questão está formulada, como situar o passe?

A transmissão, a demonstração pela fuga do sentido, o impossível demonstrado pela contingência, isso é enorme! Como a contingência pode demonstrar o impossível e cingir o real? Vocês passeiam por aí, encontram cisnes brancos, vocês podem dizer: *Todos os cisnes são brancos, o cisne negro é impossível?* [...] No caso do pequeno Hans, por exemplo, suponhamos que haja uma demonstração sintomática, uma demonstração pelo sintoma. Isso ainda não diz como, em psicanálise, na teoria analítica, chegar ao *todos* por indução. Ver o *guindaste* de Nelson Goodman, sobre o qual falei em meu curso.[1] Como chegar a um dito demonstrativo por meio da contingência? A partir da sequência indefinida e aleatória dos encontros, como alcançar o impossível? A questão vale a pena. E a solução não deve ser buscada do lado do cálculo das probabilidades.

O que primeiro deve ser retido, é o judô de Lacan com a exigência científica. Nós a acolhemos — *É absolutamente assim, nós também, nós precisamos de certeza, como vocês* — e upa! Cabe construir outro modo de certeza, um outro *logo, eu sei*.

Éric *Laurent* — Não poderíamos dizer, nessa direção, que a "Nota italiana" mantém o modo de certeza próprio à ciência servindo, inclusive, como exemplo para um modo do desejo? A esse respeito, a peça de Brecht sobre Galileu, *A vida de Galileu*, mostra-o armado de uma certeza que não é nem heroica nem resplandecente, mas consegue, no entanto, atacar todos os significantes-mestres de seu tempo, recusando a doutrina da dupla verdade, as seduções de cardeais etc., e, implacavelmente, posicionando seu novo modo de existência. O psicanalista verificaria, no passe, se houve, efetivamente, a constituição de uma certa certeza em relação com o saber inconsciente. Sua marca seria a de um modo de certeza capaz de se defrontar com todos os significantes-mestres do tempo (que buzinam em seus ouvidos que é inútil, que a psicanálise não se sustenta tanto assim), um modo de certeza capaz de levantar suficientemente essa capa.

O passe, como seleção dos heróis da psicanálise.

Alexandre Stevens — Zeros!

Heróis zeros [*Des héros zeros*] — esses termos figuram em um caso recentemente exposto por Anne Szulzynger.

Éric Laurent — Os heróis zeros, é isso.

Lilia Mahjoub — O impossível demonstrado pela contingência, creio que Lacan o demonstra com sua técnica de jogos, ele dela extrai leis.

Do lugar do passe

> *Extraído do texto "Uma nova modalidade do sintoma", lição de 13 de maio de 1998, do curso "A orientação lacaniana. O parceiro-sintoma", publicado em* Les Feuillets psychanalytiques du Courtil, *n. 16, janeiro de 1999.*

No ENSINO DE LACAN — quando lemos Lacan, quando tentamos com essa leitura guiar nossos passos na experiência analítica e na teoria —, é sempre no fantasma que a libido aparece conjugada com o efeito do significante. Na via romana do ensino de Lacan, o fantasma é o lugar, por excelência, do investimento — simplifico, há identificação etc. De certa forma, esse é *o osso do tratamento*, a pedra no caminho analítico da fala. Aqui se joga o destino do desinvestimento na análise, do qual depende o final da análise como passe. Esse desinvestimento, Lacan o chama de *travessia do fantasma*.

Proponho assinalar o que essa solução pode ter de meio torta, insatisfatória, e isso, para o próprio Lacan. Faço-o com muita prudência — tenho interesse!

O momento do desinvestimento libidinal

Formular um conceito como o passe é alguma coisa: com esse conceito, Lacan assumiu a responsabilidade de intervir no próprio curso das análises, de inúmeras análises. Ele trouxe esse conceito para seus alunos, para os quais ele não era um desconhecido. Era Lacan, eles o frequentavam, alguns faziam suas análises com ele. Eles o conheceram, um personagem brilhante da Sociedade Psicanalítica de Paris, e lhe pediram para que lhes explicasse um pouco Freud. Ele começou a fazer isso, primeiro em casa; depois, como havia mais gente, ele encontrou um anfiteatro para um máximo de cem pessoas.

Assim, ele lhes trouxe, ao longo dos anos, *Os escritos técnicos de Freud*, *O Eu...*, *As psicoses*. Ele escreveu textos para eles que, desde então, foram lidos em todo o mundo. Em seguida, ele pronunciou *Os quatro conceitos fundamentais da psicanálise* e outros mais.

Em 1967, ele trouxe o conceito do passe, tão precioso para nós, hoje. É preciso imaginar a acolhida que ele teve por sua "Proposição de 9 de outubro de 1967 sobre o psicanalista da Escola". Inicialmente, ele não conquistou a maioria. Era uma proposição, ele a submeteu à votação, pediu que nos pronunciássemos com fórmulas latinas: *mais a favor, mais contra* ou *não me pronuncio*. O resultado não foi extraordinário, mas o debate foi ainda mais saboroso — dizia-se que era verdadeiramente uma fórmula sadiana. Esse debate ocorreu em novembro, um mês depois da "Proposição...", para dar tempo aos Analistas Membros da Escola (AME) e aos Analistas da Escola (AE) de apreenderem com clareza o sumo do que ele lhes trazia. Lacan respondeu a isso com o seu "Discurso à Escola Freudiana de

Paris", publicado em *Scilicet* 2/3, onde o vemos muito zangado. Mas o debate nunca foi publicado. É uma pena, porque se teria visto como se acolhe uma verdade no meio analítico, mesmo e sobretudo quando foi dita por Lacan. Havia caixas de tomates desta altura!

Mesmo assim, lembro-me de ter lido uma estenografia desse debate — Lacan deve tê-la dado a mim em algum momento, pois algumas fórmulas me voltam à mente. Preciso encontrar esses papéis, para que se possa medir a maneira como o que está tão bem estabelecido entre nós, hoje entra no mundo, trilha seu caminho. As pessoas imaginam que, no tempo de Lacan, as coisas eram absolutamente *sweet*. Assim, apelo, não a todas as mães, mas a todos os veteranos que ainda se lembram — há quem se lembre — de como era a vida na instituição analítica.

De fato, não havia tantos meios, institucionalmente — exceto em ocasiões como esta —, para se expressar longamente, martelar as instâncias etc. Era especial. É preciso ler o "Discurso...", de Lacan, dando-lhe o tom, que não é irênico, é um tom de combate. A resistência de seus ouvintes ritmava constantemente o ensino de Lacan e também o estimulava. Na época, não era hora de criticar o passe. Não o farei muito mais, hoje.

Quero simplesmente ressaltar que o passe foi primeiro formulado por Lacan a partir do fantasma. Na "Proposição...", o passe designa o momento de desinvestimento libidinal, e até mesmo de desinvestimento libidinal "total", uma vez que o fantasma seria o lugar de sua efetivação.

Mudar a "ortodoxia" lacaniana

Caminho com precaução, com a astúcia dos sioux, visando à noção que é conveniente mudar em nossa concepção — toco minha testa, mas não é certo que a concepção seja feita ali. De todo modo, Lacan considerava que pensava com os pés, ele o escreveu —, o lugar da efetivação do passe e também do pensamento. Este lugar não é, por excelência, o fantasma. Ao mesmo tempo, o termo *travessia*, que Lacan usou apenas uma ou duas vezes, não é necessariamente o mais adequado para o que está em jogo, nem mesmo o conceito de desinvestimento que sustenta seu uso. Arrisco-me nessa direção apenas porque a li na elaboração do próprio Lacan.

O que dificulta é que, às vezes, opõem-me o que eu disse. O que tenho dito há quinze anos me é devolvido, agora, como constituindo a "ortodoxia" lacaniana. As pessoas me olham de esguelha, achando-me talvez um pouco desviante, no que diz respeito à da ortodoxia de Lacan. E estou aqui para dizer: *Mas fui eu que fiz isso, essa ortodoxia — enfim, com alguma coisa.* Alguns enunciados proferidos apenas uma só vez por Lacan, começamos a dizê-los dez vezes, cem vezes, mil vezes, 10 mil vezes, seguiu-se um peso de ortodoxia. Mas não nos deixemos impressionar por nós mesmos. O que nos retorna sob a forma de ortodoxia é o que afinamos. É o efeito bumerangue de ter explicado as coisas tão bem, com tanta clareza.

Como é claro, este sr. Miller! Calma. Em primeiro lugar, não é tão claro assim. Se fosse tão claro, ele diria as coisas mais rápido, ele faria algumas fórmulas e não giraria em torno das mesmas coisas o tempo todo, em seguida a Lacan, farejando a pista, indo direto ao muro com mais frequência do que à sua volta.

Do lugar do passe

O que Lacan traz não é feito para tomar a forma de uma ortodoxia. Portanto, não nos deixemos impressionar pelos enunciados, inclusive os mais garantidos. Sim, garantidos. Somos os alunos de um ser que seguiu seu caminho até o fim, que não nos deu o descanso de ele mesmo descansar. Ele poderia ter parado depois de ter escrito "Função e campo da fala e da linguagem em psicanálise". Francamente, isso era o suficiente para uma vida inteira. Ele, então, pôs os ovos dos *Escritos*. Depois de um tal ovo, todo mundo, justamente seus alunos, esperavam que ele parasse um pouquinho — era a vez de eles falarem —, mas, de modo algum desencorajado, Lacan recomeçava.

Ele foi o comentador de Freud. Enquanto ele foi o comentador de Freud, outros também viravam as páginas de Freud, viciosamente, para descobrir onde Lacan teria se enganado na página da coisa: *Freud não disse exatamente isso...* Nós o vemos, em seu ensino, batalhar com um, com o outro, simpaticamente.

Depois de certo tempo, obviamente, Lacan começou a falar não só de Freud, mas também de si mesmo, do que ele havia dito antes, para, eventualmente, dizer o contrário ou deslocá-lo. Nesse momento, um certo número daqueles que o seguiam caíram fora, para continuarem lendo Freud por conta própria. Não precisavam de Lacan para confundi-los nesse assunto — já havia metáfora e metonímia para pensar. Isso nos rendeu eminentes produções universitárias. Meu excelente colega, agora aposentado, Jean Laplanche, propulsou-se em tudo isso — como disse Chateaubriand de Talleyrand e Fouché indo embora tal como *o vício apoiado no braço do crime*. Laplanche foi embora de braço dado com a metáfora e a metonímia — de moralidade bem superior à de Talleyrand e Fouché, é claro.

Estrutura do passe

> Extraído do seminário de leitura sobre As formações do inconsciente, *pronunciado em Barcelona, dia 29 de julho de 1998, publicado no volume ...du nouveau!* Introduction au Séminaire v de Lacan, *ECF, 2000.*

A ESTRUTURA DO *Witz* nos ensina as técnicas do novo. Trata-se de produzir uma distância, mas completada por seu reconhecimento pelo Outro. O todo da coisa não é para desconcertar o Outro. É preciso, ainda, obter sua aquiescência, seu consentimento. É preciso, também, que o Outro diga sim. Se vocês pensarem bem, essa estrutura não é senão a do passe.

Lacan assinala que o passe tem a estrutura do *Witz*. Quando me ocorreu comentar a coisa, eu o fiz dizendo: *Mas sim, o relato de uma vida pode ser comprimido como uma boa história que pode ser contada. Ela será contada a outros. Essa estrutura é exemplificada pela narração de sua análise feita pelo passante aos passadores — são dois —, e estes a contarão ao júri.*

Essa estrutura de recorrência, que é a do *Witz*, é muito importante. É comovente, quando você despendeu tempo nisso, na sincronia, ver, em certo momento no Seminário, o segundo patamar do grafo ser impelido — a primeira vez que Lacan, upa! eleva seu mundo a um andar mais alto. Está no início do capítulo VII do *Seminário: as formações do inconsciente*, "Uma mulher de não-receber", página 129. É como no circo. Num dado momento você tem os acrobatas que colocam pessoas sobre seus ombros e, em seguida, upa!, mais um e eis que um andar superior é enxertado.

Essa dilatação se produz em referência ao processo de recorrência do chiste. É em referência à ideia de que o Outro, afinal, também é um sujeito, tem estrutura de sujeito. Portanto, não devemos nos contentar com o que situamos embaixo, mas é preciso ainda acrescentar um segundo andar simétrico, que reproduza a estrutura do que está embaixo. Lacan, por recorrência, evoca até mesmo um terceiro andar.

Encontramos, no passe, a estrutura recorrente do chiste. Contamos a uns que contam a outros, e, em seguida somos captados em um processo onde isso se alarga cada vez mais, já que — inventamos isto —, de acordo com essa lógica, vamos contá-lo a outros, às multidões, vai-se pelo mundo afora contar sua história. A equivalência da estrutura do *Witz* e a do passe começou assim.

Mas há uma segunda maneira de apercebê-lo. É que o testemunho do passe é um neologismo, um novo modo de dizer. O sujeito conta como pensa ter escapado da repetição, ou pelo menos como aprendeu a lidar com a repetição, como ele estabeleceu uma nova relação com a repetição.

O passe não é um exercício de conformidade. É mais a *desconformidade*. Evidentemente, não é tudo um ou tudo outro. O passe está capturado na tensão entre conformidade e desconformidade que esquarteja o passante. Já que estávamos no circo, posso evocar o Hércules da feira, que impede os cavalos que piafam de irem cada um numa direção oposta, os quais precisa trazer de volta até ele, caso contrário será esquartejado. Assim, o passante está entre conformidade e desconformidade. O cartel do passe representa, obviamente, o grande Outro, o lugar do código da instituição. Pouco importa quem o compõe. Por função, ele representa o adquirido, o saber recebido, a ortodoxia. É ele que deve consentir com o neologismo do passe, reconhecer o *Witz* do passe, seu desvio — *Familionário* não está na língua, nunca o esteve, é um desvio, mas aceitável, não é a revolução. É uma palavra que utiliza, explora a margem que existe.

Os passantes só são passantes porque querem que seu neologismo seja recebido. Tal como Lacan queria ter seu próprio neologismo, seu neologismo de ensino, recebido. O passante é um impetrante, um pedinte e até mesmo um mendigo, daqueles que se vê passar na obra sobre o *Witz* de Freud, como o aponta Lacan, os ceifados que estendem a mão e tentam parasitar os ricos. No *Witz*, de Freud, não são os ricos que fazem chistes, são os pobres, os pedintes os quais, no final, nunca são satisfeitos em sua demanda.

Representemos o passe assim. É justamente o ceifado — que, eventualmente, foi ceifado, empobrecido pela análise —, é $, um sujeito vazio, que vem se apresentar ao passe. Ele vem com seu pequeno *a*, seu pequeno "amontoado" de ouro, seu pequeno tesouro, para demandar que o avaliem. Como no joalheiro, ou na loja de penhor, ele pergunta: *Quanto vale isso? Quanto você me dá por isso?* E lhe dirão: *É uma joia. A Escola a pega.* Ou então lhe dirão: *é uma bugiganga, é falso. Não tente nos fazer tomar zinco por marfim.* Aliás, isso é o que constitui a crueldade do passe. Deixa-se sempre depois, felizmente, a possibilidade de o passante dizer: *Você não conhece nada*, e suspeitar da competência do avaliador da loja de penhor.

De um lado, o sujeito demanda a avaliação de seu tesouro, do outro, o cartel é o Outro do passe, mas este deve aceitar se deixar dividir, ou seja, admitir um certo: *Eu não o sabia até que você me dissesse.* Neste momento, ele aceita registrar o neologismo do paciente e acrescentá-lo ao adquirido.

VII

Da Cidade analítica

Intervenção no colóquio da Escola Europeia de Psicanálise intitulado "La Cité analytique", ocorrido nos dias 8-9 de julho de 1995, em Paris, publicada em La Cause freudienne, *n. 33, maio de 1996.*

GRATIDÃO E INGRATIDÃO na experiência psicanalítica, este é um tema muito interessante. Hubert Van Hoorde se preocupou com as expressões de gratidão concernentes ao passe, que lhe pareciam decorrer de um *sentimento religioso*. Se você se lembra, Hubert, fui à sua cidade, Gante, onde me foi conferido o título de doutor honoris causa da Universidade. Sendo o mais jovem dos homenageados, eu tinha que dizer obrigado. Eu o fiz, e acrescentei um pequeno desenvolvimento sobre o que é *dizer obrigado*. Expressei minha gratidão aos universitários de Gante, a Julien Quackelbeen etc. Essa prática é totalmente acolhida pela Universidade; é, inclusive, requerida. Talvez a gratidão não seja assim tão religiosa.

Ter gratidão pelo passe, isso faz sentido? Lacan disse da falta que fazia, para aqueles que saíam da análise, não poder falar sobre sua experiência e seu resultado em um dispositivo organizado, o que, às vezes, os conduzia a aberrações. O dispositivo do passe permite lidar com fenômenos que, de outra forma, manifestam-se, eventualmente, no sofrimento ou no desconcerto.

Falemos um pouco sobre a ingratidão.

O paciente que vai embora porque está bem, porque não poderia estar melhor, é, de certa forma, um ingrato! Você apoiou esse paciente o tempo todo em que ele estava mal, e, no momento em que ele vai bem, quando isso poderia ser agradável, ele lhe diz adeus. Então, ele é um ingrato. Nisso, Hubert tem razão, a ingratidão seria uma marca do fim da análise. Além disso, às vezes, o paciente que terminou não deixa de enfatizar tudo o que seu analista fez de errado, o que ele não compreendeu da psicanálise etc. A ingratidão é, portanto, muito mais analítica do que a gratidão. Talvez os passantes só expressem sua gratidão à Escola para esconder sua ingratidão para com seu analista. Eles são gratos a todos, exceto a ele.

Isso não é tudo. Há uma dialética a ser estabelecida. O mais analítico é a ingratidão? Sem dúvida, pode-se dizê-lo num primeiro sentido. Um argentino — lá, eles não têm medo de nada — chegou a desenvolver a tese segundo a qual o ápice do discurso analítico seria a traição. Ousar trair seria a marca de que se é analisado a fundo. Muitos não foram muito longe disso no momento da dissolução: *Como! Lacan fala daqueles que ainda o amam! Que história é essa?* Por que o analista é pago senão para que não fiquemos na ordem da gratidão, nem na da caridade, com os contragolpes agressivos que isso provocaria? Na análise, confiamos mais na ingratidão.

Mas quem sabe também, numa fase mais profunda, uma vez superado o plano imaginário onde se aninham a caridade e a agressividade, a gratidão e a ingratidão, haja uma gratidão de ordem superior? Não podemos admitir, sem enrubescer, o que se deve a alguém, ou a uma instituição, ou aos que nos precederam? Não é assim que Freud define a assunção da castração no final de "A análise terminável e interminável"? Aquele que acredita e quer não dever nada a ninguém, chamemo-lo por seu nome, é um canalha. O tema resta a ser desenvolvido.

A entrada pelo passe

O procedimento do passe é, para a Escola, o meio de recrutar seus membros. Queremos recrutá-los com base nos títulos universitários, teses, trabalhos, serviços prestados, sorrisos dados, relações sociais estabelecidas, horas de seminários acompanhados? Ou até mesmo embasados no total de suas horas de análise ou de supervisão, chega-se e, depois, se é pego? Essa é a melhor forma de uma Escola recrutar seus membros? Ou queremos ser recrutados a partir do inconsciente? Lacan diz que *os analistas não querem acreditar no inconsciente para se recrutar*. Com o passe, tenta-se acreditar no inconsciente para se recrutar. Toma-se como baliza alguma coisa que aconteceu na análise e da qual testemunha não o analista nem o supervisor, mas o próprio analisante.

Em sua "Nota italiana", Lacan eleva a barra ao máximo: ele propunha aos italianos que esperassem até chegarem ao final de sua análise para se tornarem membros da Escola — o resultado foi que isso não funcionou. Na Itália, o conjunto [*ensemble*] ficou vazio, tão vazio que nem mesmo ficou junto [*ensemble*]. Anos depois, retomei a coisa com a *entrada pelo passe*: não é necessariamente o fim da análise, mas, para entrar, o candidato dá, por meio do procedimento do passe, um depoimento sobre sua análise.

O que se tenta verificar? Sem dúvida, um certo *crer no inconsciente*. Esse era o critério de Freud. Tornou-se muito complicado. O que era crer no inconsciente na época de Lacan? Sem dúvida, não era a mesma coisa que no tempo de Freud. Houve deslocamento. No entanto, para além da oposição entre gratidão e ingratidão, pudemos verificar a concordância de nossa comunidade em seu conjunto para apostar em se expandir, com base em alguma coisa que aconteceu no curso de uma análise e que pode ser fugidio.

Tratar-se-ia, agora, de saber em que *se entra* quando *se sai*. Quando saímos da análise, entramos no que chamo de *a Cidade Analítica*, que, às vezes, parece um inferno. Não se acede ao paraíso.

(*Após as intervenções de Vilma Coccoz e Carmen Cuñat, de Madri.*)

O olhar de esguelha

Madri foi um lugar memorável de problemas para a Escola Europeia de Psicanálise. Há cinco anos, havia cinco grupos em Madri, partilhados por um certo número de oposições. Seus membros os dissolveram para entrarem repentinamente na EEP. Foi preciso viverem juntos, o que não foi sem se dilacerarem, até que, mesmo assim, há pouco tempo, conseguiram chegar a *consensuar,* entrar num acordo sobre o texto de um pacto. Para fazê-lo, havia três comissões, numa das quais as coisas estavam particularmente quentes, a comissão dita de ética, que tratava de questões muito graves, tais como: *Tal responsável me olhou de esguelha — Isso é fútil,* poder-se-ia dizer. Mas, em alguns contextos de grupo, se o responsável regularmente lhe olha de esguelha, isso é muito irritante. Isso se chama intimidação. Ao mesmo tempo, é muito difícil, delicado, fazer um regulamento sobre o olhar dos responsáveis. Vilma Coccoz e Carmen Cuñat representam duas sensibilidades que se opuseram a esse propósito e, por fim, propuseram um texto comum.

(*No final da sequência.*)

Um real que se vinga

Cabia a nossos colegas fazer uma coisa muito difícil, e estou tocado por seus esforços para cingir o de que se trata. Isso nunca tinha realmente sido feito assim. A questão do grupo é sempre tratada de maneira informal, ou então de um modo muito abstrato. Não chegamos a essa qualidade de descrição, a essa precisão. Sentimos que havia algo ali que não havia sido aprendido, um esforço para dizer o que é. Tudo isso estava muito longe do espírito de uma bênção. Não havia nada de religioso ali, mas um esforço propriamente leigo para apreender do que se trata nos tormentos do grupo.

Falamos, aqui, de Cidade Analítica. No entanto, Lacan chamou nosso grupo de uma Escola. Uma Escola não é uma Cidade. Uma Escola reúne um certo número de sujeitos em torno de um saber e de um mestre de saber, que expõe seu trabalho e que é, ele próprio, trabalhado pelo saber. Só que, uma Escola, no sentido antigo — que era a referência de Lacan — deve, entre os modernos, ser sustentada por uma associação.

Para Lacan, a associação não tinha importância. O que lhe importava era o seu trabalho e o eco desse trabalho, a Escola. Os processos associativos foram expedidos ao modo do é pra já. Pois bem, o real em jogo no nível da associação, negligenciado por Lacan — ele podia fazê-lo —, se vingou. Ele se vingou de nós, e um pouco de Lacan também, pois, no final, pegou um pedacinho dele. Lacan, aliás, disse — o que não fazia com frequência — que havia se atrapalhado nessa questão. Sem dúvida, esse real se vingou por não ter sido reconhecido como convinha. Por essa razão, Lacan nos lançou nos caminhos de uma contra-experiência, que, a meu ver, consiste em pensar também a Escola como Cidade. Por exemplo, a permutação acalma muito as coisas na Escola, e ela não era praticada na Escola Freudiana.

Cidade é uma palavra de porte. Dizemos *a Cidade analítica* e, ao dizê-lo, temos que pensar na relação entre a Cidade e a Escola. A Escola não é apenas uma Cidade, mas é também uma Cidade cujos membros têm direitos e deveres. Esta dimensão não pode ser negligenciada. Essa é uma das lições que se pode tirar do que aconteceu, no final da vida de Lacan, em sua relação com sua Escola.

Talvez um dia se faça um colóquio sobre minha estratégia institucional. Sinto-me honrado, no momento em que deixo a presidência da EEP, por ver que essa táctica é estudada por mentes ilustres, que buscam cerni-la com precisão, na medida em que sentiram os seus efeitos. Posso trazer minha colaboração para sua pesquisa sobre o tema: *conflito geracional induzido*. [...]

(*Abertura da sequência de domingo de manhã.*)

Os cálculos de um colóquio

Este colóquio foi organizado em três círculos concêntricos, que eventualmente podem ser ligados em espiral.

O primeiro círculo, o menor — se vocês quiserem representá-lo em uma superfície — corresponde ao momento da *Escola como Escola do passe*. É o menor, pois é o mais íntimo da Escola. Em outra superfície que não o plano, ele poderia conter os outros. É o círculo menor, havia nele o menor número de expositores, apenas dois oradores, porque há dois cartéis do passe.

Em seguida, um segundo círculo, que corresponde à *Escola como Cidade*. A Escola não é apenas uma Cidade, mas ela também o é. Entra-se pelo passe, mas em que se entra? Na Cidade. Eis para o que o direito de entrada abre. Aqui, o cerne da questão é o confronto. Então, era preciso dois que diferissem, que se opusessem. Duas vezes, compus dois confrontos, sendo dois de Milão e dois de Madri. Ainda assim, era preciso alguém para representar a paz, um *mais-um* — esse foi o papel que propus a Miquel Bassols. O segundo círculo reúne dois e dois, mais-um, que é o número do cartel. Como sei que estamos muito atentos nesta audiência, antecipei que se pudesse me dizer: *Você fez a Escola do passe. E a Escola do Cartel?* Pois bem, o cartel se encontra no nível dos cartéis do passe, assim como no número cinco do segundo círculo.

Vamos ao terceiro círculo, o maior. Como havia dois no primeiro círculo e cinco no segundo, coloquei dois mais cinco, ou seja, sete no terceiro — o que resulta no número catorze para o conjunto desse colóquio, a saber, quinze comigo incluído (há quinze anos que esse contra-experimento foi lançado).

Os oradores do primeiro e do segundo círculos eram *representantes* — embora eu tivesse convidado cada um, *um por um*, a falar. Eles se expressavam em nome dos cartéis do passe, em nome de serem de Milão, de Madri, de Barcelona. Agora, ao contrário, os oradores representam apenas a si mesmos. Não há representação, mas apresentação: cada um vem se apresentar, apresentar sua posição.

Este colóquio começou pela entrada: *Como se entra?* Aqui, é mais como se sai. Olhamos para além da nossa bolha — justo ao lado dela, com a saúde mental, ou para muito longe, com o Muro de Berlim.

Poderíamos dizer também que cada um dos três círculos tenta cingir um real diferente. O primeiro círculo, o do passe, é o real. Ponto. O que domina no que pudemos expor da Cidade Analítica e seus enfrentamentos é o imaginário. Por isso, não foi ilegítimo concebê-lo a partir do confronto — que é um certo real do imaginário, é claro. Aqui, é o real do simbólico. Com os oradores, nos perguntamos sobre nosso lugar, o lugar de nossa empreitada, de nossa Cidade, de nossa prática, no que Lacan chamava, no início de seu ensino, de *discurso universal*. Certamente, Lacan, sem dúvida, o concebeu como unificado, ou em processo de unificação, pois ele o concebia sob o signo de Hegel. Como indicou Éric Laurent por ocasião da assembleia, esse discurso nos parece, hoje, fragmentado. Isso não quer dizer que não haja uma categoria a ser elaborada no lugar do discurso universal como *Um*.

Os sete não se combinaram. *Cada um*, digo eu. Eles trouxeram testemunhos. São *testemunhos sobre os psicanalistas no discurso universal*.

Foi preciso raciocinar um pouco na escolha desses sete. São todos homens. De fato, tratava-se de dedicar este colóquio à sexualidade feminina e de ter apenas colegas mulheres falando. Como não o fizemos, disse a mim mesmo que se poderia fazer o contrário, e que seria um modo de indicar que a relação com o discurso universal não apaga a diferença entre os sexos. Essa escolha responde, portanto, a uma intenção, não é uma segregação vergonhosa.

Nesses testemunhos, trata-se de acontecimentos. Houve acontecimentos e há reflexões sobre esses acontecimentos. São, portanto, testemunhos, mas testemunhos conceituais.

Tendo lido todos os textos com antecedência, exceto o de Gérard Miller, penso poder dizer que é algo do *nunca-ouvido*. Trata-se dos eventuais deveres que poderíamos ter para além de nossa prática, ou de nosso estreito círculo profissional. Sem dúvida, temos deveres para com nossos pacientes, nossos colegas de trabalho, até mesmo nossos inimigos de trabalho, mas poderia ocorrer que, conduzidos por nossa prática para além dela mesma, tenhamos outros.

(*Após as sete intervenções.*)

Here comes everybody

A palavra *autenticidade* é, às vezes, desperdiçada. Ela certamente não o é se eu a usar para qualificar essas apresentações. Imagino que escrever alguns desses testemunhos possa ter tido um custo para o autor. Podemos então dizer-lhes a nossa gratidão. Cada um interpretou o tema como quis.

Uma segunda palavra que pode ser pronunciada é *dignidade*. Tratava-se de trilhar, diante do nosso público, uma zona que não foi tematizada, que não ficou capturada nas redes do nosso modo de dizer. Nessa exploração difícil, a dignidade prevaleceu em geral.

A terceira palavra que empregarei é *autonomia*. A meu ver, a coletânea dessas sete intervenções valoriza a autonomia do discurso analítico. Temos, entre nós, socialistas, comunistas, gaullistas. Viemos de tradições diferentes, pertencemos a nações que ainda são muito distintas. O que nos reúne é o discurso analítico. Encontramo-nos na mesma Escola, embora os engajamentos sejam opostos e as sensibilidades diversas.

Em primeiro lugar, o tema da *solidariedade* esteve presente nessas apresentações.

Em segundo, alguns dos que falaram, talvez todos, sentem que estão vivendo em uma era pós-marxista. Há, aqui, um luto para alguns, e ele abre à questão de uma nova ética.

Em terceiro, um colega psiquiatra representou, nessa série, aquele para quem o lado de fora está próximo. Ele nos falou de um *de fora* próximo, o da psiquiatria, e da relação entre a psicanálise e a psiquiatria. É verdade que o de fora começa imediatamente. Talvez ele esteja até mesmo no interior.

Em quarto lugar, no que diz respeito à Cidade, parece-me que alguém evocou, representou a posição do exilado, ao passo que um outro assumiu, à sua maneira, as questões do mestre. Aliás, ele começou sua apresentação lembrando que havia sido conselheiro do ministro da Defesa, na Itália, o que não é trivial.

Há aqueles que nos convidam a olhar bem de perto, dizendo: *o de fora está muito perto*; ao passo que, para outro, ele está longe.

Para um, a posição do psicanalista é, a um só tempo, deslocada e *deslocante*. Situarei isso em relação com o que um outro nos lembrou de Freud, a saber, que somos de uma nação, de uma Cidade, e que não podemos deixar de sê-lo. Há, aqui, duas verdades, duas maneiras de perceber a verdade — o exílio essencial, a raiz fatal.

Naqueles que eram marxistas, pode-se perceber uma dor, uma tristeza, ao passo que essa não era, de modo algum, a tonalidade de outros. Pudemos evocar a frase: *É por isto que lutamos*. Um outro, que nos lembrou que na Espanha franquista De Gaulle parecia tão irreal quanto Aristóteles e Platão, também combateu. Os valores pelos quais às vezes vale a pena morrer não desaparecem necessariamente para o psicanalista.

Inseri a apresentação de Antonio Di Ciaccia no final (situá-la no início ou no meio talvez tivesse tido um outro efeito), na medida em que isso lhe dava a significação de um memento: *Que seja, falamos de tudo isso, mas o que está ao nosso alcance é a formação do psicanalista*. Falamos do engajamento do psicanalista. Para que haja engajamento do psicanalista, é preciso haver engajamento, mas é preciso também haver o psicanalista.

Em sua prática, há um dever do psicanalista que é claro, que é o dever de interpretar. Interpretar supõe um certo não agir. Podemos, sem dúvida, sair desse não-agir em situações de urgência, de exceção. Neste momento, de fato, não mais interpretamos. Em contrapartida, instalar-se por muito tempo no agir — o agir social, o agir político, o agir comunicativo — introduz uma grande tensão com o interpretar.

(*No final da discussão geral.*)

O estilo de consenso

Este colóquio quis dar ao termo Cidade o seu sentido, em particular ao de *Cidade Analítica*. Consideramos a Escola como uma Cidade, e também a confrontamos com a Cidade. Considerar a Escola como Cidade não satura todos os aspectos do que é a Escola. Por uma fase de seu conceito, esses dois termos são até mesmo opostos.

Lacan havia criado uma Escola, sem falso pudor, em torno de seu ensino. Para apoiar esta Escola, ele teve que criar uma associação, que correspondia ao que Gennie Lemoine chamou de *opção democrática*. Ao mesmo tempo, ele deu pouca atenção a essa associação como tal. Habitamos uma Escola — o mesmo vale para as demais Escolas do Campo Freudiano — motivada por um ensino. Mas o professor não está mais lá, ele desapareceu. Não é a mesma coisa estar em uma Escola criada em torno de um professor que está lá, e lá estar quando ele não está mais. Não podemos ter a mesma relação com a associação que no tempo de Lacan. E, afinal, para o próprio Lacan, ter deixado isso de lado lhe custou algo. Sem dúvida, esse foi o preço que ele teve que pagar para prosseguir com seu ensino. Não se pode fazer tudo. Sua tarefa não lhe deixava tempo para passar horas lidando com questões associativas que, cabe dizê-lo, são bem menores na escala do discurso universal.

Ao mesmo tempo, há uma oposição entre a Escola e a Cidade. Um seminário, com seu mestre de seminário, não é uma Cidade, não é organizado como uma Cidade. De certa forma, a EFP era um seminário muito grande construído em torno do Seminário de Lacan, que não fazia parte da Escola em si, era o seu *menos um*. No que nos diz respeito, a relação que às vezes existe em um seminário não pode ser estendida ao conjunto da Escola. As comunidades de trabalho que temos de constituir preveem a participação de cada um em sua gestão.

No começo, não podia ser assim, e isso por uma boa razão: no início, não havia membros, estava vazia, era uma Cidade em esperança, não havia pessoas. Foi preciso primeiro preencher esse espaço, trazer as pessoas, formá-las. As pessoas lá estão. Portanto, devemos agora supor, como dizia Lacan, que *o espírito da psicanálise* sopra em nossas comunidades analíticas. Caso contrário, onde ele sopraria? Isso implica que as grandes decisões sejam tomadas pelo conjunto dos membros, expressando-se por meio de seus votos, mesmo que eu tenha me inquietado um pouco com o que Panayotis Kantzas disse, a saber, que, nos novos tempos, o sufrágio universal está destinado a desaparecer... Isso não quer dizer que a decisão coletiva seja sempre sensata, mas, afinal, tomada em uma assembleia, a decisão pode sê-lo tanto como quando tomada em um comitê mais privado, em um colégio de notáveis, de supostos eruditos.

Temos na Escola Europeia um estilo de consenso que consiste em deliberar, até que um acordo, o mais amplo possível, se faça. Ao mesmo tempo, é essencial preservar a voz do oponente, seja ele minoritário ou mesmo ultraminoritário. Claro, isso supõe que esse oponente não impeça os outros de falar. Mas quando se passa para um sistema eletivo, não há nada pior do que a ditadura da maioria. Na dissidência, a Escola deve conceder seus direitos sem que o oponente sofra, em seguida, as consequências de intimidação.

Por isso, falo a favor do consenso. Ao mesmo tempo, vimos na EEP que não havia consenso se o lugar de mais-um não fosse ocupado. Um mais-um não é um chefe. Um mais-um é alguém que ocupa uma função. O que melhor demonstra que ele não é um chefe é o fato de ele deixar essa função depois de tê-la ocupado por um tempo e fazendo o que era necessário durante esse tempo. Em seguida, um outro a assume. É por isso que, deixando hoje a presidência da EEP, não me sinto diminuído, mas aumentado, se assim posso dizer.

Acrescento que, ocasionalmente, nosso consenso deve dar lugar ao *ao-menos-um*. Foi o que eu gostei especialmente na evocação, por Roger Wartel, do *não* de seu herói. É preciso saber se descontar. O estilo de consenso da Escola não deve tornar ilegítimo que alguém, de vez em quando, se desconte.

Uma transmissão de poder

Vamos, agora, proceder a uma transmissão de poder. O incômodo, disse a mim mesmo, é que não vemos o poder. Uma transmissão é mais simples quando há uma toga, um cetro, uma coroa, a Guarda Republicana. Achei que caberia, ainda, dar alguma coisa ao imaginário. Resumindo, era preciso que eu transmitisse a Éric Laurent um objeto. Mas qual? Pedi muito a Judith Miller para encontrar um objeto suscetível de representar essa função, esse encargo. Ela encontrou. Ela encontrou uma pedra — que é bem pesada, como vocês podem ver. É uma pedra que não privilegia nenhum país europeu, pois ela provém do Marrocos. Ela vem da era primária, tem 350 milhões de anos. Vemos nela fósseis, um grupo de ortoceras — vê-se que são muito retas.

Chamo à tribuna o novo presidente da Escola Europeia, Éric Laurent, para entregar-lhe a pedra que simboliza o seu encargo.

Sobre o mutualismo

Alocução pronunciada em 8 de abril de 2000, no Rio de Janeiro, na Assembleia Geral da Escola Brasileira de Psicanálise, onde ela foi anunciada com o título "A política do passe na EBP", publicada em La Quotidienne, carta de informação da AMP, n. 5, 9 de junho de 2000.

NÃO FALAREI DA POLÍTICA do passe na Escola Brasileira de Psicanálise. Cabe a vocês falarem sobre isso, se vocês o almejarem. Do que lhes posso falar? Posso lhes falar, isso sim, em geral, da política da Associação Mundial de Psicanálise, no que concerne ao passe nas Escolas do Campo Freudiano.

I. TRANSFERÊNCIA DE TECNOLOGIA

É uma política muito simples, que não variou desde o começo. É uma política que sempre teve como objetivo realizar uma transferência de tecnologia. De saída, a decisão foi tomada no Campo Freudiano — o desejo ali estava — de realizar uma transferência da tecnologia do passe.

Deve ser lembrado que, uma vez Lacan desaparecido, seus alunos não tiveram nada de mais apressado do que abandonar a prática do passe. É fato que a Escola da Causa Freudiana foi a única a *dizer não*: íamos adotá-la, restaurá-la. E, depois de dois anos de discussões para reelaborar o regulamento e repensar a necessidade do procedimento, nós, de fato, a restabelecemos. Nós o fizemos porque teria sido um erro teórico, assim como uma aberração prática, considerar o passe como um suplemento do qual se poderia fazer a economia, um suplemento suntuoso — o passe é parte integrante da prática da psicanálise, tal como Lacan nos trouxe sua noção, a saber: um tratamento psicanalítico é equivalente a uma demonstração.

Lacan considerava o tratamento como um processo lógico requerendo uma conclusão. Isso é evidentemente um sofisma. É o sofisma do prisioneiro. É um sofisma, na medida em que o problema inicial se transforma, ao longo do tempo, e encontra sua solução, tendo se tornado muito diferente do que era quando ele se impôs em sua dimensão de problema.

Ainda assim, o passe não é um suplemento. O passe é coerente com nossa prática da psicanálise, ele é solidário, inseparável dessa prática. Se concebemos o tratamento como uma demonstração, disso decorrem algumas consequências.

Uma demonstração que valesse apenas para só um não valeria nada. Não há demonstração sem comunidade. Eis por que existe a Escola. Temos uma Escola para que a demonstração seja possível, para que ela seja efetiva.

A demonstração é, antes de tudo, a da conclusão do tratamento. Não é a única. O próprio Lacan havia introduzido a ideia de uma multiplicidade do passe, quando dizia: fazer o passe *o tempo todo*. De fato, em sentido amplo, há passe cada vez que há um ponto de basta, acesso ao ponto no infinito (para retomar o termo que usei em minha apresentação sobre "A erótica do tempo"),[1] subjetivação a posteriori. Isso dá o que pensar.

O que é interessante, mais interessante para se pensar? Pode-se gozar de pensar sempre a mesma coisa. Cada um, em certo sentido, goza assim, de repensar sempre o mesmo. Mas se pode também ser surpreendido pensando, deixar-se surpreender por seu pensamento adotando novos ângulos. Por exemplo, geralmente pensamos em termos de espaço métrico. E se pensarmos em termos topológicos? E o que aconteceria se tentássemos pensar em termos de tempo? E por que não generalizar o passe como método e inventar o *passe na entrada*?

Na ECF, assumimos a questão, retomamos o passe que os outros haviam abandonado. Esta *joia, o passe* — foi nestes termos que me dirigi a Jésus Santiago,[2] quando lhe contei o sentimento que eu tivera no início dos anos 1980: que os alunos de Lacan haviam jogado seu *agalma* na sarjeta, que ele ia para o esgoto e que nós o retiramos de lá, o friccionamos, o salvamos. Não foi em nosso único benefício, foi para garantir o que chamava, há pouco, de transferência de tecnologia e instalar o passe em todos os lugares, levando em consideração as condições próprias de cada país e do momento.

Acredito que, para ninguém, jamais houve a menor ambiguidade sobre esta finalidade fundamental, a saber, que o Campo Freudiano se propunha a realizar uma transferência de tecnologia na psicanálise. A transferência de tecnologia não ocorre sem a transferência do desejo, o que é óbvio.

Isso demandava, primeiro, que, aos olhos daqueles mesmos que seriam os agentes do procedimento do passe, sua operação fosse crível. Teria sido correr para o fracasso precipitar-se para instalar o procedimento, antes que seus operadores locais estivessem, eles mesmos, suficientemente seguros da autenticidade do que estavam fazendo. Caso contrário, estariam eles em condições de torná-lo crível? Este não é um fator suscetível de um cálculo a priori. Deve ser apreciado em cada local, e de momento a momento.

Se há colegas aqui que pensam que estamos atrasados na EBP (onde os cartéis decidem o passe na entrada e não o passe conclusivo), cabe a eles expressarem sua opinião e nós a debateremos. Minha impressão é que, até agora, o passe, tal como está no Brasil, funciona convenientemente. Iríamos ao encontro de dificuldades embaraçosas se quiséssemos ir mais rápido que a música, expressão francesa para dizer que alguém se precipita a contratempo. Aceito, de bom grado, debater, aqui, mesmo que seja com colegas que teriam uma opinião diferente.

2. A ESCOLA UNA

Direi agora uma palavra sobre a Escola Una, que é certamente uma novidade, embora seja também muito antiga.

A Escola Una é, se assim posso dizer, a manifestação da essência do Campo Freudiano. Desde sua origem, o Campo Freudiano caminhava na direção da Escola Una. Podemos perceber, hoje, que a ideia da Escola Una já estava lá antes mesmo de ser formulada.

Com efeito, desde o início, o Campo Freudiano — o exemplo do passe bem o mostra — teve uma visada desagregativa, senão universalizante. Ele se esforçou para superar a diferença das línguas e a separação das nacionalidades. Cada língua, por exemplo, distribui o tempo à sua maneira nos tempos verbais. Este é um real, como contorná-lo ou atravessá-lo? No entanto, tendo em conta todas as nossas razões para sermos diferentes, não é impossível, é até mesmo necessário privilegiar o que faz com que cada um de nós participe da mesma experiência.

É claro que isso não é alguma coisa que possa ser demonstrada ou calculada objetivamente. A avaliação depende de um desejo. Privilegiar um aspecto ou outro é relativo a um desejo. No entanto, isso não resolve a questão de saber o que é definitivamente uma Escola, quando se trata de uma *Escola de Lacan*.

Dizer o que é uma Escola é também dizer qual é o conjunto estranho que formamos aqui, esta noite, que é uma redução da assistência tão numerosa com a qual estivemos misturados, há pouco, para as Jornadas da Escola. Esta assembleia é estranha como o são as assembleias das outras Escolas, estranha, se a compararmos com a assembleia minúscula que é a da sessão analítica, uma assembleia de dois, onde há aquele que preside e o membro. Trata-se de saber como, da sessão analítica, surge alguma coisa como a assembleia de uma Escola.

Acho muito mais interessante pensar uma assembleia de Escola em relação à sessão analítica do que pensá-la segundo uma perspectiva sociológica, como a reunião de membros de uma profissão liberal agrupados para defender seus interesses e rivalizar entre si.

Durante muito tempo, e ainda há pouco, saímos desse vespeiro conceituando a Escola sob duas faces: por um lado, dizíamos, uma Escola é uma associação e, como tal, deve responder a regras de direito, assumir necessidades de gestão, servir a interesses sempre bem legítimos etc.; por outro, é uma Escola analítica. Pois bem, isso é um tanto rápido, um pouco curto.

Tomemos então, primeiro, esta palavra, *Escola*. *Escola* não é *Universidade*. Trata-se menos de um saber adquirido que teria que ser divulgado do que de transmitir um não-saber exatamente localizado no discurso universal, e do qual se origina um desejo especial. Todavia, é ao discurso da Universidade que apelamos aqui para situar a Escola, por contraste.

A Escola decorre também do discurso do mestre, uma vez que ela tem um estatuto legal, que ela é um sujeito de direito.

Uma Escola também tem, ou deveria ter, algo do discurso histórico, já que o produto deste é o saber. Quando a Escola é histórica, qual é o significante-mestre que ela põe a trabalho? O significante a partir do qual pomos tudo em questão, *more socratico*, é a palavra *analítico*. A Escola é essa comunidade que faz do *analítico* um significante-mestre, instrumento de sua questão.

Resta o quarto discurso. Não seria mais interessante chegar a pensar a Escola no discurso analítico?

3. DOUTRINA SECRETA

Em março passado, em Paris, eu disse no seminário de política lacaniana[3] o que eu considerava ser a *doutrina secreta* de Lacan sobre a Escola: é que ele considerava sua Escola como sendo de ponta a ponta uma experiência analítica.

Quanto ao Analista da Escola (AE), Lacan dizia que ele devia ser o *analista da experiência da Escola*. De fato, ele o disse uma vez, numa frase em que a equivocidade do relativo conduziu todo mundo a imaginar que o AE deveria ser o analista da *sua* própria experiência. Trata-se de um erro de leitura: para Lacan, o AE é o analista da experiência *da* Escola. Ele concebe a Escola como sendo o lugar de uma experiência, e essa experiência como sendo analisável. A Escola não é somente uma gestão, finanças etc. Claro, ela tem uma gestão, tem bens, tem debates sobre a gestão e sobre os bens, mas ela tem, fundamentalmente, uma experiência de tipo analítico e que deve ser interpretada, *interpretanda est*.

O AE não está ali apenas para transmitir a clínica de seu próprio caso, que supomos estar nos fundamentos do que ele enuncia. Isso, é claro, esperamos dele. Mas não é tudo o que esperamos dele. Esperamos que ele analise a experiência da Escola.

É uma experiência analisável em termos de recalque e em termos de surpresa, com interpretações a posteriori, *acting out*, alienações e separações. Esperamos do AE que ele nos ressignifique o que vivenciamos, que não pode ser reduzido a lutas de poder, de imponência, de pessoas, como se diz, nem mesmo a uma reconquista do discurso ou do terreno, nem a uma tensão entre o múltiplo e o Uno, entre a base e a direção. Há um outro nível, mais interessante e menos estudado: o da Escola como experiência suscetível de ser interpretada analiticamente.

Isso, não o fazemos muito. Nós recuamos diante dessa consequência. Na minha opinião, agora é a hora de avançar nisso. O momento da Escola Una é o momento de avançar nisso.

4. COMBATER O *TORNAR-SE-MUTUALISTA*

O que Lacan nos diz a esse respeito?

Ele nos indica que, na verdade, o que motiva os agrupamentos análogos ao nosso, a reunião em uma associação de praticantes da psicanálise, é a necessidade em que estes se encontram de se distanciarem da experiência do inconsciente, de defender-se dela. É nesses termos que Lacan interpreta o fenômeno da International Psychoanalytical Association (IPA). Ele nos faz ver que seus membros são reunidos de uma forma que lhes permite sustentar solidariamente o que há de inquietante e de imprevisível na experiência do inconsciente no tratamento. Este modo é um *unir-se contra*. Disso resulta o nome com que ele adorna a IPA: a SAMCDA, *Sociedade de Assistência Mútua Contra o Discurso Analítico*. Este nome já é uma interpretação analítica.

Todos unidos contra o imprevisto! Cerremos fileiras contra a experiência do inconsciente! Odiemos a surpresa! Pacto e compacto! Redijamos, com nossa caneta afiada, regulamentos, contas e estatutos, ratimbum!

Com efeito. Como prescindir de regras e de regularidade? Sem esse aparelho, onde estaríamos? Não poderíamos nem sequer nos encontrar. Mas, daí a se unir contra o discurso analítico, ainda há margem de manobra.

Há um modo de estar junto no grupo que não traduz senão a resistência à experiência analítica, ou o recalque da experiência do inconsciente, ou a defesa contra ela. A experiência do *estar-em-grupo* vem então compensar e desmentir a experiência do *estar-em-análise*.

Pode se observar o quanto a insatisfação de sua situação, no que concerne ao saber suposto, nutre o analista. É insatisfatório que tudo o que se acumula de saber na experiência analítica permaneça estruturalmente no estado de suposição, não chegue a ser explicitado e que, quando explicitado, seja sempre outra coisa. O saber suposto é a dor do analista. Como tratar sua dor? Uma forma de se aliviar é fazer passar por cima da barra, para a posição de mestre, o significante do saber, S_2, que está embaixo, na posição de verdade recalcada. Isso se manifesta, por exemplo, sob a forma dessa demanda louca de que tudo seja posto na mesa, explicitado, regulamentado, definido de uma vez por todas.

A Sociedade de Assistência Mútua não é o destino unicamente da IPA. Há um *tornar-se mutualista* do grupo analítico. O grupo analítico caminha para o mutualismo, a burocracia e a hierarquia, assim como o rio caminha para o mar, devido à insatisfação em que o saber suposto o deixa, quando não há transferência. A solução de Lacan é conhecida, é: *Sejamos analisantes! Sejamos analisantes na relação com a função do sujeito-suposto-saber, caso contrário, não há Escola!*

Organizamos o previsível: as assembleias ordinárias, as Jornadas, as publicações etc. Devemos fazê-lo. Mas como preservar o lugar do imprevisível, que acabamos odiando, que buscamos acorrentar, aprisionar, pisotear? A vida coletiva produz isso muito naturalmente, e não basta estar insatisfeito com isso para que isso não aconteça.

Em suma, o que se trata de preservar primeiro em nossas Escolas é o *um por um*. Tudo no grupo vai contra o um por um. Em outras palavras, na psicanálise, tudo caminha naturalmente rumo à defesa mutualista, à oligarquia, à gerontocracia. Como fazer de modo que a Escola realmente se apresente sob a forma do um por um?

5. DES-AGREGADO

Queremos a eficácia. Muito bem. A eficácia demanda solidariedade, que se faça da solidariedade um valor positivo. Muito bem. Preparemos então, cuidadosamente, nossas assembleias, façamos de modo que os formadores de opinião, os notáveis, os admiráveis, estejam todos previamente de acordo, tenham sua parte do bolo, a fim de que não haja surpresas nem descontentes.

É claramente sabido que, nas associações, nas organizações, em nome dos melhores interesses do conjunto, é claro, um processo natural tende a fazer com que um pequeno grupo se aglomere, no *backroom* ou em plena luz do dia, para conduzir as coisas proscrevendo o imprevisível. Quando essa prática dá certo, se ela dura, se ela se estende, ela congela a massa.

O que aconteceria se uma Escola se tornasse o local de um tal processo? Ela se tornaria uma formação mutualista onde, reciprocamente se daria, uns aos outros, a garantia de que não se terá surpresas desagradáveis. Tudo ali estaria *under control*. E seria muito difícil ir contra isso.

Num certo nível, num certo sentido, em um grupo, todo mundo tem interesse que seja assim: interessa a cada um ter a certeza de que o outro não o perturbará muito no gozo de sua aquisição. E se acontecer que, ao final, todos tenham interesse em manter uma ordem mutualista de justiça distributiva, pois bem, todo mundo fica contente, mas, por tudo isso, o conjunto não vale uma pipeta, ou seja, serve apenas para a partilha convivial do bolo, enquanto a Causa, escamoteada, não passa de pretexto para voos enfáticos, até que o bolo, por sua vez, desapareça: justa retribuição! Já vimos isso.

Todo mundo está contente, nos parabenizamos, a homeostase reina, a Causa é posta de lado. *Você está do lado de fora? Quer entrar, progredir, existir? Você terá que maquinar com o sindicato, dar penhoras, andar de mansinho, não fazer ondas. Você será coop-*

tado com uma sábia lentidão, quando se estiver bem certo de que você será inofensivo.

É por isso que a Escola supõe que o grupo não tenha se mutualizado, ou seja, que ele permaneça sempre desagregado — desagregado um pouco, da boa maneira, aquela que o impede de escorregar pela ladeira natural que o arrasta rumo ao mutualismo.

O problema é tanto mais imediato que tivemos de resistir, há dois anos, a uma tentativa brutal, veemente e, em suma, muito desajeitada, de dissolver o grupo por dentro, liquidá-lo.[4] Para lidar com isso, tivemos que nos manifestar como solidários. Esse tempo passou. Hoje, se um perigo desponta, não é o da liquidação, mas o da corrupção da solidariedade, sua degradação progressiva, insidiosa, em mutualismo. Se deixarmos correr solto, veremos, pouco a pouco, nosso um a um se congelar, desaparecer, como por mágica, a necessária dispersão das opiniões e dos assuntos e cristalizar, um pouco por toda parte, blocos mutualistas, às vezes concorrentes. Queremos isso? Aliás, talvez seja bem isso o que nos espera, quer o queiramos ou não.

Se esta assembleia eleger esta noite um membro do Conselho da AMP, em vez de ele ser escolhido pelo Conselho de Escola, é porque decidi, *via* internet, propor uma ligeira modificação das regras do jogo. Formalmente, nada mudou, dado que o Conselho da Escola, a meu pedido, consentiu, e eu lhes agradeço, em retomar a seu encargo o que será a escolha da assembleia. Se o um por um da Escola ainda estiver aqui, haverá dez ou vinte candidatos. Seria inquietante que um passe de mágica fizesse com que houvesse apenas um — ou dois, para o semblante. [...]

6. DESCOMPLETAR

O que é a Escola Una? Esta Escola mendicante, sem cotizações? Esta Escola sem estatutos? Esta Escola que ninguém sabe o que ela é? A Escola Una é uma precaução, tomada antecipadamente, contra a previsível burocratização da AMP. Não será imediatamente, não, sem dúvida não. Mas ao cabo de dez, vinte, trinta anos, como ela escaparia disso?

O elemento burocrático existirá necessariamente. Já o vemos despontando. Com efeito, uma Escola é um conjunto complexo, cada vez mais complexo, do qual só alguns vão querer ter o manejo. Isso é ainda mais verdade para a AMP. Os germes do mutualismo e da burocracia estão lá.

Pois bem, a Escola Una é também um germe, um outro germe, colocado, ali, no Campo Freudiano, um germe de subversão interna, de subversão organizada, almejada, que, espero, um dia florescerá. A tensão se instalará com o AMP. E, desta tensão, terá a chance de nascer e de se afirmar um tipo de Escola cuja experiência seja autenticamente analítica.

O recalque, é melhor sabê-lo, exerce uma ação constante entre nós. Sobre nossas pequenas questões — que são também (sejamos realistas) nossa efetividade —, o recalque constantemente nos faz preferir, em relação ao ponto de vista analítico, um outro ponto de vista. Ter sobrevivido a uma importante perda de substância, a fim de retomar nossa marcha para a frente com maior vigor, é a prova de nossa bela vitalidade. No entanto, este triunfo, que hoje se vê por toda parte, traz consigo o pior, a ameaça do pior. Não esperemos mais cinco anos para percebermos aonde teremos sido levados pela força das coisas. É imediatamente que devemos olhar para esse horizonte, a fim de deslocar, ainda que ligeiramente no início, as linhas de força.

Sim, jogo minha partida, faço meus cálculos, tal como outros estão fazendo aqui e ali, para impedir a instalação de aparelhos de controle, de controle mutualista e polarizado, nas Escolas, na AMP.

Por exemplo, o passe na ECF não está sob o controle de nenhuma força polar. Ele é controlado apenas por seu dispositivo formal. Há um número tão grande de colegas suscetíveis de entrar nos cartéis do passe, de participar do procedimento, de vigiá-lo, que ninguém, me parece, pode tê-lo sob seu controle. Essa ausência de controle é necessária. Só há o passe se não houver controle do passe. Regulamento, sim, controle, não. Esta é a regra cardeal. Esta é a política da AMP em relação ao passe, seja o da EBP, da Escuela de la Orientación Lacaniana, da ECF e das outras. Só há passe se o um por um for respeitado, seja no Brasil, na Argentina ou na França. É o que temos que proteger.

A burocratização não é o desejo de ninguém. A dimensão da gestão é inelimínavel. Se as contas de Carlos Augusto Nicéas, tesoureiro da EBP, não estivessem corretas, ele seria censurado. Mas gerir visa a preservar, não a abafar, essa outra dimensão que é própria de uma Escola e que deve impor-se ao grupo e à visão corporativista dos seus interesses profissionais.

Precisamos nos ocupar com todos esses níveis, velar por cada uma dessas dimensões. Isso não é novidade para mim, faço isso há vinte anos. Mas, hoje, tudo é mais amplo, tão amplo que ninguém sozinho é suficiente e, no próprio interesse da experiência como analítica, achei que tinha chegado a hora de me retirar dos imperativos da gestão. Se eu tivesse de ser reeleito em Buenos Aires, teria dois anos pela frente para transmitir a todos, e não a duas ou três pessoas escolhidas, o saber que creio ser necessário para o prosseguimento da experiência, o saber que, a um só tempo, a condiciona e permite analisá-la. Mais precisamente, tratar-se-á, ao transmitir esse saber, de elaborá-lo.

Não estamos sem poder de previsão. Uma lógica está a trabalho, que vai além da intenção de qualquer um. A crise de dois anos atrás já nos ensinou até que ponto podíamos estar desprovidos diante da força do destino. Mas o de que se trata, agora, vai cada vez mais longe e mais profundo.

Isso não quer dizer que devemos instituir, ao lado dos relatórios de gestão, um *relatório* de *interpretação*. Seria banalizar a interpretação, dessecá-la, matá-la. Mas estou tentando transmitir-lhes uma preocupação que deveria ser permanente e ainda mais viva nestes tempos de triunfo.

O que enuncio não está perfeitamente claro, até mesmo para mim.

A Escola Una chegou até nós pelas patas de uma pomba, não sabíamos muito bem o que fazer com ela, e eis que ela se inscreve na política da AMP. E esta parece ter previsto, por um esforço prodigioso de pensamento, que precisará do que a descompleta, sob a forma dessa coisa bizarra, a Escola Una, com seu Comitê de Ação que, em breve, veremos quem se proporá a fazer parte dele e quem será eleito. Portanto, aqui está esta Escola que não deve deixar de perturbar as outras Escolas, com o seu consentimento, é claro, e que, para o fazê-lo, paradoxalmente, terá de pedir-lhes ajuda.

Veremos instalar-se, efetivamente, uma tensão entre a seriedade da AMP e as loucuras da Escola Una, sua histeria? Uma tensão e uma dialética? E, a partir daí, veremos um dia impor-se, em nosso *estar-junto* o reino do discurso analítico? Veremos assembleias reunidas, não apenas para gerir o *bem-necessário*, mas para situar o ponto em que está a comunidade reunida por elas na experiência da Escola como experiência analítica?

Nota: Traduzi minha intervenção, amplamente improvisada e pronunciada em espanhol, apoiando-me no texto em português difundido pela AMP-Veredas. Eu a retoquei em algumas partes. Agradeço aos colegas brasileiros que a gravaram, transcreveram e traduziram. Após uma eleição disputada e no segundo turno, foi eleita, como membro do Conselho da AMP para 2000-4, nossa colega Angelina Harari, de São Paulo.

Sobre o êxtimo

> *Tomada da palavra na discussão, por ocasião da conferência institucional da ECF, em 28 de maio de 2000, em Paris, publicada em* Lettre Mensuelle, *n. 191, outubro de 2000.*

ESTAMOS REUNIDOS PARA APRECIAR a oportunidade de acrescentar, ao regulamento do passe, um artigo de duas frases referente ao êxtimo.[1] Um *artigo* — palavra de quinquilharia, de bazar, um artigo árido, de jargão opaco, incompreensível para os comuns dos mortais: o AE, o cartel, o êxtimo, a AMP.

I

Há um contraste entre a aridez, a opacidade dessas duas frases e a significação eminente que elas tomam para nós. De fato, acrescentar essas duas frases seria tocar em um regulamento que não mudou desde 1982, em um texto que remonta aos primórdios da Escola da Causa Freudiana, quando esta ainda era um organismo reduzido, resultante da dissolução da Escola Freudiana de Paris, por Lacan. Este regulamento foi discutido durante um ano inteiro, e deve-se acreditar que foi bastante bem afinado, pois se mantém tal qual há dezoito anos.

Como dizia Montesquieu, as leis só devem ser tocadas com a mão trêmula. Seria bom tremer um pouco antes de tocar no regulamento do passe. Já olhamos para cima, para baixo, para todos os lados? Podemos antecipar os efeitos que corremos o risco de produzir ao tocar neste augusto texto? É o mais augusto dos nossos textos estatutários e acarretou muitas consequências para muita gente. A introdução do passe teve efeitos subjetivos importantes, muito íntimos, para muitos de nós e para muitos dos que não estão mais conosco.

2

O debate que se desenvolve, esta manhã, mostra que há, aqui, uma coletividade que partilha uma experiência e a elabora. Temos a conclusão antecipada desde 1995: a ECF, pelo menos seu Conselho, seus responsáveis, são a favor do êxtimo. Mas já estamos no momento da conclusão confirmada? Minha impressão é que a problemática aferente ao êxtimo é, por enquanto, apenas parcialmente subjetivada pela Escola. Ainda não há o que Éric Laurent chamava, há pouco, de *movimento da Escola*. O que provaria a existência desse movimento é que se seja capaz de acrescentar alguma coisa à prática e à teoria do êxtimo. Não vale a pena introduzir o êxtimo na ECF se for apenas para se conformar à norma da Associação Mundial de Psicanálise. A única prova de que não se o faria para conformar-se à norma seria acrescentar algo à norma — se assim posso dizer —, fazer um aporte à teoria e à prática do êxtimo.

Não vejo por que eu me proibiria de falar, às vezes, ex cathedra. Do mesmo modo, eu direi, como delegado geral da

AMP, que não tenho pressa em ver esse artigo suplementar ser adotado pela ECF. É muito mais importante para a AMP, para a Escola Una, para as outras Escolas, que a ECF se movimente sobre essa questão, que a apreenda autenticamente com o poder de reflexão que lhe é próprio, do qual acabamos de ter exemplos, que ela faça ouvir as múltiplas vozes que compõem o seu coral. Nesta sala, em Paris, há um capital intelectual e clínico que deve beneficiar a AMP.

A partida foi boa, mas não é por isso que já chegamos. Não cabe, em minha opinião, precipitar as coisas e propor uma votação já em outubro, quando podemos mastigar isso tranquilamente durante um ano. Não se trata de conformar-se, mas de subjetivar, se possível de inventar e, por fim, concluir. Isto poderia nos dar a oportunidade de ouvir um certo número de colegas de outras Escolas sobre a prática efetiva que tiveram do êxtimo, sobre as vantagens que encontraram nela. Claro, uma vez que o êxtimo tenha funcionado muito, ele não poderá mais operar, pois não seremos "êxtimo" o suficiente uns para os outros.

Em minha opinião, ainda estamos no momento de pensar: *A AMP espera isso de nós, vamos ter que passar por isso.* Proposição simpática, sem dúvida necessária para que possamos formular a conclusão, mas, para que essa conclusão seja efetiva, interessante, operatória, promissora, é preciso adiar realizá-la, pelo tempo que for necessário. Será uma contribuição muito mais importante do que a adesão da ECF à norma comum, à maneira de: *Ela passa, por sua vez, depois de ter feito ali passar todas as outras.* Não hesitemos em nos perguntar o que o êxtimo poderá trazer à ECF, ao passe.

3

É certo que o passe é um exercício impossível. Não se pode, absolutamente, definir a posição standard do passante, nem a do passador, nem a do júri. No passe estão concentrados todos os paradoxos da psicanálise. O passe é, em si mesmo, um *Witz*. Foi a resposta dada por Lacan à pergunta constante daqueles que, em nome do discurso científico, interrogavam a psicanálise, ou atormentavam os psicanalistas: *Quais são seus resultados? Como avaliar de maneira objetiva os resultados de uma psicanálise? Certamente se está melhor depois de passar dez anos sobre um divã, mas como demonstrar que você não estaria melhor simplesmente deixando passar dez anos?* Assim, há toda uma literatura sobre os questionários: quando preenchê-los? Logo após o final? Ou cinco anos depois (para constatar as eventuais recaídas)? etc.

Lacan chega com o passe e diz: *É muito mais simples que isso, peçam aos interessados que expliquem eles mesmos por que estão tão contentes, e, na esteira, aos colegas, e vamos ver se os colegas se abraçam, se congratulam entre si.* Isso parece brincadeira, porque não se obtém uma avaliação objetiva dessa forma, mas, ao mesmo tempo, é muito razoável. Eles falaram por x anos com um analista e lhes pedimos, agora, que nos falem, que nos mostrem sua bela voz, que nos façam ouvir seu gorjeio, para que possamos ver se falam bem, ou melhor, se eles são nossas fênix. Trata-se de captar como alguém que falou por x anos na confiança do consultório é capaz de dar conta disso e se o que ele é capaz de dizer tem o menor interesse.

O que ele diz sobre isso é muito geralmente da seguinte forma: *Eu não sabia isso e aquilo, agora eu sei isso e aquilo; Eu sofria disso e daquilo, agora não sofro disso e daquilo*. Isso deixa em aberto a questão de saber se isso e aquilo ainda estão lá, só que simplesmente ele não sofre mais com isso — piada famosa. Ou então, se ele não sofre mais disso e daquilo, mas sofre daquilo e disso que são muito mais graves do que aquilo de que sofria antes. Ou são proposições do tipo: *Eu queria isso, agora quero aquilo*. Constataremos, muito simplesmente, que ele fala de forma diferente de antes. É evidente que se trata de uma avaliação difícil de objetivar.

O passe é morcego. É Janus. Por um lado, se apresenta como o único método científico de avaliação baseado nos dizeres do paciente que devem, diz Lacan, ser aferidos da maneira mais precisa. Quando esperamos por isso, anota-se tudo, porque não se quer deixar perder-se o pequeno detalhe — um esquecimento pode falsear tudo, tal como em um protocolo de experiência. Por outro lado, o passe tem uma outra feição: trata-se de capturar um certo *não-sei-o-quê*, sente-se isso, se reconhece, porém é mais entre as palavras. A tensão é constante entre os dois aspectos.

Jo Attié lembrou que eu havia feito uma sátira ao *empuxo-à-escrita* do passe.[2] Poderíamos levar isso a sério, não escreveríamos mais. Constataríamos, então, que temos muito mais dificuldade de fazer apresentações diante de uma audiência que está pedindo detalhes. Em suma, o passe será sempre uma cota aproximada. Critica-se os passadores de tamponarem as coisas bancando os escribas, trabalhando imbuídos no espírito de: *Deixo meus superiores decidirem, digo o que vi e ouvi*. — *Não, não, você tem sua opinião a dizer*, dizem-lhe. Mas, o dia em que vocês verem os passadores chegar afirmando: *Não se trata, de jeito nenhum, de nomear esse passante AE,* ninguém ficará encantado. Não existe a boa solução, é o que permite continuar discutindo, é o que torna a questão sempre fresca, sempre se pode retomá-la. Há dezoito anos que se tenta afinar o passe. Alguma coisa aconteceu, mas ainda não se diz que ele está perfeitamente afinado, e nunca o diremos.

4

Não nos cansemos demais com a formulação do artigo. *O amor é muito mais que o amor*, lembrava François Leguil. Mas o regulamento não é apenas o regulamento. Mesmo que escrevêssemos um *Tratado do êxito*, não se chegaria a especificar todos os casos. Mesmo no direito não se chega a isso, uma vez que se recorre à jurisprudência. Na França, ainda temos um direito muito regulamentar, mas nos países anglo-saxões, o direito é a jurisprudência — quando os juízes proferem uma sentença, quando os advogados defendem uma causa, eles alegam uma infinidade de casos particulares. Então, eu tenho a sensação de que, no que concerne ao êxtimo, quanto mais falarmos sobre ele e quanto menos o escrevermos no regulamento, melhor será.

A invenção e a prática do êxtimo se assenta numa evidente transferência com a ECF, como nos lembrou Alexandre Stevens. Ainda hoje, para muitos colegas mundo afora, é a ECF que tem a chave do passe, pois a ECF sustentou o passe desde o início, tornou-o conhecido em outros países que não o tinham, que não tinham apreendido a importância que o passe poderia ter. A ECF foi o suporte, o porta-voz, o exemplo do que o passe poderia dar. Colegas de outros lugares aspiravam ao passe. Eles teriam ficado encantados em fazer o passe em Paris. Para eles, teria sido a verdadeira consagração. Recusei-me a organizar isso, embora houvesse, inclusive, um certo *empuxo-a-Paris*. Recusei-me a organizar as teorias de colegas do exterior vindos a Paris para homenagear o passe da ECF, por serem, de alguma forma, naturalizados no plano psicanalítico.

Pelo contrário, meu objetivo era que eles tivessem títulos em sua Escola, que pudessem conferir-lhes com conhecimento de causa, e que, aos olhos deles, esses títulos fossem tão válidos quanto os que concedemos. Este era o verdadeiro problema: que eles mesmos acreditassem nos títulos que concederiam tanto quanto podiam acreditar nos nossos. Era preciso superar a falta de credibilidade, aos seus próprios olhos, por sua própria operação. Inventar o êxtimo era assegurar-lhes um pedaço da verdadeira cruz, prometer-lhes que alguém de Paris viria olhar de perto o que eles haviam feito e que poderia dizer-lhes: *Vocês também são capazes de conduzir uma análise à sua conclusão e vocês são capazes de avaliar seu término*. Este aspecto do êxtimo, que não é óbvio à primeira vista, foi, no entanto, essencial no início. Era também, em contrapartida, garantir aos membros da ECF a seriedade da operação. Agora, estamos para além disso.

5

O êxtimo não foi introduzido imediatamente na Escola Europeia de Psicanálise, já que seus dois cartéis hispanófonos foram constituídos unicamente pelos AE da ECF, portanto, não iríamos acrescentar ainda um êxtimo. Na sequência, houve uma mistura, associando colegas espanhóis e colegas da ECF. Foi na Escola da Orientação Lacaniana que isso surgiu pela primeira vez — a EOL, uma vasta comunidade de trabalho, que tem muita experiência, uma comunidade altamente integrada, já que a grande maioria de seus membros está concentrada em Buenos Aires. Há tantos membros só em Buenos Aires quanto em toda a França. Essa comunidade tem muitos recursos. Mas ainda era preciso animá-la a ter confiança em si mesma para instituir o passe e fazer de sorte que ele fosse reconhecido como válido por seus próprios membros. Era preciso também que essas nomeações fossem harmônicas com as nossas, que pertencessem à mesma família de variações lógicas.

Foi para lá que eu levei a palavra *êxtimo*. Por que eu utilizei este termo prestigioso? Por que o desperdicei para esse uso? Poderia ter sido chamado de *super mais-um*. Êxtimo, isso indicava que era uma função analítica, que não se tratava de *missi dominici* enviados ao redor do mundo para supervisionar o passe, que também não eram fiscais de obras acabadas — função burocrática eminente, nenhuma burocracia pode prescindir de fiscais de obras acabadas —, que eles garantiriam, em primeiro lugar, uma função analítica. A melhor prova disso é que nunca se pediu um relatório a um êxtimo. O êxtimo não conta a ninguém o que ele faz. Não é uma função administrativa, não se guardou nenhum rasto escrito de nada, não há nenhum relatório endereçado ao centro.

Como são escolhidos os êxtimos? Isso funcionou, primeiro, para a América Latina. A AMP certamente não tinha os meios nem o desejo de pagar a viagem dos êxtimos que ela teria nomeado. Assim, quando colegas, escolhidos pelas Escolas, eram convidados para ministrar seminários, e haviam participado dos cartéis do passe da ECF, acontecia, em função de suas necessidades, de essas Escolas lhes proporem tornar-se êxtimos. Não fiz nenhum regulamento porque, no começo, era absolutamente impossível fazê-lo — mesmo agora, é muito difícil. Cabia a mim dizer sim, caso a caso. A função passou, em 1998, para o secretariado do passe da AMP, cuja missão é agir para o melhor. Para a escolha do êxtimo, não se pode ter um algoritmo. É preciso confiar em um certo número para fazer uma avaliação prudente.

6

Como o êxtimo intervém? A ideia inicial era a seguinte: o êxtimo não substitui o cartel do passe. O cartel do passe faz seu trabalho, e é ele quem diz: *Não, este não será nomeado AE*, ou então: *Este poderia ser nomeado AE*; ou ainda: *Este, queremos que ele seja AE*. Então, se o cartel diz não querer que fulano seja AE, muito bem, o cartel é o mestre. Se, sobre fulano de tal, o cartel diz que ele poderia ser um AE, ou que quer que ele seja AE, só então o cartel recorre ao êxtimo. A ideia era que o processo interno se desenrolasse inteiramente como deve se desenrolar, mas que, no momento final, quando se trata de dizer um *sim* que nos engaja a todos, então é preciso um êxtimo que represente o *sim* do Campo Freudiano.

Muitas questões foram deixadas à sombra: o êxtimo pode bloquear uma nomeação de AE? O cartel deve concordar cem por cento para recorrer ao êxtimo? Se o cartel está hesitante, ele pode falar sobre isso com um êxtimo, ou é proibido? Não fizemos nenhuma regra para isso, a fim de que a experiência viva e nos ensine. De fato, foi o que aconteceu.

Fui êxtimo três ou quatro vezes. Uma vez, o cartel estava muito decidido, uma outra vez, ele estava hesitante. Pode ter acontecido que ali onde ele estava decidido, eu não o estava tanto. Então, entramos em uma discussão clínica. Uma outra vez, ele estava hesitante, e eu contribuí para que ele se voltasse para o lado do *sim*, dizendo que, quando se chega no território do passe, não se sabe se estamos justo antes ou justo depois, e esse é quase o critério de que isso é o passe.

A tal ponto que, recentemente, houve colegas argentinos que teorizaram o efeito do êxtimo no júri. Eles teorizaram o efeito de precipitação, no cartel, produzido pela relação com o êxtimo. O cartel do passe é vivenciado como um múltiplo. O acréscimo de uma espécie de mais-um suplementar e transitório, na forma do êxtimo, ao qual ele deve apresentar o caso e seu próprio processo de pensamento, torna o cartel um sujeito barrado, que fica apenso ao êxtimo. Portanto, não era ilegítimo prever que o extimo garantisse uma função de ordem analítica. Claro, se o êxtimo chega dizendo: *Então garotada, vamos ver se vocês se saem tão bem quanto nós em Paris*, ele não será bem acolhido. É preciso que ele seja respeitado e que ele respeite.

7

Não me detenho nos casos da Escola de Caracas e da Escola Brasileira. No Brasil, onde a comunidade ainda é pouco integrada, é dispersa, eles instauraram apenas a entrada pelo passe. Eles, aliás, se serviram muito dela, já que a metade dos membros da Escola entrou pelo passe. São eles que, desde o início, quiseram um êxtimo, quiseram inscrever-se nesse regime. Eles o subjetivaram, para eles, era um desejo e de modo algum a aplicação de uma norma.

8

Retornemos à ECF. Se tivermos que tocar no regulamento, concordo com Jean-Pierre Klotz, aproveitemos para colocar em dia o artigo sobre o *cartel-secretário* proposto em 1997, artigo perfeitamente razoável, que permitia ter um secretariado com uma continuidade, transmitindo seus arquivos. Discutimos isso no âmago do Colegiado do Passe em 1996-7, depois, por ocasião de uma reunião conclusiva do Conselho da ECF, para a qual fui convidado, pouco antes das férias de verão. Em minha opinião, era preciso discutir na Escola durante um ano para introduzir esse cartel-secretário. Todos os membros do Conselho me disseram: *Mas, de jeito nenhum, é evidente, todo mundo vai compreender que é melhor assim*. Respondi que concordava no essencial, mas que, no que diz respeito a colocá-lo sob votação imediatamente, não me responsabilizaria por isso. Todas as reformas na Escola foram votadas por unanimidade, e para ter unanimidade é preciso discutir a fundo, nada eludir, considerar todas as objeções, incompreensões, mal-entendidos, o que exige tempo. O resultado é que na conferência institucional de 20 de novembro de 1997, onde J.-P. Klotz apresentou a reforma do cartel-secretário, alguém se levantou e começou disparar para todos os lados, calmamente, o que desconcertou todo mundo. Uma semana depois, o rebolico já circulava pela Escola toda: *Alerta! O Conselho quer pôr as mãos no passe!* O Conselho da época retirou sensatamente essa reforma, e convoquei a primeira Conversação da AMP, nesta mesma sala onde estamos, para o dia 5 de outubro seguinte. A sequência disso é conhecida.

Não estamos mais na mesma atmosfera, mas por que não dedicar um tempo para nos apropriarmos dessa questão? Nada nos apressa. Sobre os passadores, seria muito bom continuar o debate que começou aqui no próximo ano, avançar nisso. Há, no passe, segundo a intenção primeira de Lacan, um elemento que é da ordem de um: *É o mundo às avessas*. Trata-se de fazer nomear os "superiores" pelos "inferiores", ao contrário do método universitário onde os "superiores" nomeiam os "inferiores". O passe é um sistema barroco, no sentido histórico e estético do termo. É de pernas pro ar. Ao mesmo tempo, Lacan tomou a precaução de dizer: *Não são os passadores que vão decidir, são os mais antigos*. Eu vejo isso segundo o modelo de Lol V. Stein. O júri, como Lol, ali está para observar o casal formado pelo passante e o passador; o júri observa como o passante, com certo ar de vampe, seduziu o primeiro passador, depois o segundo. Aqui, tratar-se-ia de ver: como operou a sedução do passador pelo passante. É preciso, de fato, que haja alguém, como um terceiro, que olhe por onde isso passou.

Não é sobre duas frases do regulamento que se deve passar um ano! É para fazer disso algo útil à AMP, e também para servir de reagente para o conjunto da Escola.

9

Falemos sobre o êxtimo. Quando tivermos falado o suficiente sobre o êxtimo, não teremos mais que defini-lo, a discussão será a definição. Terá havido mal-entendidos suficientes para nos entendermos sobre o êxtimo. É somente quando há uma massa cristalizada de mal-entendidos formando uma base que se diz saber o que uma palavra quer dizer.

VIII

Sobre a formação do analista

> *Publicado com o título "Resposta ao* Che vuoi? *sobre a formação do analista em 2001", na revista* Che vuoi?,[1] *n. 15, julho de 2001.*

I. O "PSICANALISTA NATO"

Lacan conta que, um dia, alguém o cumprimentou por ser um psicanalista nato e ele declinou da homenagem. Lendo isso no início dos anos 1960, pensei na frase assinada por Lazare Carnot: *Não nascemos revolucionários, nos tornamos um.* Se houvesse psicanalistas natos, não teríamos que formá-los, bastaria descobri-los. No contexto de hoje, esta opinião passa batida de antemão. No entanto, gostaríamos de dar-lhe sua chance, *a fighting chance.* Lacan não diz que as mulheres são psicanalistas natas — por que estariam votadas a apropriar-se do fantasma do homem? Que por acaso os judeus não desempenham, na psicanálise, o papel eminente que é o deles? Que o analista porta uma *marca*, a do retalho, que se trata de encontrar, tarefa que cabe a seus *congêneres*? Que seria belo se houvesse um dom analítico, tal como se vê para os matemáticos? Na falta do dom, constata-se o gosto que o excluído, o fracassado e o perdido têm, de bom grado, pela psicanálise. No entanto, tudo repugna admitir que se é analista por natureza. De fato, seria preciso ser psicanalista sem a psicanálise. Em suma: *Viva a psicanálise, pois se não houvesse psicanálise, não haveria psicanalistas*. Foi preciso esperar 1910 para que se recomendasse ao analista analisar-se, ainda que apenas ao modo de Pasteur inoculando-se a raiva (a peste). Depois, isso se tornou uma condição sine qua non. E, então, veio Lacan, e o psicanalista foi definido como: o resultado de sua análise. É o passe.

2. O TRATAMENTO LÓGICO

A ideia de um final da análise verdadeiro e definitivo, realizando uma mutação irreversível do sujeito, contradiz Freud. Ela supõe não apenas que existe uma *lógica do tratamento*, mas também que o tratamento é uma lógica determinada por um algoritmo inicial, concluído por uma fórmula de parada. Ela não teria mais liberdade (mais jogo) do que uma máquina de Turing, se seu curso não fosse, no entanto, imprevisível. *Os efeitos de verdade* vêm se inscrever como significantes no lugar vazio do *sujeito-suposto-saber*, numa ordem que não está prescrita de antemão, que se ordena a posteriori. O que assim se acumula de saber vence os investimentos libidinais que se concentram em um núcleo cada vez mais denso (efeito *shrink*), do qual o sujeito finalmente se separa, ao mesmo tempo em que se dissipa a ficção do saber suposto. Um saber efetivo ali está, adquirido pelo sujeito, e suscetível de ser formatado e comunicado para ser validado. Este parágrafo resume a tese da proposição exposta por Lacan em outubro de 1967, entre os dois Seminários que a enquadram: "A lógica do fantasma" e "O ato psicanalítico".

3. OS EFEITOS DE UM *WITZ*

Devido a Lacan, a palavra *analista* é entendida, doravante, em dois sentidos, e eles são disjuntos (*ruptura de hierarquia*). Há o analista que provém de sua análise: este é o analisado; é reputado analista sem nunca ter conduzido um tratamento; pelo menos isso não entra em consideração. O outro é o analista que resulta de sua prática. O primeiro é nomeado analista a posteriori de sua análise; o segundo, a posteriori de sua prática. Ao primeiro, outorga-se o título de Analista da Escola (AE); ao segundo, o de Analista Membro da Escola (AME). Antes de Lacan, não se imaginava que se pudesse ser analista sem ter dado provas na prática. Mas, precisamente, Lacan duvidava dessas provas, ele via que se nomeava mais pela reputação, pela habilidade interpessoal, pela docilidade, pela negociação ou por camaradagem. Disso decorre este *Witz*: tomar como analista (todo em potência) um analisado sem outra experiência que não a sua como analisante. Efeito clínico: dar um objetivo preciso e sublime ao tratamento; estender sua duração. Efeito epistemológico: pôr em questão a qualificação pela prática; colocar os efeitos do tratamento sob a exigência de serem verificados. Efeito institucional: desinflar a suficiência do notável e irritá-lo; inflamar a ambição do neófito; ativar a tensão geracional.

4. O SUSPIRO DE LACAN

O suspiro de Lacan, *o passe é um fracasso*, devemos levá-lo ao pé da letra e abandonar a experiência? Ou então reanimá-la? Essa escolha, que parecia ser oferecida após a dissolução da

Escola Freudiana de Paris era, na realidade, uma escolha forçada, pelo menos para aqueles que consideravam que o passe não era um apêndice que se poderia amputar, sem prejuízo, do ensino de Lacan. Foi assim que, a partir de maio de 1982, os membros da Escola da Causa Freudiana adotaram, quase por unanimidade, um regulamento do procedimento cujos termos haviam sido discutidos durante um ano. Ele instalava dois cartéis do passe, especificava sua composição e renovação, previa a reunião de um Colegiado do passe a cada seis anos, a fim de avaliar os resultados. Esse procedimento funciona na ECF desde 1983, foi gradativamente instalado ao longo da década de 1990 nas demais Escolas criadas na Associação Mundial de Psicanálise. De dois em dois anos, os cartéis, após cessarem as suas funções, redigem um relatório. Os AE são incessantemente solicitados a apresentar seus testemunhos e trabalhos durante os três anos, ao longo dos quais seu título permanece válido (não há AE permanentes). Além disso, uma comissão nomeia regularmente os AME, com base no conhecimento que ela pode ter quanto à prática dos colegas, confiando em seus trabalhos, supervisões, na *vox populi*. Esse procedimento, que não diz respeito a nenhuma performance e não desencadeia nenhuma candidatura, não poderia ser tão deslumbrante quanto o passe. Ele é discreto, fala-se muitas vezes em reformá-lo sem o fazer. Na verdade, é o passe que constitui a garantia maior.

5. O SUCESSO DO PASSE

Não se imagina o respeito com o qual é circundada a nomeação de um EA no Campo Freudiano, a atenção apaixonada com a qual se acompanha seus trabalhos, pelo menos os primeiros. A prova sobre a qual ele triunfou no procedimento se prolonga, se repete a cada vez que ele se expressa. Sua nomeação tem o valor de uma aposta. É preciso ainda que sua produção o confirme. Alguns decepcionam, são decepcionados, saem da Escola, o que é pelo menos a prova de que o passe não tem o efeito de acorrentá-los para sempre ao sistema que os distinguiu. Os cartéis que nomeiam, e cujos membros vêm em parte de eleições e em parte de sorteios, procedem a uma avaliação clínica do caso. Eles respondem também a uma questão epistêmica: *O que esse passante nos ensina de novo sobre os caminhos que conduzem a um final de análise?* Afinal, eles devem levar em conta a ressonância política de sua decisão: *O novo AE saberia responder ao que a instituição espera dele, ser analista da experiência da qual ele mesmo faz parte, a da Escola?* Essas três dimensões não se sobrepõem. Os debates dos Colegiados do Passe da ECF foram, por duas vezes, apanhados nas turbulências das cisões. A calma que envolve o funcionamento ordinário do passe destaca-se disso ainda mais. Vê-se cada vez mais passantes apresentando-se ao passe em uma outra Escola que não a sua, onde eles são estranhos (ou são menos conhecidos) e seu analista também. A prova disso só se torna mais pura. Doravante, as Escolas do Campo Freudiano compartilham o mesmo *gradus*.

6. A IMERSÃO NA ESCOLA

Se um analista é essencialmente um analisado, se ele só é praticante a posteriori, então a formação analítica é reabsorvida no tratamento. Este é o sentido do chiste de Lacan em 1973: *Não há formação analítica, há apenas formações do inconsciente*. É que não há formação que não esteja ordenada a uma identificação. Uma vez que o tratamento analítico é concebido como um processo de *desidentificação*, o nome *formação* não é mais conveniente, e o grupo analítico tem a estrutura do conjunto de Russell: é o grupo dos *sem grupo*. Na verdade, a EFP nunca organizou nada que se parecesse com um curso. No entanto, Lacan queria, ao mesmo tempo, analistas que não fossem *medíocres*, e sim expertos e estudiosos. Sem dúvida, ele também queria que eles soubessem colocar entre parênteses competência e conhecimentos para acolher o inaudito, mas isso supunha que eles tivessem essa competência e esses conhecimentos. Isso é o que resume a fórmula *saber ignorar o que se sabe*. A Escola é precisamente o lugar geométrico onde convergem esses paradoxos. É um lugar de saber, mas ordenado a um não-saber; nela, ninguém pretende deter o saber sobre o que é o analista (à diferença das Sociedades), esse saber, é necessário que seus membros a um só tempo o busquem (se informem), o construam (o inventem) e, em definitiva, não se satisfaçam com ele. Portanto, não há formação por meio de curso, ou seja: não há itinerário standard prescrito por um saber a priori. Nenhuma forma ideal (uma imagem, *Bild*) como *terminus ad quem*, uma vez que *a* é o objeto do qual não se tem ideia. Nenhuma pedagogia na qual se trata, sempre, de dominar esse objeto por meio do saber ($S_2 \to a$). Procede-se de maneira completamente diferente: por meio da imersão do sujeito em um ambiente agitado pela falta de saber o que mais lhe importa. Cabe a cada um nadar o melhor que puder, a cada um seu próprio sistema D. Para constituir tal ambiente, é preciso o número, a pluralidade de publicações, a multiplicação de trocas (caso contrário, o sujeito fica restrito a uma estreita sugestão, ou vegeta num clube de veteranos). O que a EFP teve de melhor foi esse meio, que se perpetuou e ampliou com o Campo Freudiano. Mas a própria EFP estava inserida num contexto intelectualmente vibrante, que desapareceu.

7. O MERCADO DAS FORMAÇÕES

A partir de meados da década de 1970, a Seção Clínica do Departamento de Psicanálise da Universidade de Paris 8 instalou-se na periferia da EFP. Ela propunha, no âmbito da formação permanente, um ensino metódico de tipo universitário. Ela não teria visto a luz do dia sem o apoio sustentado de Lacan. Isso já era reconhecer que a Escola não bastava para todos, e que a subversão que cabia a ela trazer tomava seus efeitos do bom desempenho da formação acadêmica contestada por ela. Uma vez que essa formação se enfraqueceu, eis nossos subversivos trazidos para abrandar suas insuficiências e substituí-la. Longe de desaparecer com a criação da ECF, que nela se apoiou em seus primórdios, a Seção Clínica se expandiu, enxameou-se na província assim como no exterior e fez muitos emuladores fora do Campo Freudiano. Estes, ao mesmo tempo em que adotavam esse modelo para universitário, tão depreciado no início, renunciavam retomar o da Escola. Hoje, as coisas chegaram a tal ponto que, dentro e fora da Universidade, inúmeras fieiras de formação exploram recursos do saber de ordem psicanalítica, sem por isso poderem garantir a qualidade de psicanalista a seus estudantes ou diplomados. Essa disjunção entre formação e garantia favorece muito naturalmente o crescimento do que na Espanha se chama *mundo psi*, que inflou a ponto de se espalhar a ideia de que a psicanálise pura será, pouco a pouco, reabsorvida por ele. Não é nada disso. Pelo menos, não será assim enquanto as Escolas dignas de seu conceito forem mantidas.

8. O EQUILÍBRIO DOS PARADOXOS

Lacan sonhava com uma Escola onde só entrariam os AE (ver *Outros escritos*, pp. 311-2). Eles seriam os únicos a praticar a psicanálise. Na realidade, os AE são raros, os praticantes numerosos, mas não vejo ninguém no Campo Freudiano satisfazer-se com um caminho curto. A formação se prolonga, se eterniza, não é mais uma formação, é um modo de vida: seguimos cursos, permanecemos em supervisão, mesmo nomeado AME, relançamos de bom grado a partida analítica. Um poderoso ideal de instituição vigia, atormenta e incita, sem a necessidade de regras e diretrizes. Mas o passe também é precário: basta um pouquinho para o procedimento se desregular; ele só pode se sustentar em um grupo suficientemente grande para ser diverso, mas é preciso igualmente que ele não seja disperso, e que referências comuns e balizas compartilhadas permitam entrar em acordo, sem conformismo, sobre a objetividade de um fim de análise. É preciso que o passe tenha prioridade, sem ter a exclusividade; se ele se torna absoluto, ele perde todo o sentido, pois ele tem graus, não poderia ser confundido com um despertar iniciático, e a nomeação não escapa à contingência. Se o grupo se repartir em facções rivais, adeus ao passe: a nomeação será decidida por negociação etc. É a quadratura do círculo. O Campo Freudiano parece-me ter chegado, não sem dificuldade, não sem dor, a um equilíbrio dos diversos paradoxos dos quais se estrutura o *efeito-de-formação* em psicanálise. Um equilíbrio, não se poderia reivindicar mais, uma solução, por exemplo. É lícito objetar: *Mas por quanto tempo?*

9. SEM PORQUÊ

Um leitor informado me disse: *E o desejo do psicanalista?* Se as ideias recebidas entre os lacanianos fossem objeto de um dicionário, este certamente recomendaria: *Declarar a íntima convicção de ser habitado por ele.* De fato, é aí que o passe tropeça: ele apreende em que o sujeito se satisfaz no ponto em que chegou (um *mais além do semblante*), e ele o traz de volta à Caverna (a Escola), mas, entre os dois, o passe não esclarece por que o analisado não encontra nada melhor a fazer do que fazer-se analista. Imaginamos que, muitas vezes, isso se deva a alguma insuficiência do tratamento. Além disso, o passante geralmente já está estabelecido em uma *psi-prática*, cujo fundamento fantasmático é encontrado com muito mais facilidade. Seria lógico que o desejo do analista, o desejo de obter de cada um o seu *sem igual*, se distinga, como a rosa do Ângelus, pelo fato de ser *sem porquê*. Restaria então apenas verificar sua presença e sua ação na prática, e isso, por meio da supervisão.

POST-SCRIPTUM

Pedem-me esclarecimentos:
1. Os membros dos cartéis do passe são sorteados/eleitos pelos AE? Pelos AE + AME? Pelo conjunto dos membros da ECF? Outros?
2. Como tornar-se *membro* da Escola? Pelo passe? A partir das associações do Campo Freudiano?
3. Concede-se pouca atenção aos AME e, no entanto, é essa garantia que pode valer no social, uma vez que os AE são apenas estrelas cadentes.

Respondo:
1. Um cartel do passe na ECF inclui: o antigo mais-um; um passador, sorteado de uma lista; um AE, eleito pela assembleia geral da Escola entre os AE em exercício; um membro da Escola exercendo a psicanálise, igualmente eleito por candidatura; o mais-um escolhido pelos quatro anteriores.
2. Torna-se membro da Escola por decisão do seu Conselho. A partir de 1995, este membro tornando-se *ipso facto* membro da AMP, o Conselho desta deve ratificar a decisão, o que nem sempre o faz. Entra-se, seja pela via do passe, seja por títulos e trabalhos. *Pela via do passe*: que o passante seja nomeado AE, ou que, não o sendo, ele seja, contudo, *recomendado* ao Conselho pelo cartel que ouviu seu passe. *Sobre títulos e trabalhos*: ou seja, sobre o conhecimento que o Conselho (doze membros) tem sobre o percurso do candidato.
3. Qual é o valor, *no social*, da garantia dada por uma associação de 1901? Porcaria nenhuma [*Peau de zébi*]. O que deve ser dito é o que credencia as pretensões dessa associação. Era

o trabalho de Lacan que *garantia* a EFP. O que *garante* a ECF? A continuidade e a extensão de seus trabalhos publicados nos últimos vinte anos? Sem dúvida. O número de seus membros, seus títulos universitários, as funções que ocupam no social? Certamente. A pertença a uma vasta rede internacional? Sim. Mas também, tudo isso não é nada, não passa de semblante. O real em jogo, se houver um, é o passe que o faz *ex-sistir*. É preciso um uso da psicanálise que exija dela um resultado demonstrável. Em nossa concepção, o passe garante a Escola que garante seus AME. Caso contrário, este título não seria senão a medalha de chocolate concedida por uma confraria de impostores: Podular se faz o fiador de Hatchibombotar,* que lhe devolve na mesma moeda. A um só tempo, eles se seguram pela barbicha e caem na gargalhada.

---

* Podular e Hatchibombotar, personagens da série de desenho animado *Babar, o elefante*. (N. T.)

Quem são seus psicanalistas?

> Extraído do prefácio redigido em 5 de novembro de 2001 para o livro Qui sont vos psychanalystes?, publicado sob a direção de JAM, Seuil, 2002.

DA PSICANÁLISE, Lacan dizia que ela é *um bem comum*, questão de todos e não apenas dos praticantes. Ele denunciava a inércia das autoridades científicas em manifestar *uma exigência de controle que estaria na ordem do dia em todos os outros lugares*.

Era a década de 1960. Lacan havia fundado sua Escola para, de dentro, exercer o controle que ninguém exigia de fora.

O passe é esse controle.

Você abre uma loja como psicanalista? Você se oferece para escutar seu próximo, a ouvi-lo para além do que ele diz, a dirigir uma experiência confidencial da qual o mais claro é destinado a permanecer desconhecido para os próprios dois parceiros? Comece, então, por vir explicar à confraria o que o torna apto, assim você o crê, para esse exercício inigualável. O que aconteceu em sua própria análise que o faz pensar que pode legitimamente pretender ocupar o lugar do analista? Qual é sua ideia desse lugar e da legitimidade para ocupá-lo?

Isto é o que quer dizer: *O analista só se autoriza de si mesmo.*

Ninguém pode diplomar um analista. Não se pode vê-lo fazendo, saudar sua performance. Fazemos com que ele conte regularmente o caso de seus pacientes a um mais velho, a outro mais velho: apreciamos sua técnica, vemos se ele sabe apertar os botões. Depois de uns dez anos, faz-se uma ideia de como ele procede ali. Mas quem pode dizer os efeitos de um tratamento senão o próprio paciente?

O sintoma analítico não se constitui na objetividade, tal como o sintoma psiquiátrico. Se você perturbar a ordem do mundo, preocupar seu porteiro, os vizinhos, a família, o dono do bar, obstruir o trânsito, você é levado ao pronto-socorro. Lá, o sintoma é objetivo, o sr. Todo Mundo é clínico. Mas o sintoma analítico se constitui na zona mais íntima do sujeito, tão íntima que é estranha e perturbadora para ele mesmo, e o que ele diz disso seria, na maioria das vezes, desconcertante para os que lhe são próximos, se estes o soubessem. A feminista sonha em ser espancada, o lutador é um deprimido, o enfatuado é melancólico, o austero se arruína por sua coleção pornográfica, a senhora do quiosque pensa que é amada pelo príncipe de Gales, o coronel é uma grande boneca [*cocotte*]... Ele é o único a poder dizer seu sintoma, o único a poder dizer que está curado, que ultrapassou uma barreira. Portanto, aquele a quem se deve fazer falar, no final de uma análise, é o paciente, e, antes de tudo, o paciente que quer fazer-se analista. Esta é a ideia do passe. Com que passe de mágica, se assim posso dizer, conseguiu-se apresentá-la ao público como uma ideia troncha de Lacan, mais uma, feita para que qualquer um que chegasse se pusesse a praticar a psicanálise? É exatamente o contrário. É o método de supervisão mais exigente que foi inventado em psicanálise. Ele supervisiona o analista instalado, que sabe que seu paciente pode ir contar a história de seu tratamento a um areópago de confrades. Ele supervisiona o analista a advir, que deve sustentar sua pretensão a dizer-se psicanalista.

Evidentemente, se separarmos *o analista só autoriza de si mesmo* de seu contexto, será a porta aberta para qualquer coisa. Mas não é isso o que dizia Lacan. Ele enfatizava: *Este princípio está inscrito nos textos originais da Escola e decide de sua posição.* Esse princípio nunca foi feito para sair passeando sozinho mundo afora e convidar a todos a se declararem analistas numa bela manhã. Ele foi feito para que uma Escola acolha a declaração do psicanalista a advir e a ponha à prova, dizendo ao pretendente: *Explique-nos as suas razões para não acreditarmos que você é um impostor.* Ao mesmo tempo, a Escola também deve endereçar-se ao praticante experiente, ou que está se tornando experiente: *Explique-nos, então, o que você faz no segredo de seu consultório.*

Vejam, neste livro, se isso inspira uma formação barateada. A verdade é que Lacan, que dizia, ao contrário de Freud, que as análises terminam, lançou-nos, ao mesmo tempo, no caminho de uma formação que, para dizer o mínimo, é permanente: não tem fim.

Para introduzir o efeito de formação

> Texto escrito na perspectiva do congresso da AMP "Os efeitos de formação", ocorrido em Bruxelas, em 2002, publicado em Quarto, n. 76, maio de 2002.

A. REALCE DO EFEITO

O título do próximo congresso da Associação Mundial de Psicanálise em Bruxelas, "Os efeitos da formação em psicanálise: seus lugares, suas causas, seus paradoxos", realça o *efeito de formação* como tal. Que valor tem esse realce do efeito?

1 — Admitimos a ocorrência de alguma coisa como um efeito de formação e o admitimos como um dado de fato. Supomos um sujeito operando como analista, porque tornou-se apto a fazê-lo; em outras palavras, supomos que é possível colocar um sujeito em condições de operar como analista.

2 — Deste efeito admitido como um dado de fato, queremos cingir sua causa, ou mesmo suas causas. Por essa razão, o subtítulo, que completa o título escolhido, indica *suas causas*. Realçar *o efeito* tem como consequência separá-lo daquilo que o determina. Pôr em epígrafe um efeito é admitir que há uma hiância entre ele e sua causa, que o efeito conserva algo de uma surpresa, que ele não é da mesma ordem que sua causa, que não

decorre desta linearmente e sem solução de continuidade. Admitimos o efeito como empiricamente constatável, buscamos suas causas como hipotéticas, sem prejulgar o que elas são.

Realçar o efeito de formação é admitir implicitamente que não há automatismo da formação analítica. Não encontraremos um mecanismo; não o buscamos; abrimos espaço para a contingência. É por isso que o subtítulo indica não apenas *suas causas*, mas também *seus lugares*, deixando em aberto a questão de saber onde, em quais lugares se efetua a formação.

A contingência, assim como a multiplicidade das causas e dos lugares de formação e a complexidade de sua articulação deixam pressagiar que encontraremos no efeito um caráter paradoxal, razão pela qual mencionamos também no subtítulo: *seus paradoxos*.

B. EQUÍVOCO DA CAUSA

Se realçamos o efeito-formação, é porque a causalidade em jogo na formação analítica nos parece, de saída, não ser unívoca. Não cogitamos detalhar um método de formação. Como se formam analistas? A resposta será dada ao nível da descrição. A prescrição, nessa matéria, poderia muito bem ser apenas uma utopia. Se, no entanto, for preciso chegar à prescrição, que seja no espírito de Ernest Renan em sua *Vida de Jesus: Para obter menos da humanidade, é preciso pedir-lhe mais.*

C. PANORÂMICA

Demos o pano de fundo da questão, estendamo-lo.

1 — A formação não concerne apenas ao psicanalista. Forma-se em inúmeras práticas especializadas, tanto a do professor quanto a do bombeiro ou do psiquiatra. Forma-se em um número muito grande de práticas. Essas formações evoluíram ao longo do tempo, têm sua história, algumas são mais suscetíveis do que outras a esclarecer o que é específico da formação do psicanalista.

2 — No pano de fundo, encontramos também a questão da educação como tal, desde os cuidados até as formas mais elevadas da cultura. *Paideia* e *Bildung* devem ser convocados.

3 — A formação é função da civilização; isto é, se a investigação histórica for vasta.

D. DA FORMAÇÃO À TRANSFORMAÇÃO

A questão da formação é sempre mais sutil, quando seu fim não é apenas a aquisição de saberes, mas também o aparecimento de certas condições subjetivas, uma transformação do ser do sujeito. Isso se apresenta tanto quando se trata do psicanalista quanto do operador religioso, do padre, ou mesmo do mágico, do feiticeiro.

Convém também incluir a formação em sabedoria, tanto em suas formas antigas, greco-romanas, quanto em suas modalidades orientais. Há, por exemplo, uma formação Zen, ascese dirigida por um mestre, onde se trata essencialmente de obter uma transformação subjetiva, sem transmissão de qualquer saber especializado (sob o signo de S_1, o bastão, não de S_2).

E. O PONTO DE FUGA

Na formação, sempre se distinguirão conteúdos epistêmicos de mutação "psíquica". Quando uma formação requer a mutação psíquica, ela comporta um ponto de fuga.

Há formações com ponto de fuga e há formações sem. A transmissão epistêmica é verificável por exames, provas padronizadas, enquanto a verificação das formações com ponto de fuga é mais problemática.

Mesmo as formações comuns, até mesmo as mais comuns, comportam sempre a ideia de que a formação transmite uma maneira, um espírito, e se realiza no surgimento de uma nova natureza do indivíduo: ser um "verdadeiro" x.

A obtenção de uma mutação psíquica, por meio da formação, supõe sempre o distanciamento dos conteúdos epistêmicos. Este é um grande *topos* da tradição humanista.

F. RELEIAMOS SÊNECA

Tomemos a carta 88 de Sêneca para Lucílio. *Tu desejas*, escreve ele a Lucílio, *saber o que penso das artes liberais. [...] Essas artes devem ser nossos estudos elementares e não nossos verdadeiros trabalhos. Tu sabes muito bem por que eles são chamados de estudos liberais: porque não são indignos de um homem livre. Mas então, por isso, o único que é verdadeiramente liberal é o que o torna livre: é a sabedoria, estudo nobre, corajoso, generoso, o resto é apenas mesquinhez e puerilidade.*

Uma nota em minha edição especifica que as artes liberais têm, para Sêneca, uma definição mais restrita do que aquela comum ao seu tempo — *são, para ele, as artes do* raciocínio. É ainda especificado: *O gramático mestre-escola é com frequência um liberto, até mesmo um escravo a quem seu senhor deu um ensino "liberal".* A nota assinala o seguinte: *Esses senhores de pequena origem frequentemente seduziam os jovens a eles confiados; encontrar um senhor não-pederasta era um problema para as famílias. Em seus epitáfios, alguns senhores se prevaleciam de terem sido castos; eles, portanto, mantinham uma escola para famílias de distinção.*

Nessa longa carta, Sêneca enumera as artes e as ciências para desqualificá-las, no que diz respeito à sabedoria: *Todos esses saberes que tu podes aprender, Lucílio, não contam em relação ao que realmente vale por si só, a aquisição da sabedoria, saber distinguir o bem e o mal e comportar-se adequadamente na vida.*

No que concerne aos saberes, essa carta traz uma frase muito bela, que inspira a problemática humanista e cujo paradoxo reencontramos nos enunciados de Lacan sobre a formação analítica: *Todos esses saberes, é preciso não aprendê-los, mas tê-los aprendido.* Esta é uma condição prévia. É sempre no passado, como sempre dizemos dos clássicos, que os relemos, nunca os lemos. É uma atividade sem primeira vez: a formação valiosa começa sempre depois. O aprendizado não é a formação, ele a precede. A formação verdadeira consiste sempre em *saber ignorar o que se sabe.*

A formação tem sempre por meta a perfeição. A formação estoica visa à perfeição da alma: *A única coisa que pode conduzir a alma à perfeição é a imutável ciência do bem e do mal; ora, nenhuma arte tem como objeto a busca dos bens e dos males*, exceto a filosofia entendida como sabedoria.

A rejeição de todos os saberes em relação à sabedoria não é um ceticismo. Sêneca rejeita também o saber daqueles que ensinam, porque o saber não é nada: *Relega essa mixórdia ao monte de coisas inúteis ensinadas pelas artes liberais*. Sêneca não ensina que não há nada para saber, mas que o saber não é nada comparado à sabedoria.

G. A ZONA ÊXTIMA

Não estamos, aqui, nas extravagâncias. Não se trata, aqui, de uma daquelas sabedorias orientais cujo funcionamento exato é muito difícil de se apreender. Trata-se da *mainstream* do humanismo ocidental, apreendida na Roma Imperial no ponto em que a doutrina da formação já está formalizada.

Encontra-se a mesma lógica na doutrina mais bem-aceita por Lacan, que situa, no centro da formação do analista, sua própria análise. É uma zona onde os saberes ensinados pela via exterior desfalecem.

Para situar as coisas, tracemos um círculo. Coloquemos no centro um círculo menor representando a zona êxtima — que é a da análise, com seu final, denominado *passe*.

Em sua periferia, inscrevamos os saberes suscetíveis de serem adquiridos pelos meios comuns.

Entre os saberes periféricos à zona êxtima, estão tanto as *ciências afins* quanto o saber analítico (se por isso entendemos os textos que nos restam da aventura psicanalítica, ou a literatura que continua a ser produzida todos os dias). É uma *mixórdia* rejeitada na zona exterior à zona êxtima.

H. ANTINOMIA E COMBINATÓRIA

No que diz respeito à formação analítica, seja em suas versões sofisticadas apresentadas por Lacan, seja em versões rudes, há sempre entre as duas regiões do esquema uma tensão que pode chegar à antinomia. Pode ser o questionamento, a depreciação, o rebaixamento, a suspensão, até mesmo a anulação dos saberes especializados em relação à operação de transformação subjetiva efetuada no tratamento.

Foi o que me inspirou, em janeiro de 1975, no exato momento em que começava a epopeia do Departamento de Psicanálise do qual me tornei diretor, a marcar discretamente que não éramos tolos do ideal da formação, ilustrando a capa do primeiro número de *Ornicar?* com uma gravura de William Hogarth, representando um macaquinho travesso regando brotos mirrados e mortos em seus potes. Um comentário de Rudolf Wittkower, publicado no segundo número, dava sua chave: é uma zombaria da educação, da Gramática, mãe das artes liberais, tradicionalmente representada como uma bela pessoa regando os novos brotos. Como o mostra a carta 88, a distância tomada para com a mixórdia formativa não é menos clássica do que a reverência dada à formação.

A antinomia pode jogar no sentido inverso, em benefício dos saberes da zona periférica — o que reduz o valor formativo da análise do sujeito a ponto de torná-la secundária, até mesmo inessencial. A ênfase posta no currículo segundo a tradição procedente do Instituto de Berlim, cujo conceptor foi o curioso Max Eitingon, vai nessa direção. Destaquemos, de passagem, a relutância de Freud em instalar um Instituto desse tipo em Viena, depois ele cedeu.

A antinomia desaparece e a tensão é atenuada, se postularmos que os saberes existentes no modo exotérico são suscetíveis de encontrar uma nova gravitação, ou mesmo de conhecerem um remanejamento inédito, em função da análise do sujeito. Essa é a missão que Lacan atribuiu, em 1975, ao Departamento de Psicanálise, em um texto que vocês encontram na página 316 dos *Outros escritos: Talvez em Vincennes venham se reunir os ensinamentos em que Freud formulou que o analista deveria apoiar-se, reforçando ali o que extrai de sua própria análise.*

Temos, aqui, o princípio de uma combinatória que vai desde a anulação dos saberes especializados para liberar o efeito êxtimo, até a redução do êxtimo em benefício da transmissão de saberes efetivos. Destaquemos que é justamente quando o essencial da formação é êxtimo que são abertos, de bom grado, os seminários ao público, ao passo que eles são fechados tanto mais quanto a transmissão neles for mais rasa, banal. É quando não há nada a esconder que se esconde; divulga-se sem relutância quando o que está escondido o é de estrutura e nada vale comparar.

Entre os dois extremos, há espaço para todas as nuances, todas as dosagens, todas as finas articulações entre a parte êxtima e a parte exotérica da formação.

I. ESOTÉRICO VERSUS EXOTÉRICO

Essa repartição não é sem relação com a clivagem mais tradicional, quando se trata de acesso à sabedoria: por um lado, iniciação esotérica; por outro, ensino exotérico.

J. MINHANÁLISE E MINHAPRÁTICA

Essa clivagem elementar ordena tanto a experiência do analisante quanto sua prática analítica. A prática analítica de que se é o agente (os tratamentos que se conduz), o que se aprende dela, situa-se na zona exterior. É por isso que Lacan não a leva em consideração no passe.

Disso resulta uma clivagem entre dois termos: de um lado, *minhanálise*, e, do outro, *minhaprática*. Não há um acordo maravilhoso, uma harmonia entre *minhanálise* e *minhaprática*, mas sim, singularmente, uma tensão.

Segundo Lacan, o que minhanálise ensinou ao sujeito, uma vez alcançado o final da análise, o colocaria não apenas em condições de praticar a análise, mas também em condições de ensiná-la e de fazê-la progredir, até mesmo de analisar a própria comunidade da Escola, que apoiou e consagrou sua trajetória. A função de formação da minhaprática, ele a deprecia, zomba dela, vê nela rotina, amortização, esquecimento.

K. SUPERVISÃO E CLÍNICA

Procuremos agora introduzir, na zona exterior, diferenciações que correspondem ao que é nossa prática efetiva nesta Escola. Há uma zona *próxima* ao *êxtimo*: é a supervisão. Ela faz litoral entre o êxtimo e a zona exterior. O saber clínico é considerado próximo à supervisão. O restante dos saberes é suscetível de se repartir de acordo com várias classificações. A Escola, se ela for diferente de uma utopia, terá que levar em conta esses círculos e sua articulação.

UMA ÚLTIMA PALAVRA

Amplo programa para o seminário do próximo ano. Não gostaria de dar a impressão de que nos engajamos em uma reflexão intemporal. Se abordamos isso, hoje, é porque estamos pressionados a fazê-lo, tanto pelo nosso congresso de 2002 quanto pelos acontecimentos atuais.

Na década de 1960, Lacan deplorava a negligência dos poderes públicos para com a psicanálise e lamentava que eles não tivessem se mobilizado para pedir aos psicanalistas que justificassem sua prática. Estamos distantes dessa época. Sem dúvida se poderia apelar tanto mais para o controle do Estado quanto mais longe ele estiver de ser exercido. Agora que estamos mais perto disso, nos afligimos aqui e ali pelas regulamentações que afetarão o meio psicanalítico.

Essa perspectiva abala nossos colegas da *nebulosa lacaniana*; podemos adivinhar seu arrependimento por terem sido cigarras quando éramos formigas. Contudo, por se sentirem mais desprovidos do que nós, ei-los, talvez, mais alertas. Alguns queriam reunir dados a propósito da formação.

A nebulosa não é a única a se comover. As instituições estabelecidas também estão em movimento, elas entram em contato com gabinetes ministeriais; o presidente da Sociedade Psicanalítica de Paris se lança na nebulosa. Ao mesmo tempo em que demonstra uma abertura ainda mais louvável por ser inédita, sua associação parece ter sido trabalhada por outras forças, a julgar por um artigo recentemente publicado, que discorre sobre *os lacanismos*. A formação que damos é ainda mais duramente censurada porque nada se sabe sobre ela; somos acusados de pôr o público em risco por nossa imperícia; representamos os fariseus propulsados para dentro da nebulosa.

Essa agitação é inútil. Temos coisas melhores a fazer: pensar seriamente e não apenas em nosso próprio benefício, em benefício do movimento psicanalítico em seu conjunto, já que não há mais ninguém para fazê-lo.

Abreviações

AE: Analista da Escola
AME: Analista Membro da Escola
EFP: Escola Freudiana de Paris
AMP: Associação Mundial de Psicanálise
EBP: Escola Brasileira de Psicanálise
ECF: Escola da Causa Freudiana
ELP: Escuela Lacaniana de Psicoanálisis
EOL: Escola da Orientação Lacaniana
NEL: Nueva Escuela Lacaniana
NLS: New Lacanian School
SLP: Scuola Lacaniana di Psicoanalisi
EEP (EFP): École Européenne de Psychanalyse (depois EuroFédération de Psychanalyse)
FAPOL: Federación Americana de Psicoanálisis de la Orientación Lacaniana

Notas

Liminar [pp. 9-23]

1. Jacques Lacan, "Lettre de dissolution", *Aux confins du Séminaire*. Paris: Navarin, 2021, p. 47.
2. Cf. Jacques Lacan, "Conclusions". Assises de l'École freudienne de Paris sur "L'expérience de la passe", Deauville, 7/8 jan. 1978, *Lettres de l'École freudienne de Paris* n. 23, p. 181, 1978.
3. Jacques Lacan, "Proposição de 9 de outubro de 1967 sobre o psicanalista da Escola". In: *Outros escritos*. Rio de Janeiro: Zahar, 2003, p. 261.
4. Cf. Jacques Lacan, "Discurso na Escola Freudiana de Paris" e "Pronunciamento na Escola". In: *Outros escritos*, op. cit., pp. 265-87, 299-301.
5. Cf. Sigmund Freud, *Gesammelte Werke*, v. 16. Frankfurt: Fischer, 1972, especialmente pp. 96-9, trad. fr. *Résultats, idées, problèmes*, v. 2. Paris: PUF, 1992, pp. 265-8.
6. Jacques Lacan, "O aturdito". In: *Outros escritos*, op. cit., pp. 489, 454.
7. Jacques Lacan, "Proposição...", op. cit., p. 251.
8. Jacques Lacan, "Nota italiana". In: *Outros escritos*, op. cit., p. 311.
9. Cf. Jacques Lacan, *O Seminário*, livro 22: "R.S.I.", lição de 11 de março de 1975. *Ornicar?*, n. 5, p. 17, inverno de 1975-6.
10. Cf. *infra* "O passe 3", p. 282.
11. Jacques Lacan, "Proposição...", op. cit., p. 249.
12. Ibid., p. 248.
13. Jacques Lacan, "Nota anexa" ao "Ato de fundação". In: *Outros escritos*, op. cit., p. 242.
14. Cf. *infra* "Em vista da saída", p. 93.
15. Jacques Lacan, "Proposição...", op. cit., p. 261.
16. Cf. Jacques Lacan, "Propos sur l'hystérie". *Quarto*, n. 90, p. 8, jun. 2007.

Introdução aos paradoxos do passe [pp. 27-37]

1. A "Primeira versão da 'Proposição de 9 de outubro de 1967 sobre o psicanalista da Escola'", lida por Lacan diante dos analistas (AE e AME) da Escola freudiana de Paris foi publicada na revista *Analytica*, n. 8, pp. 3-26, abr. 1978. Ela foi republicada como anexo em *Autres écrits*, Paris, Seuil, 2001, pp. 575-91). A versão definitiva ali figura nas pp. 243-59. Na tradução em português dos *Outros escritos* (Rio de Janeiro: Zahar, 2003), a "Primeira versão..." encontra-se nas pp. 570-90 e a versão definitiva, nas pp. 248-64, estando a citação acima na p. 585. Em português, a primeira versão foi publicada originalmente em *Opção Lacaniana* n. 16, em agosto de 1996.
2. "Proposição de 9 de outubro...", in *Outros escritos*, p. 261.
3. Jacques Lacan, "Discurso na Escola Freudiana de Paris". In: *Outros escritos*, op. cit., p. 281.
4. Jacques Lacan, "Mensagem do júri de acolhida na Assembleia, antes de sua votação, em 25 de janeiro de 1969", *Scilicet*, n. 2/3, republicado sob o título "Pronunciamento na Escola". In: *Outros escritos*, op. cit., p. 300.
5. Jacques Lacan, "Discurso na Escola Freudiana de Paris", op. cit., p. 276.
6. Jacques Lacan, "[...] será preciso que vocês passem pela atribuição de funções diretivas a alguns, para obterem uma distribuição prudente de sua responsabilidade coletiva. Trata-se de um costume que se pode discutir na política; ele é inevitável em qualquer grupo que ateste sua especialidade em relação ao corpo social. A essa relação corresponde o AME (Analista Membro da Escola)". "Pronunciamento na Escola", op. cit., p. 300.
7. Esse texto foi republicado sob os cuidados de JAM no volume *La Communauté psychanalitique en France (1). La Scission de 1953*, supl. *Ornicar?*, n. 7, pp. 29-36, out. 1976.
8. Jacques Lacan, "Discurso na Escola Freudiana de Paris", op. cit., p. 269.
9. "O psicanalista não quer confiar no inconsciente para se recrutar", Jacques Lacan, "Discurso na Escola Freudiana de Paris", op. cit., p. 287.

De um outro Lacan [pp. 38-51]

1. O título original da conferência de JAM em Caracas era: "Cláusulas de clausura de la experiencia analítica".

A favor do passe [pp. 52-9]

1. Cf. Jacques Lacan "Proposição de 9 de outubro de 1967 sobre o psicanalista da Escola". *Analytica*, n. 8, pp. 3-26, abr. 1978. Essa primeira versão foi publicada como anexo em *Outros escritos*, Rio de Janeiro: Zahar, 2003, pp. 570-90.

Dados sobre o passe [pp. 60-81]

1. Esse texto foi publicado depois: Jacques Lacan, "Um procedimento a favor do passe". *Ornicar?*, n. 37, pp. 7-12, verão de 1986.

Rumo a um significante novo [pp. 113-34]

1. Carta publicada sob o título "Nota italiana" em *Outros escritos*. Rio de Janeiro: Zahar, 2003, pp. 311-5.
2. Cf. Jacques Lacan, "A ciência e a verdade". In: *Escritos*, Rio de Janeiro: Zahar, 1998, p. 891.
3. Cf. Jacques-Alain Miller, "La suture". *Cahiers pour l'analyse*, n. 2, pp. 37-49, 1966.
4. Cf. Jacques Lacan, "Proposição de 9 de outubro de 1967 sobre o psicanalista da Escola" e "O engano do sujeito-suposto-saber". In: *Outros escritos*, op. cit., pp. 255, 337.

O passe da psicanálise e o desejo de saber [pp. 135-55]

1. Jacques Lacan, "Nota italiana". In: *Outros escritos*. Rio de Janeiro: Zahar, 2003, p. 313.

2. Este texto foi publicado em *La Communauté psychanalytique en France* (1). *La Scission de 1953*, documentos editados por JAM, supl. *Ornicar?*, n. 7, pp. 29-36, out. 1976.
3. Cf. Jacques Lacan, "Proposição de 9 de outubro sobre o psicanalista da Escola". In: *Outros escritos*. Rio de Janeiro: Zahar, 2003, pp. 248-64.
4. Jacques Lacan, "Nota italiana", op. cit., p. 312.
5. Ibid.
6. Jacques Lacan, "Proposição de 9 de outubro de 1967 sobre o psicanalista da Escola", op. cit., p. 256.
7. Jacques Lacan, "Nota italiana", op. cit., p. 313.

"Analista de sua própria experiência" [pp. 173-6]

1. Cf. Jacques Lacan, "Conclusions du ixe Congrès de l'École freudienne de Paris". *La Cause du désir*, n. 103, p. 22, nov. 2019.

A Escola e seu psicanalista [pp. 179-207]

1. Cf. *supra* "Observação sobre a travessia da transferência", p. 166.

Um real para a psicanálise [pp. 335-42]

1. Cf. Miller, J.-A, "Donc. A lógica do tratamento". Curso de Orientação Lacaniana, ministrado no âmbito do Departamento de Psicanálise da Universidade Paris 8, aula de 15 dez. 1993. Inédito.

Sobre o mutualismo [pp. 369-83]

1. Apresentação de JAM no Rio de Janeiro, 7 e 8 de abril de 2000, publicado em *Cause freudienne*, n. 56, pp. 63-85, mar. 2004.
2. Cf. Jacques-Alain Miller, "Lettre à Jésus Santiago" (1º jun. 1998). In: *Conversation sur le signifiant-maître*. Paris: Agalma, col. Le Paon, 1998, p. 341.

3. Intervenção em 18 de março de 2000, por ocasião da segunda sessão do Seminário de política lacaniana. Paris: ECF, 2000, inédito.
4. Alusão a uma cisão ocorrida na ECF, que veio a provocar a saída de alguns dos seus membros.

Sobre o êxtimo [pp. 384-95]

1. O êxtimo é um colega de outra Escola, que não faz parte do cartel do passe em questão, mas ao qual este recorre a fim de esclarecer sua decisão e que tem o poder de recusar a nomeação de um passante como AE.
2. Cf. *supra* "As anotações do passador", p. 293.

Sobre a formação do analista [pp. 399-409]

1. *Che vuoi?* era a revista do Círculo Freudiano, associação constituída por analistas egressos da Escola Freudiana de Paris que não desejavam integrar a Causa Freudiana.

Informação bibliográfica

A edição dos textos, publicados ou inéditos, reunidos neste volume, foi revista e harmonizada para esta publicação.

"Introdução aos paradoxos do passe". *Ornicar?*, n. 12/13, pp. 105-12, dez. 1977.

"De um outro Lacan", intervenção no primeiro Encontro Internacional do Campo Freudiano, em Caracas, jul. 1980. *Ornicar?*, n. 28, pp. 49-57, jan. 1984. Uma estenografia foi publicada em *Delenda*, órgão de informação ativa sobre o movimento psicanalítico, nova série, n. 2, sob o título "Dialética do desejo e fixidez do fantasma", pp. 14-9, out. 1980.

"A favor do passe", extraído da conferência de 20 nov. 1980, publicado com o título "A favor do passe: P. L. P. 1". *Delenda*, n. 6, pp. 88-91, mar. 1981.

"Dados sobre o passe", intervenção de abertura dos "Sábados do passe", 23 jan. 1982. *Lettre Mensuelle*, n. 9, pp. 3-10, abr. 1982.

"Perfeição da psicanálise", intervenção ao modo de introdução aos "Sábados do passe", jan. 1983, estabelecida por Annie Tardits. *Lettre Mensuelle*, n. 18, pp. 10-3, abr. 1983.

"Em vista da saída", intervenção nas Jornadas da ECF, intituladas "A entrada em análise: momento e o que está em jogo", Marselha, maio 1989. *Actes de l'École de la Cause freudienne*, n. 16, pp. 49-53, set. 1989.

"O paradoxo do psicanalista". *Le Monde*, 22 fev. 1990, p. 2.

"Rumo a um significante novo", lição de 9 maio 1990 do curso "A orientação lacaniana. O banquete dos analistas", estabelecida por Agnès Aflalo. *Revue de l'École de la Cause freudienne*, n. 20, pp. 47-54, fev. 1992.

"O passe da psicanálise e o desejo de saber", lições dos dias 6 e 13 jun. 1990 do curso "A orientação lacaniana. O banquete dos analistas". *Quarto*, n. 56, pp. 36-43, dez. 1994, republicadas em *The Lacanian Review*, n. 7, pp. 65-80, maio 2019.

"Esboço das opções fundamentais da Escola da Causa Freudiana", apresentação de abertura das Jornadas da ECF sobre "O conceito de Escola, a experiência do passe e a transmissão da psicanálise", 5 out. 1990. *Revue de l'École de la Cause freudienne*, n. 18, pp. 14-6, jun. 1991.

"Observação sobre a travessia da transferência", intervenção por ocasião das Jornadas da ECF sobre "O conceito de Escola, a experiência do passe e a transmissão da psicanálise", 5 out. 1990. *Revue de l'École de la Cause freudienne*, n. 18, pp. 28-30, jun. 1991.

"Analista de sua própria experiência", intervenção no debate por ocasião das Jornadas da ECF sobre "O conceito de Escola, a experiência do passe e a transmissão da psicanálise", 6 out. 1990. *Revue de l'École de la Cause freudienne*, n. 18, pp. 209-10, jun. 1991.

"A Escola e seu psicanalista", conferência pronunciada em espanhol, em Granada, por ocasião de um seminário do Campo Freudiano no momento da fundação da Escola Europeia de Psicanálise, 28 out. 1990, transcrita por Juan Carlos Ríos, traduzida por Alicia Buckstein, estabelecida por Catherine Bonningue. *Quarto*, n. 110, pp. 10-9, abr. 2015.

"O passe na entrada", extraído de uma alocução pronunciada em espanhol em 17 nov. 1990, em Madri, publicada em *Uno por Uno*, n. 17, pp. 15-9, mar. 1991; traduzida por Isabelle Lesage e Fabienne Henry, com a colaboração de Luis Solano, sob o título "La question de Madrid" em *Recueil*, Angers, n. 9, pp. 109-17, maio 1991; reeditada por Jeanne Joucla com Nathalie Georges-Lambrichs e Pascale Fari em *La Cause freudienne*, n. 74, pp. 125-31, abr. 2010.

"Arenga", lição de 21 nov. 1990 do curso "A orientação lacaniana. Arengas", transcrita por Michel Jolibois e Fabienne Henry, editada por Judith Miller sob o título *Harangues (nov.-dez. 1990)*. Paris: Éolia, col. *Archives de psychanalyse*, 1991, pp. 5-12.

"Da brevidade", introdução e intervenção por ocasião de uma noite de ensino dos cartéis do passe na ECF sobre "As lições clínicas do passe", 21 out. 1991.

"O que o passe ensina", intervenção por ocasião de uma tarde dos cartéis do passe da ECF sobre "As lições clínicas do passe", 22 fev. 1992, redigida por C. Bonningue.

"Sobre a lembrança-fura-tela", intervenção por ocasião da terceira (e última) sessão de ensino dos cartéis do passe da ECF sobre "As lições clínicas do passe", 13 jun. 1992.

"Sobre o desencadeamento da saída da análise: conjunturas freudianas", intervenção no Ateliê Milanês da Escola Europeia de Psicanálise, set. 1992, estabelecida em italiano por Rosa Elena Manzetti para a revista

Agalma, depois traduzida em francês por Anne Dunand e publicada em duas partes em *Lettre Mensuelle*, n. 118, pp. 26-30, abr. 1993, e n. 119, pp. 31-8, maio 1993.

"Sobre a originalidade do final de análise", intervenção no colóquio "A Escola de Lacan", São Paulo, 25 out. 1992, revisada pelo autor e publicada em *Opção Lacaniana*, pp. 69-71, ago. 1995, depois traduzida do espanhol por C. Bonningue e Marta Wintrebert e publicada sob o título "Réponse a Bernardino Horne" em *Letterina*, boletim da Associação da Causa Freudiana na Normandia, n. 15, pp. 3-5, jan. 1997.

"O passe 3", nota endereçada aos Analistas da Escola, 9 fev. 1993, publicada em anexo de *Spartam nactus est*, brochura interna reunindo as intervenções orais de JAM durante as oito reuniões do Colegiado do passe, 1996-7, AMP, ago. 1997.

"O passe perfeito", apresentação por ocasião de uma tarde dos cartéis do passe da ECF, 26 jun. 1993, retocada por JAM em junho de 1997 para publicação em *Tabula*, boletim da Association de la Cause freudienne — Voie domitienne, n. 1, pp. 81-4, out. 1997.

"As anotações do passador", intervenção por ocasião de uma tarde dos cartéis do passe da ECF, 26 mar. 1994, redigida por C. Bonningue.

"Retratos de família", intervenção por ocasião de uma tarde dos cartéis do passe da ECF, 26 mar. 1994, estabelecida por C. Bonningue. *La Cause freudienne*, n. 42, maio 1999, pp. 57-62.

"Sobre os fundamentos neuróticos do desejo do analista", intervenção por ocasião de uma tarde dos cartéis do passe da ECF, 11 jun. 1994, estabelecida por C. Bonningue. *Lettre Mensuelle*, n. 132, pp. 3-5, set. 1994.

"O passe, fato ou ficção", prefácio do livro publicado sob o título *Comment finissent les analyses*, volume do Encontro Internacional do Campo Freudiano, Paris, jul. 1994. Paris: Seuil, 1994, pp. 5-7.

"O que você encontrou que você não podia nem sequer imaginar?", intervenção por ocasião de uma tarde dos cartéis do passe da ECF, 10 dez. 1994, estabelecida por C. Bonningue.

"O silêncio dos passadores", texto publicado em *Dépêche*, correspondência da AMP, n. 6, pp. 1-3, 24 out. 1995.

"Um real para a psicanálise", comentário improvisado por ocasião do "Seminário das sete sessões" reunindo os docentes das Seções Clínicas de Paris e os coordenadores das Seções francófonas, outono de 1996. *Lettre Mensuelle*, n. 161, pp. 25-8, jul. 1997.

"Do lugar do passe", extraído do texto "Uma nova modalidade do sintoma", lição de 13 maio 1998 do curso "A orientação lacaniana. O parceiro-sintoma", estabelecido por C. Bonningue. *Les Feuillets psychanalytiques du Courtil*, n. 16, pp. 11-29, jan. 1999.

"Estrutura do passe", extraído do seminário de leitura sobre "As formações do inconsciente", pronunciado em Barcelona, 29 jul. 1998, estabelecido por C. Bonningue, publicado em *...du nouveau! Introduction au Séminaire V de Lacan*. Paris, ECF, 2000, pp. 19-22.

"Da Cidade analítica", intervenção no colóquio da Escola Europeia de Psicanálise intitulado "A Cidade analítica", Paris, 8 e 9 jul. 1995, estabelecida por C. Bonningue. *La Cause freudienne*, n. 33, pp. 67-74, maio 1996.

"Sobre o mutualismo", alocução anunciada sob o título "A política do passe na EBP", por ocasião da Assembleia Geral da Escola Brasileira de Psicanálise, Rio de Janeiro, 8 abr. 2000. *La Quotidienne*, carta de informação da AMP, n. 5, pp. 1-10, 9 jun. 2000.

"Sobre o êxtimo", tomada da palavra na discussão por ocasião da conferência institucional da ECF, Paris, 28 maio 2000, estabelecida por C. Bonningue. *Lettre Mensuelle*, n. 191, pp. 11-5, out. 2000.

"Sobre a formação do analista", texto publicado sob o título "Resposta ao *Che vuoi?* Sobre a formação do analista 2001", na revista *Che vuoi?*, n, 15, pp. 121-7, jul. 2001.

"Quem são seus psicanalistas?", extraído do prefácio redigido em 5 nov. 2001, para o livro *Qui sont vos psychanalystes?*, publicado sob a direção de JAM. Paris: Seuil, 2002, pp. 7-12.

"Para introduzir o efeito de formação", texto escrito na perspectiva do congresso da AMP, intitulado "Os feitos de formação" (Bruxelas, 2002), publicado em *Quarto*, n. 76, pp. 6-9, maio 2002.

Campo Freudiano no Brasil

- Os complexos familiares
- Nos confins do Seminário
- Escritos
- Estou falando com as paredes
- Meu ensino
- O mito individual do neurótico
- Nomes-do-Pai
- Outros escritos
- O Seminário

  Livro 1: **Os escritos técnicos de Freud**

  Livro 2: **O eu na teoria de Freud e na técnica da psicanálise**

  Livro 3: **As psicoses**

  Livro 4: **A relação de objeto**

  Livro 5: **As formações do inconsciente**

  Livro 6: **O desejo e sua interpretação**

  Livro 7: **A ética da psicanálise**

  Livro 8: **A transferência**

  Livro 10: **A angústia**

  Livro 11: **Os quatro conceitos fundamentais da psicanálise**

  Livro 16: **De um Outro ao outro**

  Livro 17: **O avesso da psicanálise**

  Livro 18: **De um discurso que não fosse semblante**

Livro 19: **... ou pior**

Livro 20: **Mais, ainda**

Livro 23: **O sinthoma**

- Televisão
- O triunfo da religião

  Jacques Lacan

- A terceira | Teoria de lalíngua

  Jacques Lacan | Jacques-Alain Miller

- A batalha do autismo

  Éric Laurent

- Lacan elucidado
- Matemas I
- O osso de uma análise
- Percurso de Lacan
- Perspectivas do Seminário 23 de Lacan
- Perspectivas dos Escritos e Outros escritos de Lacan

  Jacques-Alain Miller

- Lacan redivivus

  Jacques-Alain Miller | Christiane Alberti

- A inibição intelectual na psicanálise

  Ana Lydia Santiago

ESTA OBRA FOI COMPOSTA POR MARI TABOADA EM DANTE PRO E
IMPRESSA EM OFSETE PELA LIS GRÁFICA SOBRE PAPEL PÓLEN SOFT
DA SUZANO S.A. PARA A EDITORA SCHWARCZ EM JUNHO DE 2023

A marca FSC® é a garantia de que a madeira utilizada na fabricação do papel deste livro provém de florestas que foram gerenciadas de maneira ambientalmente correta, socialmente justa e economicamente viável, além de outras fontes de origem controlada.